www.fontis-verlag.com

Für Markus
Ohne dich wäre alles anders
und das hier nie passiert …
Du hast meine Welt aus den Angeln gehoben
und dabei mein Herz gewonnen.

Tabitha Bühne

Mit Sari auf Safari

*Wie Indien mein Leben
auf den Kopf stellte*

ʃontis

Bibliografische Information der Deutschen Nationalbibliothek
Die Deutsche Nationalbibliothek verzeichnet diese Publikation in der
Deutschen Nationalbibliografie; detaillierte bibliografische Daten sind im
Internet über www.dnb.de abrufbar.

3. Auflage 2022

© 2018 by Fontis-Verlag Basel

Umschlag: Spoon Design, Olaf Johannson, Langgöns
Foto Cover, U1: Tabitha Bühne
Foto Cover, U4: Tabitha Bühne
Hintergrundfoto Cover, U4 (indisches Tor):
Tepikina Nastya, shutterstock.com
Weitere Detailmotive: shutterstock.com
Fotos auf den beiden Klappen: Tabitha Bühne
Satz: InnoSet AG, Justin Messmer, Basel
Druck: Finidr
Gedruckt in der Tschechischen Republik

ISBN 978-3-03848-138-6

Inhalt

Namaste!

Als Teenager hatte ich Angst, das Leben als Christ könnte langweilig werden. Ich habe mich geirrt. Und wie!

In Indien springt dir das Leben ins Gesicht. Du staunst, wie du noch nie gestaunt hast, du weinst und lachst mehr als je zuvor und bekommst auch regelmäßig eine Überdosis Wut im Bauch. Alle Ängste, Träume und Fragen kommen hoch. Ganz großes, grelles Kino – nur dass du nicht entspannt vor einer Leinwand sitzt, sondern mittendrin bist und alles riechst, schmeckst, siehst, hörst und fühlst.

Ich schreibe keinen neutralen Indienbericht, sondern werde ganz persönlich schildern, was ich während der letzten zwei Jahre hier erlebt habe und wie es mich verändert hat. Auf diese Reise möchte ich dich, liebe Leserin, lieber Leser, mitnehmen und das größte Abenteuer meines Lebens mit dir teilen.

«Wer ist blind?
Der eine andere Welt nicht sehen kann.
Wer ist stumm?
Der zur rechten Zeit nichts Liebes sagen kann.
Wer ist arm?
Der von allzu heftigem Verlangen Gequälte.
Wer ist reich?
Dessen Herz zufrieden ist.»

Spruch aus Indien

Kapitel 1:

Wie alles begann – die Geschichte einer verrückten Liebe

Ausgerechnet Indien

Es ist mitten in der Nacht. Indische Musik und ratternde Klimaanlagen mischen sich mit Gesprächen reisender Familien. In der langen Warteschlange am Visumschalter geht es kaum voran. Erst nach einer Stunde stehe ich endlich vor dem Beamten. Er spricht zum Glück nicht Hindi, sondern Englisch mit indischem Akzent.

«Warum sind Sie in Delhi? Was werden Sie in Indien tun? Wo wohnen Sie hier? Ich brauche den Namen, eine Telefonnummer und die Adresse!»

Der Mann am Schalter mit Turban und geschwungenem Bart weiß nicht, dass es Stunden dauern würde, all seine Fragen zu beantworten. Also grinse ich und tue so, als wäre alles ganz einfach:

«Ich wohne bei Markus Spieker, er arbeitet fürs deutsche Fernsehen in Delhi.» Dabei lege ich die Adresse auf den Tresen und verkneife mir weitere Erklärungen. Ich habe ja selbst keine Ahnung, was ich hier tue. Ich weiß nur, dass ich gerade dabei bin, mein komplettes Leben auf den Kopf zu stellen. Es ist gleichzeitig furchteinflößend und wunderbar.

Nach einer gefühlten Ewigkeit bekomme ich endlich den Stempel in meinen Pass und mache mich auf den Weg zum Gepäckband. Nach und nach tauchen die ersten Koffer auf. Ich warte auf zwei Taschen, das ist alles, was mich aus meinem bisherigen Leben begleiten wird – und drei Kartons, die mir aus Deutschland nachgeschickt werden.

Wie schnell kann sich das Leben komplett verändern! Ein halbes Jahr zuvor war alles noch anders. Ich hatte einen interessanten Job als Laufexpertin und war Single. Jetzt bin ich so gut wie verheiratet und ziehe nach Indien. In wenigen Tagen werde ich auf einer Insel einem Mann meine Treue versprechen, den die meisten meiner Freunde und Familie nicht mal kennen. Das ist doch verrückt.

Während ich vor dem Gepäckband stehe und warte, zieht mein Leben an mir vorbei. Das Mädchen aus der Pampa, das mit sechs Geschwistern mitten in einem Naturschutzgebiet im Sauerland aufgewachsen ist und nie in einer Großstadt leben wollte, zieht in eine Stadt mit zwanzig Millionen Einwohnern. Kann ich da überhaupt klarkommen?

Ich bin immer gerne gereist, aber ich wollte nie nach Indien. Die Worte meiner guten Freundin Lexi tönen mir noch im Ohr. Nach ihrer Weltreise sagte sie:

«Ich würde überall gern noch einmal hinfliegen, nur nicht nach Indien!»

Das, was ich von ihr und aus den Medien weiß, bereitet mir eher Bauchschmerzen als Vorfreude. Kinderarbeit, Slums, vergewaltigte Frauen … Wie soll ich es mit meinem Freiheitsdrang und Gerechtigkeitssinn hier aushalten?

Andererseits gibt es so viele Frauen, die davon träumen, Indien mal zu erleben. So wie Ellen, meine Fitness-Freundin, die Ayurveda liebt und eine große Sehnsucht nach allem Indischen hat. Ob ich mich mit Bollywood und Yoga anfreunde, weiß ich nicht. Ich mag keinen Kitsch und bevorzuge Laufen und Kraftsport.

Einige Frauen in bunten Saris hasten an mir vorbei zu ihrem Gepäck, sie haben dieses tolle schwarze volle Haar und sehen wunderschön aus in ihren knalligen Gewändern.

Ich weiß jetzt schon, dass ich die Farben und Klamotten hier lieben werde, auch wenn ich mir noch nicht vorstellen kann, wie man sich damit fühlt. Ich trage eigentlich nur Kleider, wenn es gar nicht anders geht. Ob es mit Jeans und Shirt auf den Toiletten nicht viel einfacher ist? Oh, und dann diese indischen Hocktoiletten, ich will gar nicht darüber nachdenken …

Es wird voller am Gepäckband, unzählige Menschen drängeln und suchen einen Platz. Mich machen die vielen Leute und ihre nicht vorhandene Angst vor Nähe etwas nervös. Menschenmassen habe ich schon immer gemieden.

Endlich tauchen meine Taschen auf. Zwei nette Männer in interessanten Gewändern helfen mir, sie herunterzuziehen. Ich gehe zum Ausgang. Die Luft beißt im Hals, eine toxische Mischung, die wie ein Nebel alles in ein diffuses Grau hüllt.

Inmitten vieler Wartender steht mein Markus und grinst. Er küsst mich und sagt, dass die nächsten Jahre das größte Abenteuer unseres Lebens werden. Während ich ihm durch das Gewusel hindurch zum Taxi hinterherhaste, bekomme ich auch so eine Ahnung …

Auf der Fahrt zu meinem neuen Heim erlebe ich die erste Reizüberflutung der besonderen Art: Ständig hupt es überall. Regeln für den Straßenverkehr scheint es nicht zu geben, und der Taxifahrer reißt andauernd die Tür auf, um ein braunes Zeug auf den Asphalt zu spucken. Er ist nicht alleine mit dieser seltsamen Gewohnheit – ich sehe während der Fahrt andauernd jemanden spucken, komischerweise immer Männer.

Ich erfahre, dass sie auf einer Tabakmischung herumkauen. Diese hinterlässt nicht nur unschöne Spuren auf den Straßen, sondern ist krebserregend und führt zur Ausbreitung von Tuberkulose.

Ich versuche mich abzulenken, weil es mich anekelt, den braunen Speichel aus der Tür fliegen zu sehen. Eine Kuh steht mitten auf einer Kreuzung. Kleine Kinder betteln, Frauen mit Babys auf den Armen versuchen, Plastikblumen zu verkaufen.

Es wird dunkel, und trotzdem herrscht überall Hochbetrieb. Obdachlose liegen unter großen Reklameschildern. Delhi ist die Hauptstadt Indiens, liegt im Norden des Landes und gehört zu den Megastädten der Welt.

Ich war ganz sicher nie ein Stadtmensch. Ich mag Ruhe, Sauberkeit und Bäume. Mein Lieblingsort ist mein Elternhaus mitten in der Natur mit eigenem Straßennamen, es bräuchte nicht mal eine Hausnummer, weil sonst niemand in der Nähe wohnt. Doch von nun an werde ich mehr als zwei Stunden brauchen, um aus diesem Moloch herauszukommen.

Konkret liegt mein neues Zuhause in Neu-Delhi, dem südlichen und modernen Teil der Metropole. Hier leben – wie im ganzen Land – vor allem Hindus, die größte Minderheit bilden Moslems, und nur ein Prozent der Bevölkerung sind Christen.

Ich frage mich, was die Jahre in Indien mit mir machen werden. Doch als wir das Ziel erreichen, versuche ich alle Fluchtgedanken abzuschütteln und bin auf eine angenehme Weise aufgeregt. Gott hat Humor. Er hat alles geplant, und er kennt mich. Ich wollte nie ein normales Leben, ich wollte ein Abenteuer.

Das habe ich nun davon!

Eine verrückte Love Story

Eigentlich hatte ich das Thema «Männer und Heiraten» für mich abgehakt. Na ja, nicht ganz, um ehrlich zu sein. Aufgehört zu träumen habe ich nicht. Aber es schien mir denkbar unwahrscheinlich.

Ich habe nichts gegen Männer, im Gegenteil. Ich bin mit Jungs aufgewachsen und hatte immer sehr gute Kumpels. Auf meinen Vater und meine vier Brüder lasse ich auch nichts kommen. Das sind richtige Kerle, treu und sportlich, die machen keine halben Sachen.

Aber sagen wir es mal so: Wenn es nicht platonisch ist, neige ich dazu, mir die falschen Jungs auszusuchen. Natürlich wollte ich einen Mann fürs ganze Leben.

Geschichten über treue Freundschaften haben mich enorm beeindruckt. Ich wollte nie eine sein, die viele Geschichten mit Jungs erlebt hat, ein gebranntes Kind, unfähig, zu vertrauen und wirklich zu lieben. Ich bin in einer großen Familie aufgewachsen, musste nie eine Trennung meiner Eltern befürchten und habe eigentlich alles mitbekommen, um einen «gesunden Lebensweg» einzuschlagen.

Aber ich habe es trotzdem gründlich verkorkst in Sachen

Liebe und mich für einen Weg entschieden, auf dem Gott meiner Meinung nach keinen Platz hatte.

Nach dem schockierenden Tod einer Freundin schrieb ich als Vierzehnjährige eine Liste mit all den Dingen, die ich bis zum 25. Lebensjahr erleben wollte. An die habe ich mich gehalten. Nach meiner Schulzeit flog ich für einige Monate nach Lateinamerika, um in einer Schule in Honduras zu helfen, und studierte anschließend Medienwissenschaften. Nebenbei arbeitete ich beim Radio, dann auch im Mode- und Filmbereich, und versuchte, möglichst viel «Spannendes» zu erleben. Ich drehte Filme, wurde als Model zu internationalen Events und Wettbewerben geschickt und habe viele faszinierende, aber auch schräge Menschen kennen gelernt.

In Costa Rica bin ich auch zum ersten Mal Bungee gesprungen und habe mich einer großen Angst gestellt. Bei einer Aftershow-Party hatte ich einen Typen kennen gelernt, der ein Büro für Extremsportarten leitete. Er lud mich für den nächsten Tag ein, mal «Adrenalin pur» zu erleben.

Ich weiß noch, wie ich mit zwei weiteren amerikanischen Adrenalin-Junkies durch den Urwald fuhr und der Fahrer mitten auf einer Brücke anhielt. Das Bungee-Seil wurde am Lkw befestigt, ein junger sportlicher Kerl drehte Musik auf, und ich sah zu, wie die beiden Amerikaner nacheinander die hundert Meter hintersprangen. Für mich sah es von hier oben weit tiefer aus und der Fluss da unten so klein … In meinem Magen rumorte es ganz schön.

Dann war ich an der Reihe. Ich habe mit Sicherheit zwei Minuten gebraucht, bis ich wirklich gesprungen bin. Es fühlte sich ein bisschen so an, als würde ich gleich sterben, alles in mir wehrte sich gegen das Vorhaben. *Müsste ich nicht noch etwas in Ordnung bringen? Es gibt so viele Dinge, die ich erleben will, bevor ich sterbe …* Gedanken wie diese hallten in meinem Kopf wider.

Ich bin gesprungen, habe überlebt und war anschließend

völlig euphorisch – wie in einem drogenrauschähnlichen Zustand. Dieses Gefühl hielt einen ganzen Tag. Und ein weiterer Punkt auf meiner Liste war erledigt.

Mein erster fester Freund war ein Nachwuchsspieler bei einem erfolgreichen Fußballverein. Er betrog mich.

Auch meine Karriereträume platzten nach und nach. Ein Spielfilm, für den ich das Drehbuch geschrieben und Regie geführt hatte, floppte. Und ein aufwendiger Horrorfilm, bei dem ich die Hauptrolle spielte, landete statt auf der Kinoleinwand buchstäblich im Müll. Der Regisseur drehte am Ende der Dreharbeiten nämlich durch und zerstörte das ganze Material.

Da brach ich zusammen. Ich weiß noch, wie ich bei meinem Hausarzt saß und nur noch ein Häufchen Elend war. Und ich habe mich furchtbar geschämt, weil ich nicht mehr stark sein konnte.

Genau in diesem Moment wurde mir bewusst, dass ich zwischen zwei Lebensräumen stehe: der eine dunkel, kalt und voller Gerümpel – der andere ein Garten, hell und voller Leben. Ich musste mich für einen Weg entscheiden.

Kurz darauf legte ich einen Neustart hin und habe in dieser Zeit Jesus mein Leben anvertraut. Ich kehrte zurück zur Universität Siegen, um meinen Abschluss doch noch zu machen. Und ich versuchte, zwischen kiffenden Mitbewohnern und Studentenpartys ein neues Leben zu führen und Gott zu vertrauen.

Aber es gelang nur mittelprächtig. Manchmal fühlte es sich so an, als sei der folgende Kalauer für mich erfunden worden:

Was ist noch schlimmer als Verlieren?

Siegen.

Ha-ha.

Aber dann fand ich doch das Glück meines Lebens. Dachte ich jedenfalls.

Kurz bevor ich mein Studium abschloss, lernte ich meinen Traummann kennen. Zumindest hielt ich ihn dafür. Er sah super aus, war sehr sportlich, höflich und intelligent. Ich hielt die Begegnung für Gottes Führung, wir wurden ein Paar.

Die nächsten fünf Jahre wurden leider zum Alptraum. Wir liebten uns zwar, hatten vieles gemeinsam – und zogen uns doch gegenseitig in den Abgrund, auf unterschiedliche Weise. Obwohl wir fortwährend stritten und er sich nie ganz für mich entscheiden konnte, blieben wir zusammen.

Irgendwann stellte ich ihm ein Ultimatum. Und doch fiel ich aus allen Wolken, als er sich per Telefonanruf an Weihnachten von mir trennte. Er hatte schnell eine Neue. Ich dagegen kam gar nicht mehr klar, fand einfach keinen Boden unter den Füßen.

Für die nächsten drei Jahre war ich wie gelähmt. Ein seelischer Krüppel. Der Rat einiger Freunde, öfter feiern zu gehen und mich mit anderen Kerlen abzulenken, war für mich kein Weg. Ich wusste, dass mich das nur noch tiefer in den Schlamassel bringen und mir nicht helfen würde.

Um den Schmerz aber zumindest zeitweise irgendwie loszuwerden, stürzte ich mich noch mehr in die Arbeit und fing an, extrem viel Sport zu treiben. Es tat gut, wenn beim Laufen nach dreißig Kilometern die Beine so schwer wurden, dass ich endlich das Herz für eine Weile nicht mehr spürte.

Mein persönliches Highlight war ein 100-Kilometer-Nachtlauf in Ulm, bei dem ich sogar zweitschnellste Frau wurde. Als ich ins Ziel lief, unterstützt von meiner lieben Freundin Vio als Fahrradbegleitung, musste ich vor Freude und Erleichterung weinen. Ich dachte, ich hätte mir selbst nun endlich bewiesen, dass ich stark bin. Dass ich alles schaffen und jeden Schmerz besiegen kann.

Doch das Gefühl hielt nicht lange. Ich rannte weiter um mein Leben und dem Schmerz davon: bei einem 24-Stunden-Lauf, bei einer Triathlon-Langdistanz (Ironman) und zahlreichen Marathons. Aber ich fühlte mich dennoch wertlos, nicht liebenswert und ohne Platz in dieser Welt.

Es gab einige attraktive Männer, die sich für mich interessierten. Aber ich hielt mich von allen fern. Ich fühlte nichts mehr und wollte auch nichts fühlen.

Mein treuer Trainingskumpel und notorischer Frauenheld Jonas hat es damals sehr treffend formuliert: «Du hast eine Anti-Männer-Aura, Tabi. Das muss echt aufhören, das ist doch nicht gesund!»

Jonas hatte sicher recht damit, ich habe mich innerlich ziemlich abgeschottet. Aber für mich war es wichtig. Nach der Trennung brauchte ich Zeit, um alles zu verdauen, um zu heilen und den Boden unter den Füßen wiederzufinden.

Ich wusste nicht, ob ich noch lieben und vertrauen kann. Es gelang mir lange nicht, den Schmerz loszulassen und nach vorne zu schauen. Meinen Glauben wollte ich nicht über Bord werfen, aber ich kämpfte mit Gott, mit mir und mit allem.

Mein Vater im Himmel hat sich aber auf genau die richtige Weise um mich gekümmert, auch wenn ich es in dieser Zeit nicht so spürte. Ich bekam eine tolle Stelle in einer anderen Stadt und sortierte mein Leben neu.

Ruhrgebiet statt weite Welt.

Aber mir war das recht.

Ich half, wo ich konnte, vor allem Mädchen bei Teenager-Freizeiten, und begann eine Ausbildung in der ehrenamtlichen Seelsorge, aber in mir selbst waren noch viele Wunden unverheilt.

Das Gute ist, dass ich in diesen schweren Jahren Mitgefühl in einer anderen Art gelernt habe und in vielen Bereichen über mich und meine bisherigen Grenzen hinauswachsen durfte. Aber das habe ich erst später gemerkt. Mitten in dieser Zeit habe ich das weder so gesehen noch so empfunden.

Das mit dem Wachsen ist schon eine komische Sache – es dauert so wahnsinnig lange, ein langsamer Prozess in Phasen, kaum spürbar. Geduld war noch nie so mein Ding. Ich machte

Gott oft Vorwürfe: Warum hilfst du mir nicht, wo ich doch versuche, dir zu vertrauen? Warum hört der Schmerz nicht endlich auf? Wo bist du?

Meine Schwester Debora hat einen Lieblingsspruch, an dem sie selbst nach einer schweren Erkrankung immer festhielt: «Gott macht keine Fehler.» Das steht sogar auf ihrem Nummernschild (GM – KF). Ich habe mir oft gewünscht, das auch glauben zu können. Aber ich konnte es noch nicht. Vielleicht mit dem Kopf. Aber nicht mit dem Herzen.

Wie angelt man sich einen Mann?
Man liest seine Bücher …

Aus irgendeinem Artikel hatte ich gelernt, dass die meisten Autoren nie ein Feedback bekommen – und wenn, dann vorwiegend negatives. Also entschloss ich mich, allen Autoren zu schreiben, deren Bücher mich in irgendeiner Weise begeistert oder zum Guten angespornt hatten. Nun lebten leider viele meiner literarischen Helden wie Dostojewski und C. S. Lewis nicht mehr, aber ein paar andere schon.

So kam es, dass ich einem gewissen Dr. Markus Spieker per Facebook eine Nachricht schickte. Ich war mir allerdings nicht ganz sicher, ob der Typ wirklich der Markus Spieker war, dem ich schreiben wollte. Also lautete meine Nachricht so:

«Hallo Herr Spieker. Haben Sie die Bücher ‹Faithbook› und ‹Gott macht glücklich› geschrieben? Das erste habe ich gelesen und fand es sehr ermutigend. Liebe Grüße, Tabitha Bühne.»

Ich kam mir dabei zugegebenerweise etwas seltsam vor. Zum einen, weil der Mann auf dem Cover irgendwie etwas selbstzufrieden wirkte und noch dazu einige Jahre älter war als ich – aber nicht so alt, dass er meine Nachricht nicht auch als Interesse an seiner Person hätte interpretieren können. Außerdem hatte mein Vater mir die Bücher empfohlen.

Mein Vater liest viel, er schreibt und vertreibt selbst Bücher und hat mich mit seinem Lesefieber regelmäßig angesteckt. Sein Arbeitszimmer war für mich immer ein «heiliger Ort», nicht nur, weil dieser Raum wie eine kleine Bibliothek aussah. Es war auch der Platz, wo er jeden Morgen in aller Frühe auf seinen Knien hockte, und – den Kopf auf seinen Sessel gedrückt – für viele Menschen und auch für uns Kinder betete.

Ich bin oft in das Zimmer gegangen, selbst als ich nicht mehr wusste, was ich glaube, und habe diesen Abdruck seines Kopfes in dem alten grünen Sessel gesehen. Wie sauer war ich, als der Sessel eines Tages nicht mehr da stand, weil irgendwer aus unserer Familie beschlossen hatte, es sei Zeit für einen neuen …

Doch zurück zu Markus Spieker – ich schrieb ihm also eine Nachricht, aber das Buch, das ich eigentlich am besten von ihm fand, erwähnte ich lieber nicht: «Mono – die Lust auf Treue». Ganz ehrlich, welcher Kerl um die vierzig und noch unverheiratet schreibt als Single ein Buch über Treue? Ist das nicht total schräg?

Andererseits hat es mir imponiert, dass ein Junggeselle sich so intensiv mit diesem Wunsch auseinandersetzt.

Erst Tage später bekam ich eine Antwort:

«Hi Tabitha Bühne, schöne Grüße aus Bangladesch und schön, dass Ihnen Faithbook gefallen hat. Ich sehe, dass Sie laut Ihrem FB-Profil sehr laufaktiv sind, und finde, dass es unglaublich viele Parallelen zwischen Langstreckenlauf und dem Christsein gibt. Hier in Südasien, wo ich im Moment lebe, ist es mit dem Laufen leider nicht so weit her. So heiß, zu schwül, zu versmogt. Anyway: viele Grüße in die Heimat, verbunden mit der Frage: Sind Sie mit dem von mir sehr geschätzten Wolfgang B. verwandt? Very best wishes, Markus Spieker.»

So begann unsere Brief-Freundschaft.

Wir schrieben uns oft. Jeden Tag.

Ich bewunderte Markus für all sein Wissen, das spannende Leben als Auslandskorrespondent und seine wohlwollende, fröhliche Lebenseinstellung. Wenige Wochen später kam er nach Deutschland, er hatte sich in Bangladesch beim Dreh über die islamistische Terrorgruppe IS während einer Demonstration den Fuß gebrochen und wollte in der Heimat etwas Urlaub machen.

Er fragte, ob wir uns treffen könnten. Ich sagte Ja, obwohl ich gerade eine Woche als Mitarbeiterin auf einer Mädchenfreizeit hinter mir hatte.

Ich fuhr also total übermüdet zu einem Café in Siegen. Ich hatte ja dort studiert, und seine Eltern wohnen nicht allzu weit entfernt. Kurz bevor wir uns trafen, stand ich etwas ratlos auf dem Parkplatz und rief meinen kleinen Bruder an:

«Ich treffe mich nun zum ersten Mal nach zig Jahren wieder mit einem Kerl und empfinde gar nichts. Das ist doch nicht normal?»

David lachte nur und meinte, das sei vielleicht ganz gut, so könne ich doch ganz entspannt zum Treffpunkt gehen.

Das tat ich auch.

Markus kam angehumpelt, aber trotzdem lässig, ganz ohne Krücken, und ließ sich keinerlei Schmerz anmerken. Er war ein bisschen aufgeregt, aber sehr sympathisch und überhaupt nicht selbstgefällig. Mir sind sofort seine dunkelblauen Augen aufgefallen, die schöne, markante Stimme und dass er deutlich größer war als ich.

Wir saßen draußen, bis es kälter wurde, und gingen dann in ein indisches Restaurant. Wir haben sieben Stunden lang geredet. Dann fuhr ich ziemlich durcheinander nach Hause.

Markus war sich, so sagte er mir später, sofort sicher, dass ich die Richtige bin. Ich hatte diese Gefühle noch nicht, spürte aber, dass irgendwas Besonderes passierte. Markus war so ganz anders als der Typ Mann, auf den ich eigentlich abfahre. Vernünftig, lieb, fröhlich, weise, gebildet – und elfeinhalb Jahre älter …

So wurde Siegen für mich dann doch noch zur Gewinner-stadt.

Unsere Beziehung fing ganz traditionell an. Neunzehntes-Jahrhundert-mäßig. Ganz so, wie man es aus den Jane-Austen-Romanen kennt. Oder eben von Berichten aus Indien, wo die Ehen arrangiert werden. So fühlte es sich jedenfalls zwischenzeitig an.

Was macht man nämlich, wenn man über dreißig Jahre alt ist und der eigene Vater sich nach dem ersten Date – sogar direkt am Tag danach – per Telefon auf eine Pizza mit dem Kerl verabredet? Ich hätte normalerweise die Krise kriegen müssen und einen Aufstand machen sollen, aber stattdessen fand ich das alles irgendwie lustig.

Mein Vater war völlig aus dem Häuschen. Er hatte irgendwie schon vor meinem Treffen mit Markus so eine Ahnung bekommen und wollte ihn nun unbedingt mal persönlich treffen, schließlich «kannten» sie sich schon seit ein paar Jahren, allerdings bisher nur auf schriftlichem Weg.

Dass mein Vater so begeistert von ihm war und sich dermaßen über unseren Kontakt freute, war einerseits sehr belustigend und schön, andererseits auch extrem ungewohnt – hatte ich ihm doch viele Jahre lang eher Sorgen bereitet und fühlte mich in dieser Rolle der Rebellin auch wesentlich mehr zu Hause.

Ich wusste ja, dass sie sich treffen, und war bei diesem «Männer-Date» wesentlich aufgeregter als bei meinem eigenen Date mit Markus. Was würde mein Vater ihm erzählen? Er haut manchmal heftige Sprüche raus, und nicht jeder versteht seinen Humor …

Die beiden hatten dann doch ein tolles Gespräch, wie ich hinterher von beiden hörte. Mein Papa warnte Markus vor meinem Temperament, versprach ihm, dass es wegen mir noch Tränen geben würde, versicherte aber auch, dass ich eine treue Seele sei, die das letzte Hemd für ihre Freunde geben würde.

Während ich mir anhören durfte, was für ein feiner Kerl dieser Markus Spieker doch sei, fehlten mir die Schmetterlinge. Ich betete dafür. Ich wollte ihn lieben, aber gleichzeitig wehrte ich mich gegen irgendwas. Ich bin ein extrem emotionaler Mensch. Wie soll ich jemanden lieben, ohne mich klassisch romantisch zu verlieben?

Wir trafen uns an den nächsten drei Wochenenden, bevor Markus zurück nach Indien fliegen musste. Ich war zwischendurch ganz schön überfordert. Schließlich kann man sich, wenn man am anderen Ende der Welt lebt, nur begrenzt kennen lernen, und während Markus sich bereits sicher war, ging mir alles zu schnell.

Als er zurück nach Delhi flog, nahmen wir uns vor, täglich zu telefonieren und uns über unser Leben auszutauschen.

Eine interessante und sehr hilfreiche Idee war unser «Zwei-Fragen-pro-Tag-Plan». Jeder durfte dem anderen täglich zwei Fragen stellen, egal welcher Natur.

Ich weiß noch, wie ich gerade eine Woche als Sport-Motivatorin bei einer Freizeit im hessischen Vogelsberg war und in den Pausen durch die schöne Landschaft im Regen spazierte, mit Markus am Telefon und etwas nervös auf der Suche nach einer ehrlichen Antwort zu einem pikanten Thema. Ich fand es aufgrund meiner Vorgeschichte und meiner Sensibilität nicht immer einfach, so ehrlich zu sein. Dennoch habe ich diese Art der offenen Kommunikation sehr zu schätzen gelernt. Ich wollte, dass Markus mich so kennt, wie ich bin – seelisch und körperlich ungeschminkt.

Das war nicht ganz ohne Hintergedanken. Ich bin ein Mensch, der wohl eine große Projektionsfläche bietet. Ich schaffe es eigentlich schnell, dass man, vor allem Mann, mich mag. Aber ich kann auch anders, vor allem zu Hause.

Ich wollte, dass Markus *mich* lieben lernt – und nicht seine Vorstellung von mir. Vielleicht hatte ich anfangs auch die Hoffnung, dass er mich dann fallen lässt. Denn sein Bild von mir war viel zu gut. Er war verliebt und sah mich durch eine rosarote Brille. Andererseits tat mir das sehr gut.

Mein Ex-Freund hatte mich immer äußerlich beurteilt und war sich nie ganz sicher gewesen, ob er mich wirklich liebt. Meine Familie ist großartig, aber meine Eltern und Geschwister haben einen sauerländischen Hang zum Hyper-Realismus und zu Optimierungsvorschlägen.

Markus gab mir das Gefühl, wertvoll zu sein und etwas Besonderes. Aber nicht wegen Äußerlichkeiten, sondern weil er in mir das sah, was ich immer gerne gewesen wäre. Er nahm mich ernst. Und weil ich so gerne diese Person sein wollte, die er in mir sah, motivierte er mich, besser werden zu wollen.

Irgendwann fragte ich mich, ob es sein könnte, dass er mich mit Gottes Augen sieht. Liebende Augen, nicht strenge Augen auf der ständigen Suche nach Fehlern.

Durch die vielen Gespräche und Briefe kam es, dass wir nahezu alles übereinander wussten: die schlimmsten Fehltritte, die peinlichsten Momente, die größten Macken, Ziele und Wünsche. Die schrägsten Eigenarten und lustigsten Pannen. Alte Ängste, Zweifel und Fragen. Wunde Punkte. Geheime Sehnsüchte. Und mit jedem Tag bekam ich mehr Frieden über unsere Freundschaft, Gott schöpfte sozusagen einen Löffel nach dem anderen aus meiner Zweifel-Suppe aus. Und mein Herz begann zu lieben.

Ich sagte Markus am Telefon, dass ich keine Zweifel mehr hätte. Seine Reaktion war leinwandreif:

Er buchte spontan ein Ticket, flog von Delhi nach Recklinghausen, mietete sich dort für das Wochenende in ein Hotel ein und überraschte mich mit einem Besuch und einem Brief.

Schon fast ein Buch. Fünfzig Seiten lang. (Allerdings *sehr* groß beschrieben …)

Darin bat er mich zum Schluss um die Erlaubnis, mich von nun an lieben zu dürfen.

Ich sagte Ja. Auch wenn das alles total schräg war. Auch

wenn wir uns gerade erst zwei Monate kannten und nur vier Mal getroffen hatten. Ich war mir sicher.

Ein Stückchen Panik überkam mich, als ich ihn zum Bahnhof begleitete. Er nahm den Zug zum Flughafen, ich spazierte fröhlich, aber etwas verwirrt nach Hause. Was, wenn ich es in Indien nicht aushalten kann, Markus jedoch für die nächsten Jahre definitiv dort leben wird?

Zum ersten Mal in Indien: der Kulturschock

Wir kannten uns gerade mal ein paar Monate und von einigen persönlichen Treffen. Ich hatte Markus' Eltern kurz getroffen – ganz herzliche, gütige und lebenslustige Menschen, die sich nach über vier Jahrzehnten Ehe noch immer richtig lieb haben.

Das wünsche ich mir auch: mit offenem Herzen und offenen Händen zu lieben, voller Vertrauen, ohne Angst vor Verletzung. Ich bin von Natur aus nicht so, oder vielleicht bin ich einfach aufgrund gewisser Erfahrungen nicht mehr so. Jedenfalls tue ich mich eher schwer mit dem Vertrauen. Nicht bei Freunden, aber in einer Beziehung. Da gehe ich eher davon aus, dass man mir weh tun wird, und bin nie ganz sicher, dass man mich wirklich lieben kann und mein Bestes will. Das ist übrigens auch bei Gott so. Ich habe oft mehr Angst als kindliches Vertrauen.

Nun kam ich per Flugzeug in Markus' Welt, um zu schauen, ob ich das Leben dort überhaupt aushalten würde. Ich weiß noch, wie ich am Flughafen stand und über die Gesichter meiner Freunde nachdachte. Wenigen hatte ich schon von Markus erzählt. Ein paar von ihnen freuten sich gewaltig, aber einige waren auch überrascht und erklärten mich für verrückt.

Vor allem die Idee, wegen dieses Kerls den Job zu kündigen und nach Indien zu ziehen, wirkte auf mein Umfeld wie eine Bombe. Tabitha, die jahrelang Männern aus dem Weg gegangen war, war nun kurz davor, jemanden zu heiraten, den sie gerade erst kennen gelernt hatte; einen Mann, der so gar nicht in ihr Beuteschema passte, deutlich älter war und dann auch noch in Südostasien lebte …

Ich muss zugeben: Es hat ziemlichen Spaß gemacht, sie alle ein bisschen zu schockieren, vor allem weil ich diesen seltsamen Frieden verspürte. Und so flog ich also nach Indien, um mir Markus' Welt anzuschauen und herauszufinden, ob ich dort zurechtkommen würde.

Eine naturliebende, gerne alleine im Wald laufende blonde Frau mit heller Haut in einer völlig überfüllten und zugemüllten Großstadt mit extremen Smogwerten und ständigem Verkehrschaos. Die totale Reizüberflutung.

In den ersten Tagen schauten wir uns einige Sehenswürdigkeiten an, auch die Altstadt – wo der Trubel noch größer ist und alles wie in einem anderen Jahrhundert aussieht.

Wir haben auch das Rote Fort besucht – eine der Hauptattraktionen Delhis – und sind dann durch die vielen Autos, Rikschas und sonstigen Transportmittel mitten rein ins Getümmel der «Old Town» spaziert, zum Gewürzmarkt und in die chaotischen Straßen mit den vielen Händlern.

Markus zeigte mir auch die gigantische Freitagsmoschee (Jama Masjid). Ich musste die Schuhe ausziehen und bezahlte die saftige Kameragebühr. Außerdem war ihnen meine Bekleidung nicht bedeckt genug, obwohl ich T-Shirt und lange Hose trug; also stülpte mir ein Moslem einen Umhang über. Markus, der die Moschee schon kennt, hat derweilen draußen gewartet.

Die Moschee vor einem riesigen Platz sah von außen schön aus, innen war sie dagegen eher öde. Ich durfte zumindest an dem Tag als Frau aber auch nicht weiter gehen als bis zu einer bestimmten Markierung.

Ich schlenderte also zurück zu Markus. Wir fuhren zum Connaught Place, dem nach einem britischen Prinzen benannten zentralen Geschäftsviertel Neu-Delhis.

Die Sonne ging gerade unter. Auf dem Weg zum Restaurant kam unerwartet eine ganze Truppe von Straßenkindern auf uns zu, die uns bedrängten, ihnen Geld zu geben. Ein Freund hatte mir zuvor erzählt, dass wir auf keinen Fall bettelnde Kinder unterstützen sollten, weil wir damit nicht ihnen helfen, sondern einem Ring von Verbrechern, die diese Kinder zum Betteln zwingen.

Wir flüchteten in ein nahes Restaurant, wo ein Wachmann nach uns schnell die Türe schloss und die Kinder so abfing.

Wir probierten ein indisches Gericht, das wir beide noch nicht kannten. Ich mochte das Essen, es war schön scharf und vielseitig. Damals wusste ich nicht, dass ich mich bald mit der Besitzerin dieser Restaurantkette anfreunden würde.

Als wir nach dem Essen hinausgingen und auf unser Taxi warteten, kamen wieder fünf Jungs angelaufen. Markus telefonierte gerade mit dem Taxifahrer und bemerkte nicht, dass die Kinder handgreiflich wurden. Sie waren vielleicht gerade mal acht Jahre alt, ihre Gesichter leer und die Augen glänzten seltsam.

Zwei der Jungen schrien mich an, ich solle ihnen Geld geben. Ich hatte aber gar keines dabei. Zwei andere fassten mir an den Hintern und riefen Worte, die ich mit achtzehn Jahren noch kaum gekannt hatte. Ich konnte nicht fassen, dass mich gerade kleine Kinder sexuell belästigten. Wenn es Teenager oder Erwachsene gewesen wären, hätte ich längst um mich geschlagen und sie angebrüllt. Aber was macht man bei Kindern?

Markus kriegte erst Minuten später mit, dass ich begrabscht und belästigt wurde. Er schubste einen der Jungen weg, gab ihnen etwas Geld, um sie loszuwerden, und wir sprangen ins Taxi.

Ich war ziemlich durcheinander. Der Straßenverkehr stockte immer wieder, es waren einfach deutlich zu viele Autos unterwegs.

Unser Taxi hielt an einer Ampel. Plötzlich tauchte direkt vor meiner Fensterscheibe ein Gesicht ohne Augen auf, es war völlig verbrannt, genau wie die Hände, die sich an das Glas pressten. Ich erschrak fürchterlich. Wenige Meter weiter robbte ein Mann ohne Beine über die Straße. Frauen und junge Mädchen verkauften Plastikblumen und suchten in den stehenden Autos nach Kundschaft.

Ich riss mich zusammen, aber als ich abends in Markus' Gästezimmer saß, habe ich geweint wie lange nicht mehr. So viel Elend auf einem Haufen hatte ich noch nie gesehen. Nicht in dieser Art. Ich weiß nicht genau, ob ich wegen der Kinder weinte oder wegen des verbrannten Mannes – oder nur aus Kapitulation vor der indischen Reizüberflutung.

Ich glaube, Markus wollte mir in anderthalb Wochen halb Indien zeigen. Wir fuhren also nach Udaipur, eine der meistbesuchten Städte Indiens in Rajasthan. Sie ist umgeben von einigen künstlich angelegten Seen, und hier steht auch ein bekannter Maharadscha-Palast, der für Filme als Kulisse diente. Mir gefiel vor allem die Altstadt mit ihren verwinkelten Häusern und schmalen Gassen, was in Indien eher selten ist.

Die Stadt war wunderschön beleuchtet und geschmückt in diesen Tagen, denn die Hindus feierten ihr Lichterfest Diwali. Sie standen in langen Warteschlangen, um ihren Göttern Opfer zu bringen, kleideten sich festlich und schenkten sich Süßigkeiten. Es wurde leider auch tagelang ohne Sinn und Verstand mit Feuer-Crackern Lärm gemacht, die Luft roch schlecht, und die Stimmung war nicht gerade besinnlich.

Von Udaipur ging es dann weiter in die «pinke Stadt» Jaipur. Eine schnell wachsende Industriestadt, deren Wahrzeichen der «Palast der Winde» ist – den ein Maharadscha für seine zahlreichen Frauen bauen ließ. Die Damen konnten von hier aus nach draußen schauen und das Geschehen beobachten, aber selbst nicht gesehen werden.

Besonders beeindruckt hat mich aber das etwas außerhalb liegende Fort Amber. Diese eindrucksvolle gut erhaltene Festung aus der Zeit der Mogulherrschaft liegt auf einer Bergkette und bietet auch eine wunderschöne Aussicht.

Wir fuhren weiter in die Pampa, denn am nächsten Tag sollte es auf Tigersafari gehen. Leider sahen wir keinen einzigen Tiger, sondern nur Rehe und allerlei Federvieh. Unser Guide ist nicht aufgetaucht, stattdessen kutschierte uns ein ahnungsloser Fahrer mit ein paar indischen Urlaubern in einem Geländewagen planlos durch den Wald und folgte anderen Wagen, die in Kolonne durch die «Wildnis» fuhren, aber ebenso wenig sahen wie wir. Im heimischen deutschen Wald hätte ich vermutlich mehr Tiere entdeckt.

Ganz stolz hielt der Guide ruckartig an und zeigte auf ein paar Wildschweine und Affen. Wir ärgerten uns etwas, nahmen es dann aber doch mit Humor. So hatten wir uns eine Safari nicht vorgestellt.

Ich liebe Tiere, und Markus gab sich alle Mühe, mich für Indien zu begeistern. Wenn es schon mit den Tigern nicht geklappt hatte, sollten es die Elefanten richten. Wir besuchten einen Ort, wo ein paar Leute einige Elefanten beherbergten, und durften auch auf einem der Tiere eine Runde durch die wüstenartige Landschaft drehen.

Einer der Pfleger gab mir eine Banane und sagte: «Damit machst du ihm eine Freude. Wenn du in zehn Jahren wiederkommst, um ihn zu besuchen, wird er sich daran erinnern dass du lieb zu ihm warst. Ein Elefant vergisst nie!»

Ich mag Elefanten, diese starken, sanften Riesen mit den herrlichsten Ohren der Welt. Aber ich mag sie lieber in freier Natur. Wobei es offenbar immer weniger Platz für die wilden Elefanten gibt – auch in Indien. Immer wieder kommt es in einigen Bundesstaaten zu zerstörten Feldern. Die Tiere kommen in die Dörfer und sorgen für Ernteausfälle und Gefahr – und die Bauern reagieren darauf mit Gewalt, um die Elefanten zu vertreiben. Obwohl sie hier als heilig gelten, werden immer wieder welche umgebracht.

Romantisches Dinner in der Wüste, Überraschung im Morgengrauen

Am Ende dieses Tages gab es ein romantisches Dinner in der Natur, mit Buffet und Lagerfeuer nur für Markus und mich. Das klingt großartig, war mir aber extrem unangenehm, zumal zwei Kellner immer direkt am Tisch standen und auf neue Befehle warteten.

Markus und ich stritten uns dann auch noch, und am Ende waren wir beide ziemlich frustriert. Markus schien total niedergeschlagen, weil ich nicht mit der erhofften Begeisterung auf das Programm reagierte, das er so toll geplant hatte. Aber ich war einfach nur überfordert, und mich überrumpelten zu viele Eindrücke in zu kurzer Zeit.

Auf der Fahrt zum Hotel bekam er einen Anruf und war anschließend sehr geknickt. Auch für den nächsten Morgen hatte er etwas Tolles geplant, und nun teilte man ihm per Telefon mit, dass es vermutlich nicht stattfinden könne.

Bevor ich schlafen ging, klopfte er an meiner Zimmertür im Hotel und fragte, ob ich mir sicher sei, dass ich ihn liebe und er der Richtige ist.

Ich versuchte ihm zu erklären, dass ich mir total sicher war, auch wenn ich durch meine Gefühle gerade selbst keinen Durchblick mehr hatte.

Er sagte mir, ich solle am nächsten Morgen um 4.30 Uhr bereit sein. Wir beteten zusammen, und ich stand dann lange am Fenster, schaute in die Nacht. Der Mond stand am Himmel.

«Vater im Himmel», sagte ich leise, «du weißt alles, und du kennst mich. Du siehst auch all die Ungeduld und Angst meines Herzens. Mach du es bitte ruhig. Und lass Markus wissen, dass ich ihn wirklich liebhabe. Danke, dass du ihn in mein Leben geschickt hast. Hilf mir, dass die Liebe größer wird als die Angst vor Enttäuschung oder vor Verletzungen. Danke, dass du bei uns bist. Auch wenn ich das nicht immer spüre. Amen.»

Ich habe in dieser Nacht wenig geschlafen und stand bereits früh auf.

Es war übrigens ein Freitag.

Der Dreizehnte.

Aber ich bin ja nicht abergläubisch.

Ich hatte keine Ahnung, was da auf mich zukommen sollte. Wir fuhren durch die Dunkelheit, ich sah nichts. Dann kamen wir an einen großen Platz, wo mehrere Heißluftballons standen und vorbereitet wurden.

Markus sagte: «Ich weiß ja, dass du schon Bungee gesprungen bist und so verrückte Sachen magst. Sie haben gestern gesagt, dass sie wahrscheinlich nicht starten können, weil das Wetter es nicht zulässt, es ist wohl zu warm. Aber nun haben sie doch zugesagt. Wir werden mit dem Heißluftballon Indien mal von oben sehen!»

Ich fand es herrlich, dass er so etwas geplant hatte – denn ich wusste, dass er Höhenangst hat und nicht gerade ein Freund von sportlichen Abenteuern dieser Art ist. Außerdem ist er recht groß, und als wir in den kleinen 3-Mann-Ballon stiegen, fühlte er sich nicht richtig wohl.

Der Ballonfahrer war nett und fröhlich.

Nach wenigen Minuten befanden wir uns in schöner Höhe und sahen viele Felder, Hügel und eine Festung von oben. Was für eine Freiheit! Markus setzte sich so halb auf eine Gasflasche und fragte unseren «Fahrer» (ganz der Journalist), wie lange er das schon mache und ob das nicht gefährlich sei.

«Nö, ich mache das schon seit sechs Jahren, nicht nur in Indien, auch in Frankreich und anderen Ländern. Ist noch nie was passiert!»

Markus war etwas beruhigter. – So weit oben durch die Luft

zu schweben erfüllt mich immer mit einer Ehrfurcht und Freude. Ich habe auch etwas Angst, sobald ich anfange, darüber nachzudenken, was passieren könnte, wenn …

Aber eigentlich hatte ich einige meiner schönsten Momente bei solchen Naturerlebnissen. Ich weiß noch, wie ich beim Tandemsprung aus dreitausend Metern Höhe aus dem Flugzeug sprang und dachte, mein letztes Stündlein hätte geschlagen. Aber bereits wenige Sekunden nach dem freien Fall fühlte ich mich wie ein Vogel und hätte heulen können vor lauter Glück, wie schön diese Welt gemacht ist, wie genial der Mensch geschaffen ist, dass er solche Dinge bauen kann, und wie glücklich ich sein kann, dass ich so was mal erleben darf.

Ich stand also da und blickte in die Ferne, die Sonne ging auf, und wir trieben über endlose Wiesen. Plötzlich überkam mich ein ungutes Gefühl. Unser «Fahrer» checkte immer wieder die Triebwerke. Irgendwas stimmte da nicht.

Wir waren gerade mal fünfzehn Minuten in der Luft, da meinte er etwas nervös und doch so gelassen wie möglich: «Sorry, ich glaube, wir müssen eine Notlandung machen. Das Triebwerk hat gerade den Geist aufgegeben …»

Markus reagierte leicht panisch:

«Aber das geht nicht!»

Unser Fahrer schüttelte den Kopf und begann, den Sinkflug einzuleiten.

«Es tut mir echt leid. Das ist mir noch nie passiert. Und ich mache das hier schon sehr lange.»

Markus starrte ihn an und biss sich auf die Lippen.

«Das geht nicht, wir können doch jetzt nicht landen!»

Der Fahrer winkte ab. «Es ist zu gefährlich. Wir müssen runter!» Er hantierte, wir sanken, tiefer und tiefer. Und während unser Ballonführer versuchte, uns alle drei irgendwie sicher runterzubringen, hielt Markus sich mit einer Hand etwas bleich im Gesicht an einem der Seile fest und zog hektisch etwas aus seiner Hosentasche.

«Tabitha, willst du mich heiraten?!»

Ich musste lachen, sagte «Ja!», gab Markus den schnellsten Kuss meines Lebens und steckte den Ring so zügig, wie es ging, in meine Hosentasche.

Wir machten uns bereit zur «Landung». Bäume und Häuser tauchten unter uns auf. Kinder und Erwachsene rannten aus ihren Hütten und winkten – so was hatten sie wohl noch nie gesehen. Ich duckte mich, schützte meinen Kopf mit den Armen.

Wir steuerten leider genau auf eine Mauer zu.

Es rappelte ganz schön, aber keiner verletzte sich, alle fanden sich wohlauf auf dem Boden wieder. Ich hatte nur etwas aus der umgekippten Gasflasche abbekommen, von der sich ein Schlauch gelöst hatte, und habe leider den Rest des Tages dementsprechend gerochen. Die Leute aus dem Dorf kamen angerannt und starrten uns und den am Boden liegenden Heißluftballon aus sicherer Entfernung an.

Markus und ich mussten lachen. Ich hatte ihm immer gesagt, dass ich einen besonderen Heiratsantrag will und er mir ja nicht mit irgendeinem Standardkram kommen soll. Dass er mich in einem abstürzenden Heißluftballon fragen würde, hatte ich mir wirklich nicht vorstellen können.

Wir bekamen eine Flasche Sekt und die Hälfte des Preises zurück. Ein perfekter Tag und eine Geschichte, die wir nie vergessen werden.

Wir erlebten in den Tagen danach noch viel: Wir wurden aus einem Zug geschmissen, fuhren mit dem wohl langsamsten und begriffsstutzigsten Taxifahrer ganz Indiens nach Agra, um den Taj Mahal zu sehen – aber als wir ihn erreichten, war es schon abends, das Weltwunder war geschlossen, und über der ganzen Stadt lag ein dichter schwerer Nebel, so dass wir es nicht mal vom nahegelegenen Aussichtspunkt aus erahnen konnten.

Wir aßen in einem schmierigen Restaurant und fuhren nach Delhi – leider kannte sich der Fahrer auch hier nicht aus und nahm statt der Schnellstraße kleine Huckelwege. Nach sechs Stunden Rumpeltour und mit blanken Nerven kehrten wir mitten in der Nacht nach Delhi zurück.

Markus scherzte anschließend gern über meinen ersten Besuch in Indien und seine Versuche, mir so viel wie möglich zu zeigen.

«So ein Urlaub ist die beste Probe … Wenn du das geschafft hast, schaffst du alles!»

Ich wusste nur nicht, ob mich das ermutigen oder beängstigen sollte.

Hochzeit mit Nebenwirkungen

«Ich werde heiraten. Ich werde meinen Job kündigen. Und ich werde nach Indien ziehen.» Während ich mir selber erzählte, was ich in den nächsten vier Monaten vorhatte, merkte ich, dass meine Freunde vielleicht recht haben könnten: Möglicherweise war ich von allen guten Geistern verlassen. Aber ich freute mich auf eine spannende Zukunft.

Markus und ich beschlossen, nicht in einer standesamtlichen Behördenstube in Deutschland «Ja» zu sagen, sondern lieber an einem Strand auf Sri Lanka.

Er, ich und eine nette, etwas schrullige und chaotische britische Heiratsorganisatorin plus eine Standesbeamtin aus Sri Lanka.

Wir kannten uns noch nicht lange und wussten, dass auch in den nächsten Wochen wenig Zeit füreinander bleiben würde. Es war die schrägste Zeremonie, die man sich nur vorstellen kann – herrlich unkonventionell, mit Tuk-Tuk (Auto-Rikscha) statt Limousine und Pizza am Strand statt teurem Restaurant.

Als wir im Sand saßen, tummelten sich Krebse um uns herum, die Wellen rauschten, und der Mond hüllte die Welt in ein blaues Schweigen. Wir prosteten uns mit einem Glas Wein zu. Wir waren jetzt offiziell ein Team für das ganze Leben – nach örtlichem Recht geschlossen.

Zur Nachahmung kann ich das aber natürlich nur bedingt empfehlen.

Eigentlich war das alles ein bisschen zu viel: den Job kündigen, in so wenigen Monaten eine Hochzeit planen und dann noch den Umzug ins Ausland abwickeln. Markus musste wegen der Arbeit in Indien sein, und so zog ich, zurück in Deutschland, abends nach der Arbeit alleine los, um eine Location für unsere Feier zu suchen. Zwischenzeitlich war ich am Rande der Erschöpfung.

Dazu kam, dass mich in Recklinghausen ein Wasserschaden und eine fette Erkältung gleichzeitig überraschten. Aus der Wohnung über mir tropfte Wasser durch die Lampen in meine Küche und Diele. Ich weiß noch, wie ich am Abend vor «dem größten Tag meines Lebens» Briefe für unsere Gäste schrieb und darüber fast eingeschlafen wäre. Ich konnte einfach nicht mehr.

Morgens vor der Feier (ich weiß, es ist bekloppt …) fand noch ein Shooting mit Freundinnen für einen Sport-BH-Test statt, den ich für ein Laufmagazin abschließen wollte, bevor es ins Ausland ging.

Unsere zweite, jetzt öffentliche und richtige Hochzeit war traumhaft. Mein Vater hielt eine sehr lustige und bewegende Predigt. Er sprach dabei auch über unseren Trauvers:

«Du stellst unsere Füße auf weiten Raum!»

Ich konnte an diesem Tag noch gar nicht ahnen, wie sehr sich dieser Spruch noch bewahrheiten sollte.

Ein persönlicher Glaubensheld von Markus und mir, der Evangelist Ulrich Parzany, traute uns, und wir hatten die Ehre, ganz wundervolle Musiker dabeizuhaben.

Es war einfach grandios, bunt und persönlich. Nach der

Trauung merkte ich erst, wie sehr sich viele meiner langjährigen Freunde von Herzen für mich freuten.

Meine Freundin Vio, die um meine schwierige Beziehung vor der Zeit mit Markus wusste und mit der ich damals sehr eng verbunden war, fing an zu weinen, als wir uns in die Arme nahmen. Echte Freunde wissen, welche Reise hinter einem liegt, und teilen Schmerz und Glück. An diesem Tag flossen reichlich Tränen – aber vor Freude.

Eine andere Freundin drückte es so aus: «Ich musste bei eurem Eheversprechen plötzlich losheulen. Weil das, was Markus gesagt hat, ich weiß auch nicht – er ist ein erwachsener Mann, der dich wirklich liebt und zu schätzen weiß. Ich freu mich so …», sie brach ab und umarmte mich. Sie hatte recht.

«Danke, lieber Gott …», betete ich leise. «Du hattest einen guten Plan. Und danke, dass Markus so lange gewartet hat und nicht aus Torschlusspanik eine andere geheiratet hat …»

Dann feierten wir in historischen Gemäuern: Schloss Burg, der romantischen Palastanlage vor den Toren Solingens. Es war eine urdeutsche Feier, nur dass wir zur Einstimmung eine Bollywood-Fotoaktion eingebaut hatten, so dass sich jeder Gast mit Turban oder anderem Kopfschmuck und in indischen Trachten ablichten lassen konnte.

Es war ein großer Spaß, aber ich bekam zwischenzeitlich Angst, dass es gar nicht real sein könnte, nur ein Traum. Alles schien so unwirklich.

Ich kannte Markus' Freunde nicht – und er genauso wenig die meinen. Es war also zwischendurch ganz schön verwirrend für beide Seiten, aber auch sehr witzig. Im Grunde haben sich zwei Fremde an diesem Tag ihr Leben anvertraut. Eigentlich verrückt – vor allem wenn man bedenkt, dass wir beide nur einmal im Leben heiraten werden.

Davon sind Markus und ich überzeugt, so haben wir es bei unseren Eltern gelernt, so entspricht es unserer christlichen Überzeugung, und so wollen wir es auch leben.

Nur sind wir beide willensstarke Menschen mit ausgeformten Charakteren.

Es würde, das war klar, spannend bleiben.

Um den Druck auf uns noch ein wenig zu erhöhen, stand am Tag darauf eine unerwartete Schlagzeile über den Online-Artikeln einer evangelischen Nachrichtenagentur.

Von einer «Hochzeit des Jahres» war da zu lesen. Inklusive Bild des Brautpaars.

Kurz danach schrieb mir eine Freundin: «Hey, wenn man dich bei Google sucht, kommt direkt ein Link, dass du jetzt verheiratet bist!»

Na wunderbar …

Die Komödie geht weiter – Flitterwochen wie im Film

Statt in ein Luxushotel an einer einsamen Strandbucht ging es in die USA – zunächst in die Hauptstadt Washington. Markus hatte die Idee, die Flitterwochen an den schon länger geplanten Konferenztermin dranzuhängen und mir den Westen der USA zu zeigen.

Der Vorschlag hatte mich zunächst begeistert. Da wollte ich schon immer mal hin! Die Reise wurde dann doch ein wenig alptraumhaft, weil ich mal eine Portion Ruhe gebraucht hätte und nicht noch mehr Abenteuer …

Wir kamen recht erschöpft in Washington an, und ich war ziemlich begeistert von der Sauberkeit, den imposanten Monumenten und tollen Parks. Während Markus an der Konferenz teilnahm, ging ich erst mal eine Runde laufen und verbrachte einige Zeit am Lincoln-Denkmal. Am späten Nachmittag erkundeten Markus und ich gemeinsam die Stadt, und ich fühlte mich zwischendurch etwas schlapp. Ich dachte, es sei bestimmt nur ein bisschen Müdigkeit von der Hochzeit und dem langen Flug.

Am Abend gab es ein Gala-Dinner, und ich war als Markus' Ehefrau mit eingeladen. Es war ein sehr schöner Empfang, sehr edel und geschmackvoll. Wir waren vielleicht zwanzig Minuten dort, ich hatte ein halbes Glas Wein getrunken, und einer der Gäste fragte mich, was mich in Indien so erwartete. Ich lehnte mich an die Wand und wollte antworten, aber da wurde mir plötzlich schummerig. Ich versuchte trotzdem etwas zu sagen, dann wurde mir schwarz vor Augen.

In diesem Moment fiel ich zum ersten und hoffentlich einzigen Mal in meinem Leben in Ohnmacht, ausgerechnet hier.

Als ich aufwachte, lag ich auf einer Art Couch, eine Menge fremde Gesichter um mich herum – und Markus, der unsicher war, was nun zu tun sei. Meine Bluse war nass und weinrot, und ich verstand erst gar nicht, was überhaupt geschehen war.

Der Krankenwagen kam, und man brachte mich in ein Hospital. Während der Fahrt – meinem ersten Krankenwagen-Transport überhaupt – wusste ich nicht, ob ich lachen oder mich in Grund und Boden schämen sollte. Außerdem machte ich mir Sorgen, dass einige Kosten auf uns zukommen könnten.

Markus war etwas bleich und wirkte unruhig.

«Mit mir wird es nicht langweilig», sagte ich lächelnd.

Er drückte meine Hand und lächelte angespannt zurück.

Im Krankenhaus war es sehr wuselig. Ich lag auf einer Trage neben einigen anderen Leuten in der Notaufnahme, immer wieder kam jemand und stellte Fragen, immer die gleichen. Dann folgten einige Untersuchungen, und schließlich gab es Entwarnung und einige fett- und zuckerreiche Erdnuss-Sandwiches, die ich sofort essen sollte. Wir durften nach ein paar Stunden gehen.

Es war mitten in der Nacht, und Markus war sauer, weil kein Taxi verfügbar war. Ich wusste seine Wut nicht richtig einzusortieren. War er in Wirklichkeit sauer auf mich, weil ich ihm den Abend bei der Konferenz versaut hatte? Oder vielleicht wegen der zusätzlichen Kosten? Oder wirklich nur, weil es kein Taxi gab?

Ich fühlte mich sehr schlecht und nahm es persönlich. Außerdem fragte ich mich, was für ein Omen das bitte sehr sein sollte, wenn ich direkt am Anfang unserer Ehe zusammenbreche …

Zurück im Hotel – wir fanden irgendwann doch ein Taxi – war ich ziemlich unruhig und unsicher. Ich hatte Angst, einzuschlafen und nicht wieder aufzuwachen. Ich hatte Angst davor, wieder ohnmächtig zu werden und die Kontrolle zu verlieren. Es war äußerst unangenehm, zu merken, dass ich eigentlich so gut wie gar nichts wirklich kontrollieren kann und bisher nicht mal wahrgenommen habe, wie abhängig ich eigentlich bin.

In dieser Nacht betete ich wie zuletzt als Kind – ich sammelte alles, was an Angst und Kummer in mir drin war, und schmiss mich mitsamt meinen Sorgen hilflos in Gottes Arme.

An Schlaf war aber nicht zu denken. Ich versuchte also erfolglos, den Wein aus meiner weißen Bluse zu waschen. Irgendwann legte ich mich doch hin. Nach einer Weile schlief ich auch für ein paar Stunden ein – und wachte dann wieder auf, allerdings deutlich erleichterter und dankbarer als gewöhnlich.

Normalerweise springe ich nicht morgens munter aus dem Bett und rufe: «Juhuu, ein neuer Tag!» (wie mein Mann es gerne tut). Ich bin keine Lerche … Aber an diesem Morgen fühlte sich der neue Tag wie ein Geschenk an.

Mir war das alles immer noch sehr peinlich. Ich bin doch keine Frau, die nach einem halben Glas Wein umfällt und das Bewusstsein verliert … Aber nun, so war es, und ich musste mir am Tag danach natürlich einige Sprüche anhören. Aber alles in allem waren alle sehr lieb und freundlich, und seitdem begrüßt man mich in diesen Kreisen immer mit einem Schmunzeln. Jedenfalls kommt es mir so vor.

Nach ein paar Tagen konnten Markus und ich die ganze Sache mit Humor nehmen – so eine Geschichte erlebt man schließlich nicht alle Tage. Zum Glück.

Für mich, die gerne eine Woche an einem Ort verbringt und die Gegend genießt, war Markus' Art zu reisen in den Flitterwochen teilweise überfordernd. Wir waren gefühlt in ganz Amerika. Wir rannten durch San Francisco, durchs Death Valley, machten Los Angeles unsicher und erkundeten statt in zwei Tagen den Grand Canyon in sechs Stunden. Er meinte es gut, wollte mir alle Highlights, die er bereits kannte, in einem Durchlauf präsentieren.

Spätestens nach den Flitterwochen war mir klar, dass ich keinen normalen Mann geheiratet habe. Wenn zwei Dickköpfe und Leittiere ein Team bilden, kann es einige Kämpfe und Reibereien geben. Wir hatten reichlich davon – aber noch mehr unglaublich schöne Momente. Um allerdings ganz ehrlich zu sein: Nach den Flitterwochen hätte ich Urlaub gebraucht.

Aber stattdessen wartete die eigentliche Herausforderung ja noch auf mich.

Incredible India, unglaubliches Indien – wie es in den Werbeclips des Landes vermarktet wird.

Und unglaublich wurde es wirklich.

Kapitel 2:

Leben in einer komplett anderen Welt

Neustart in Delhi

Unsere Wohnung liegt im dritten Stock. In regelmäßigen Abständen kriege ich fast einen Herzkasper, weil es sich anhört, als würde jeden Moment ein Flugzeug ins Haus hineindonnern. Wir befinden uns in der Einflugschneise des Flughafens. Hoffentlich nehme ich das irgendwann nicht mehr wahr, so wie Markus, er hat sich irgendwie daran gewöhnt.

Ich schaue aus dem Küchenfenster. Direkt vor unserem Haus befindet sich eine Baustelle. Am Rande des Schutts hat sich ein Mann eingerichtet. Er steht von seiner Pritsche auf, pinkelt an die Wand, wäscht sich die Hände mit etwas Wasser aus einem Krug und legt sich wieder hin. Ich komme mir komisch vor mit der Klimaanlage, dem vollen Kühlschrank und einem sauberen Bett. Ich kann nur hoffen, dass Indien mir helfen wird, von Herzen dankbarer zu werden.

Es ist nicht so, dass ich diese Wohnung nicht mag, sie ist wirklich schön, aber bisher war sie ganz allein Markus' Welt, und ich fühle mich noch nicht ganz zu Hause. Natürlich hätte es wenig Sinn gemacht, meine Einrichtung aus Deutschland mitzunehmen. Das meiste habe ich verkauft, verschenkt oder im Dachboden meiner Eltern eingelagert, bevor ich nach Delhi zog.

Wir haben das Gästezimmer zu meinem neuen Arbeitszimmer erklärt und einen schönen Schreibtisch gekauft. Außerdem sind ein paar Aloe-Vera-Pflanzen «eingezogen», um die Luftqualität zu verbessern. Aber der Luftfilter muss trotzdem den ganzen Tag laufen, die Pflanzen kommen nicht gegen die giftige Wolke an. Ich rieche jeden Morgen den Smog, es ist gruselig. Außerdem ist es noch sehr ungewohnt, nachts kein Fenster aufmachen zu können – weil es laut ist und die Luft zu sehr stinkt.

Auch die Wärme Indiens ist erst mal gewöhnungsbedürftig, ohne die Klimaanlage können wir gar nicht ein- oder durchschlafen, gleichzeitig ist sie aber so laut und pustet die Luft genau auf das Bett, so dass ich in den ersten Tagen kaum zur Ruhe komme.

Aber ich will nicht meckern: Ich bin froh, dass wir diesen Luxus haben. Das ist hier nicht selbstverständlich, und damit werde ich jeden Tag konfrontiert.

In der ersten Woche versuche ich, meine neue Welt etwas kennen zu lernen. Normalerweise mache ich das beim Joggen, aber die Luft ist dermaßen schlecht und das Chaos in der Stadt so groß, dass ich es nach zwei Versuchen bleiben lasse.

Ich habe mich komplett verlaufen in dieser verrückten Stadt. Überall wollten mir Leute helfen, den Weg nach Hause zu finden. Sie sind sehr freundlich, raten mir alle möglichen Richtungen, auch wenn sie selber gar keine Ahnung haben, wo mein Zuhause ist.

Später habe ich verstanden, dass ein «Sorry, ich kann dir nicht helfen!» schlichtweg keine Lösung für sie ist. Da wird lieber irgendwas erfunden als zuzugeben, dass sie keinen Schimmer haben.

Ich finde auch keine Straßennamen. Meist orientiert man sich an Hausblöcken. Ich komme gar nicht zurecht. Es gibt auch kaum so was wie Bürgersteige, man rennt also zwischen hupenden Autos, Mofas, Tuk-Tuks und Kühen im Zickzack über die Straßen und hofft, nicht umgefahren zu werden.

Da bleibe ich lieber zu Hause und melde mich in einem Fitnessstudio an. Gott sei Dank hat kurz nach meinem Einzug ein paar Straßen weiter eins aufgemacht. Ich lerne dort schnell nette Leute kennen und freue mich über ein bisschen Normalität – denn Sport hat schon immer zu meinem Leben gehört.

Ich befreunde mich mit Asha, der eine indische Restaurantkette gehört und lustigerweise auch das Restaurant, in das Markus und ich vor einigen Monaten vor den Attacken der Straßenkinder geflohen waren. Asha macht Bodybuilding und ist sehr muskulös, was für eine Frau in Indien eher ungewöhnlich ist, sie trägt mittellanges schwarzes krauses Haar und hat entschlossen dreinblickende dunkelbraune Augen. Sie ist nur etwas kleiner als ich, die meisten Inderinnen reichen mir dagegen nur bis zur Brust oder Schulter.

Dann sind da noch eine Anwältin und eine Ärztin, mit denen ich mich sofort gut verstehe. Und Kanti – ihr Vater ist im Geheimdienst. Sie ist die einzige Person aus der Mittelklasse, alle anderen gehören zur Oberschicht und sind sehr wohlhabend. Kein Wunder: Das Fitnessstudio ist sogar für deutsche Verhältnisse unglaublich teuer. Aber *kein* Sport ist auch keine Lösung.

Unfälle, Hocktoiletten und ein Tröpfchen Ghee

Es ist nicht leicht, in einer Welt zu leben, die nicht zu einem passt und so völlig fremd erscheint. Wenn ich aus der Wohnung gehe, werde ich angestarrt und muss ständig aufpassen, dass man mich nicht umfährt. Selbst der kurze Weg zum Fitnessstudio treibt mich ständig in den Wahnsinn, weil gehupt wird, statt logisch zu denken und achtsam zu fahren.

Ich verlasse gerade das Haus, um zum Sport zu gehen, als ein Fußgänger vorbeigeht und zwei Autos auf der ohnehin schmalen Straße aufeinander zufahren.

Obwohl es klar ersichtlich ist, dass da keinesfalls noch jemand zwischen die beiden Autos und den Fußgänger passt, kommt ein Mofafahrer angeschossen, drückt seine Tröte und versucht sich irgendwie durchzuschlängeln.

Es kommt, wie es kommen muss: Er fährt den Fußgänger an, dieser fällt, auch der Mofafahrer stürzt, die Autos fahren weiter. Der Fußgänger schreit, rappelt sich auf und schlägt dem Mofafahrer mit voller Wucht ins Gesicht. Dieser fährt, so schnell er kann, davon, und der Fußgänger setzt sich auf die Straße, weil ihm schwindelig wird. Die Polizei wird nicht gerufen.

«Es würde zu nichts führen!», erklärt mir später die Anwältin aus dem Fitnessstudio. «Die Polizei ist bestechlich – es ist meist der schuld, der weniger Kohle hat. Und die Autos hier haben eh alle Beulen, irgendwann ist es einem dann auch egal.»

Ich entschließe mich, in Indien nie Mofa oder Auto zu fahren – es ist mir einfach zu stressig, und richtige Regeln gibt es auch nicht. Es gewinnt, wer das teurere oder größere Auto fährt – oder einfach schneller ist. Da nutze ich lieber ein Taxi oder ein Tuk-Tuk.

In den ersten Wochen fühle ich mich oft eingesperrt, mir fällt quasi die Decke auf den Kopf. Ich arbeite gerade an einem Kinderbuch und brauche nach einigen Stunden Schreibarbeit mal eine Denkpause. Also fahre ich trotz der schlechten Luft in einen nahegelegenen Park, um ein wenig alleine zu sein und aus dem Haus rauszukommen.

Leider dauert es keine zwei Minuten, bis sich jemand zu mir setzt, um mir Gesellschaft zu leisten. Auch wenn ich das gar nicht will. Ich bin gerne allein. Aber in Indien scheint man das nicht zu verstehen. Der Mensch ist alleine wenig wert, und man sieht ihn immer nur in der Gruppe.

Dass es ganz schön und erholsam ist, ab und zu mal alleine zu sein, ist für meine «Park-Bekanntschaften» nicht nachvollziehbar. Sie denken, sie tun mir einen Gefallen. Dabei sehne ich mich gerade einfach nur wahnsinnig nach ein bisschen Ruhe und Stille, einem menschenleeren Raum und ein paar Bäumen um mich herum …

Es ist schon komisch, wie oft man in Indien um ein gemeinsames Selfie-Foto gebeten wird. Noch schlimmer ist nur das permanente Angestarrtwerden. Ich muss unweigerlich an eine Veranstaltung denken, bei der ich vor vielen Jahren mit anderen Models frierend auf Podesten stehen musste und gaffenden Zuschauerblicken ausgesetzt war. Mir war die Situation damals dermaßen unangenehm, dass ich meinen «Ich bring dich um»-Blick aufsetzte, der offenbar so eindrucksvoll war, dass der Organisator mich bat, doch lieber zurück ins Hotel zu fahren …

Doch hier gibt es kein Entrinnen. Manchmal werde ich richtig wütend, ab und an kann ich auch drüber lachen, und hin und wieder denke ich ernsthaft darüber nach, mir ein T-Shirt drucken zu lassen mit der Aufschrift: «Starren verboten. Selfie kostet 10.000 Rupien.» Dabei fällt es den Leuten anscheinend gar nicht auf, dass sie starren – und das länger als drei Sekunden. Ab und zu starre ich zurück, dann reagieren sie oft beschämt oder irritiert.

Eine meiner kuriosesten ersten Erfahrungen war die Nutzung einer öffentlichen Toilette. Wir waren unterwegs und mitten in einer Stadt, es gab also keine andere Möglichkeit, als diese Örtlichkeit aufzusuchen. Aber wie benutzt man eine indische Hocktoilette (hier «Hochklo» genannt)? Und warum gibt es hier kein Toilettenpapier, sondern einen Wasserschlauch? Wie rum hockt man sich da hin …? Und was machen Leute, die Knieprobleme haben? Fragen über Fragen.

Mit der Zeit fand ich die richtige Technik heraus und erfuhr, dass die Inder unsere europäischen Toiletten nicht verstehen. Es sei, so erklärte man mir, doch viel besser und gesünder, sein Geschäft in der Hockposition zu verrichten, und Wasser sei auch hygienischer als Papier …

Nun, Letzteres wage ich zu bezweifeln. Denn das Wasser hier in Delhi ist alles andere als sauber. Ich muss mich immer wieder daran erinnern, dass ich auf keinen Fall aus dem Wasserhahn trinken darf wie in Deutschland. Und dass meine Haare nach dem Waschen nicht richtig sauber sind und die Kopfhaut juckt, ist anfangs auch nicht so angenehm.

Meine neuen Freundinnen empfehlen mir, regelmäßig Kopfmassagen mit speziellen Ölen vorzunehmen und eingekochte Zwiebeln zu benutzen … Ich nehme mir vor, einfach seltener die Haare zu waschen, aber in so einer staubigen Stadt ist das gar nicht so einfach.

Das Essen in Indien ist bis auf die Verwendung von zu viel Öl wirklich ein großer Genuss für mich – es gibt eine große Auswahl an vegetarischen Gerichten, und die Inder mögen es scharf. Ich habe in Deutschland schon seit Jahren mit Begeisterung ordentlich Pfeffer und Chili beim Kochen eingesetzt und wurde dafür auch öfter von Freunden aufs Korn genommen. Besonders gerne mag ich die Küche aus dem Punjab, die ist sehr reichhaltig, aber auch unheimlich lecker.

Markus steht total auf Thali – eine Platte mit jeder Menge kleiner Metalltöpfchen, in denen man verschiedene regionale Gerichte findet sowie Joghurt, Linsensoße und Pickles. Oft werden diese mit Reis oder einem Fladenbrot gereicht.

Von den Desserts sind wir bisher beide nicht überzeugt. Ab und zu probieren wir Kulfi, das indische Eis, aber es ist extrem süß und wird mit Kondensmilch hergestellt.

Es gibt ein paar schöne Ecken in Delhi, aber ich gehe ungern raus – man braucht ewig, bis man in dem zähfließenden Verkehr überhaupt irgendwo ankommt, und neben der Huperei nerven vor allem die Lautstärke und die Luftverschmutzung dieser riesigen Stadt.

Ich bin leider mit sehr empfindlichen sinnlichen Rezeptoren ausgestattet. Das macht es nicht gerade einfacher, in Delhi klarzukommen. Aber man wird erfinderisch! So trage ich im Fitnessstudio immer Ohrstöpsel, was die Inder gar nicht verstehen. Sie lieben es offenbar, wenn es aus den Lautsprechern in Fußballstadion-Lautstärke scheppert. Je lauter, desto besser.

Am lustigsten finde ich die Kombination aus indischer Begeisterung für Musik und extremer Lautstärke beim Sport. So einen Spinning-Kurs wie in Delhi habe ich in Deutschland noch nie erlebt: Da fangen die Mädels auf den Rädern an zu singen und zu tanzen, während der Trainer die Bollywood-Musik aufdreht. Die Stimmung ist ansteckend.

Hilfe, ich habe eine «Maid»!

Ja, ich habe eine Haushaltshilfe, eine «Maid» [englisch; ausgesprochen «Meyd»]. Sie heißt Maria und arbeitete schon für Markus' Vorgänger. Daran muss ich mich erst mal gewöhnen. Denn eigentlich habe ich ungern Fremde in meiner Bude, die ständig um mich herum wischen, putzen und meine Wäsche waschen. Aber in Indien ist das ganz normal und wichtig. Davon leben unzählige Frauen hier.

Ich weiß noch, wie komisch der erste Tag war, als ich Maria zum ersten Mal gegenüberstand. Eine kleine, zierliche Frau mit dicken krausen schwarzen Haaren und ein paar grauen Strähnen. Mitte vierzig, ein schönes Gesicht, Zahnlücke, schwarze Augen.

Sie wirkte nicht gerade begeistert, als ich einzog. Ihr hatte es im vergangenen Jahr ganz gut gefallen, denn mein lieber Mann hatte ihr alle Freiheiten gelassen, und sie hat gutes Geld verdient, ohne sich allzu sehr anstrengen zu müssen. Die neue Hausherrin macht die Lage schwieriger, Frauen gelten einfach als ordentlicher, akribischer und anspruchsvoller, jedenfalls in Haushaltsdingen. Maria sah schwere Zeiten auf sich zukommen.

Natürlich bat sie direkt um eine Gehaltserhöhung, die sie auch bekommen hat. In Indien gehören Maids gewissermaßen zur Familie, auch wenn man sie nicht so behandelt. Sie leben meist mit im Haus in einer Art Besenkammer und sind Tag und Nacht für das Wohl der Familie da. Sie bekommen Essen und einen Schlafplatz und ein kleines Gehalt.

Bei uns läuft es etwas anders. Maria arbeitet an fünf Tagen in der Woche für sechs Stunden am Tag und fährt dann nach Hause. Am Wochenende hat sie frei.

Oft übernehmen die Haushaltshilfen in gewisser Weise sogar den Mutterpart. So sagte mir meine Freundin Asha, als sie für längere Zeit verreisen musste: «Mein Sohn ist ja nicht allein.

Er hat seine Maid, die seit seiner Geburt bei uns lebt. Sie ist für ihn mehr eine Mutter, als ich es je war oder sein könnte …»

Das hat mich sehr gewundert, zumal die Söhne hier oft behandelt werden wie Götter und auch in diesem Fall die Mutter wahnsinnig stolz auf ihren einzigen Nachkömmling ist.

Auch beim Arzt habe ich ein ähnliches Bild gesehen – da saß mir gegenüber eine Familie zusammen im Wartezimmer. Aber der kleine Sohn hockte auf dem Schoß der Maid. Die Mutter und der Vater redeten mit ihm, waren aber körperlich nicht so nah.

Und dennoch werden die Maids oft wie Dreck behandelt. Eine meiner hinduistischen Freundinnen kam zum Beispiel kürzlich zu Besuch. Sie bringt mir allerlei über die indische Küche bei – und ich ihr, wie man deutsches Brot backt. Wir trafen uns bei mir zu Hause, und ich war sehr irritiert über ihren Umgangston mit Maria, da ich sie bisher immer so freundlich erlebt hatte. Sie behandelte unsere Haushaltshilfe wie einen Menschen dritter Klasse.

Später fragte sie mich, warum Maria schon am Nachmittag nach Hause gehen dürfe, ob sie nicht bei uns wohne? Und sie fand, dass sie es viel zu gut bei uns habe. Als ich ihr sagte, was Maria im Monat verdient, schlug sie die Hände überm Kopf zusammen. Wir seien ja verrückt, sie so zu verwöhnen. Das würde nur dazu führen, dass sie faul und hochmütig werde.

Maria dagegen sagte mir am nächsten Morgen, dass sie nie für ihre Landsleute arbeiten wollte. Die wären gemein und grausam.

Wie findet man nun die richtige Art zwischen Strenge und Güte? Und wie soll ich mich mit einer Fremden in den eigenen vier Wänden wohlfühlen?

Ich habe mich von Anfang an schwer damit getan, tagsüber von einer Maid umgeben zu sein, und anfangs habe ich immer ein schlechtes Gewissen gehabt, wenn ich zum Kühlschrank ging oder einfach nur in der Bibel lesen und beten wollte, während sie um mich herumwuselte.

Privatsphäre ist vielen Indern völlig unbekannt. Außerdem macht die Maid viele Dinge nicht so, wie ich es gerne hätte. Sie definiert Sauberkeit anders und kocht mit so viel Ghee (Fett), dass ich nach kürzester Zeit bestürzt feststellen muss, dass schon wieder eine ganze Flasche leer ist.

Sie bügelt Dinge, die keine Hitze abkönnen. In einer der ersten Wochen kam sie eines Tages schüchtern auf mich zu und sagte, mein Tuch wäre leider kaputtgegangen. Sie hatte es erst einfach in den Schrank gelegt, ohne etwas zu sagen. Drei Tage später quälte sie das Gewissen, und sie zeigte mir das löchrige Stück Stoff. Mein liebstes Tuch …

Ich weiß, dass Maria kein einfaches Leben hatte. Und sie hat sich ihre Zukunft sicher anders vorgestellt, als sie damals ihren Mann heiratete. Sie war jung und nahm den Mann, den ihre Eltern ausgesucht hatten. Er hatte einen Job bei der Regierung und schien eine gute Partie zu sein. Aber er neigte zum Trinken und war öfter gewalttätig. Er gab ihr kein Geld, sondern brachte alles, was er nicht für sich selbst brauchte, zu seiner Mutter. Maria wurde schwanger. Und versuchte zwanzig Jahre lang, sich mit ihrer Situation abzufinden.

Als ihr Mann dann einen Autounfall hatte, wurde es schlimmer, er veränderte sich, wurde noch gewalttätiger, trank noch mehr und kümmerte sich noch weniger um seine Frau und seine Tochter. Maria wäre gerne für immer Hausfrau geblieben, nahm dann aber einen Job als Maid an, um etwas Geld zu sparen. Als er dann sogar dem Kind gegenüber handgreiflich wurde, entschied sich Maria, ihn zu verlassen.

Markus hat Maria damals geholfen, hat ihr Geld geschenkt und dazu eine größere Summe geliehen, damit sie eine kleine Wohnung mieten konnte.

Obwohl sie weniger arbeitet, verdient sie besser als alle Maids, die ich kenne. Aber dankbar kommt sie mir nicht vor. Und ihre Stimmung ist an manchen Tagen wirklich dermaßen schlecht, dass ich sie ab und zu am liebsten wegschicken würde. Aber das geht nicht. Und so versuche ich mir immer wieder ins Bewusstsein zu rufen, dass sie kein einfaches Leben hat und ich froh und dankbar sein sollte, dass mein Mann sich um mich kümmert, nicht trinkt und das Geld nicht sinnlos verprasst – oder es seiner Mutter schickt …

Nicht ohne meine Schwester

Ich lebe erst ein paar Tage in Indien, da kommt schon meine Freundin und Schwester Debora zu Besuch. Ich freue mich riesig, auch wenn ich noch gar nicht weiß, was ich ihr hier alles zeigen soll – ich bin ja selbst gerade erst in Indien angekommen. Aber so ist unsere Freundschaft seit vielen Jahren.

Meine Schwester hat mein abwechslungsreiches Leben mit vielen Umzügen und Abenteuern immer begleitet. Debora ist sieben Jahre älter als ich. Als Teenager habe ich sogar eine Zeitlang bei ihr gewohnt und ein ständiges Chaos verursacht. Wir waren so verschieden, dass es ein Wunder ist, dass wir Freunde wurden. Wir sind viel zusammen gereist, und jetzt ist sie auch die Erste, die mich in meiner neuen Welt besucht.

Debora hatte zum Glück noch etwas Platz in ihrem Koffer und hat mir ein paar Sachen mitgebracht, die ich schon nach einer Woche in Indien vermisse: Pumpernickel, Äpfel, Balsamico-Essig und ein riesiges Familienfoto.

Ich zeige ihr meine neue Umgebung und verlaufe mich diesmal glücklicherweise nicht. Wir gehen auf einen Markt, und ich habe einen riesigen Spaß bei den «Preisverhandlungen». Die Händler fragen mich, ob ich schon länger in Delhi lebe, weil ich mich nicht übers Ohr hauen lasse. Aber in Wirklichkeit habe ich einfach Spaß daran, mit ihnen zu feilschen.

Das Schöne ist, dass es meist auf eine lustige Art abläuft. Wir einigen uns auf einen Preis für mehrere Wandteppiche, geben uns anschließend fröhlich die Hand und versichern uns gegenseitig, dass wir mit dem Geschäft glücklich sind.

Leider haben die Wandteppiche nicht lange gehalten. Debora hat sie nach dem Besuch in Indien in die Waschmaschine gesteckt – ein Todesurteil für die sehr einfach hergestellten indischen Handarbeiten …

Ich nehme Debora mit auf einen Stadtbummel. Schluss-Station ist mein Lieblingsort: die Lodhi-Gärten. Hier wohnen in manchen Bäumen grüne Papageien, man kann durch den Park spazieren oder sich um die alten Tempel herum auf die Wiese setzen. Affen turnen herum, und wie immer ist viel Betrieb. Aber wir können uns gegenseitig endlich mal erzählen, was in den letzten Wochen seit der Hochzeit passiert ist. Und ich merke wieder, wie heilsam gute Freundschaften sind. Dinge zu teilen macht das Leben so viel einfacher.

Auf nach Kaschmir, in die «Schweiz Indiens»

Ein Abenteuer steht uns bevor: Markus hat mich ermutigt, zusammen mit Debora nach Kaschmir zu fliegen – die nordindische Krisenregion, die muslimisch geprägt ist und an der Grenze zum Erzfeind Pakistan liegt. Sie gilt wegen ihrer Naturschönheit auch als «Schweiz Indiens».

Mit dem Flugzeug geht es von Delhi in die Kaschmir-Hauptstadt Srinagar auf über 1700 Metern Höhe, also höher als Davos in der Schweiz. Ich bin ziemlich aufgeregt: Es ist mein erster eigenständiger Trip in diesem fremden Land. Und es geht in eine Region, in der es immer wieder zu Unruhen und Anschlägen kommt.

Sofort nach der Ankunft geht es spannend los. Der Fahrer, der uns zum «Welcome-Hotel» – es heißt tatsächlich so – in die Stadt fahren soll, taucht zwar wie geplant auf, kann aber kein Wort Englisch. Debora ist die Sache nicht ganz geheuer, weil wir nicht wissen, ob er überhaupt in die richtige Richtung fährt, und er macht auch nicht gerade einen vertrauenswürdigen Eindruck. Immer wieder telefoniert er mit jemandem und wirkt etwas aggressiv, aber wir verstehen kein Wort. Er hat den Blick eines Bösewichts, aber auch wenn der Typ sich etwas unheimlich verhält, bringt er uns doch heil zum «Welcome-Hotel».

So ganz einladend ist es hier allerdings nicht. Die Zimmer müffeln, die Toilette fällt fast auseinander, die Betten sind nicht sauber, und das ganze Gebäude hat seine besten Zeiten längst hinter sich. Aber was tut man nicht alles für ein gutes Abenteuer …

Am nächsten Tag bekommen wir einen anderen Fahrer, der nett ist und Englisch spricht, aber ständig versucht, uns zu irgendwelchen Teppich- und Schal-Geschäften zu bringen, von denen es hier in der Gegend natürlich hunderte gibt, die alle verzweifelt auf Kundschaft warten. Wir machen stattdessen lieber eine Bootsfahrt auf dem See, der direkt vor unserem Hotel liegt. Das Boot ist recht gemütlich und der Mann am Ruder zum Glück nicht so gesprächig wie unser Fahrer. Es ist herrlich friedlich – vor allem im Vergleich zum Trubel Delhis.

Srinagars See ist bekannt für die vielen Hausboote, die von vielen Touristen als Übernachtungsmöglichkeit gebucht werden. Wir fragen uns, wer da wohl drin wohnt, und schippern weiter.

Auf einmal finden wir uns mitten in einem schwimmenden Markt wieder. Kleine Boote mit verschiedensten Waren. Alle wollen uns etwas verkaufen, hoch im Kurs sind Schnitzereien, Gewürze wie Safran, Trockenobst und Nüsse, Getränke, vegetarische Angebote, Teppiche und Erinnerungsfotografen. Wir sagen immer wieder, dass wir nichts kaufen möchten, und sie reagieren gelassen, wünschen uns trotzdem einen guten Tag und fahren weiter.

Der Tag neigt sich dem Abend zu, und wir erreichen eine

kleine Insel, Seerosen bedecken das Wasser, und die Sonne steht tief über den Bergen.

Wieder kommt ein schwimmender Verkäufer näher, aber unser «Boots-Fahrer» reagiert prompt: «Fahr weg – die kaufen eh nichts!»

Der Mann mit einem lustigen Grinsen lässt sich aber nicht entmutigen und rudert trotzdem direkt neben unser Boot.

«Ich weiß, dass ihr bisher nichts kaufen wolltet. Aber ich bin doch der Letzte an diesem Tag!»

Wir müssen lachen, und weil er so fröhlich ist und kaum noch Zähne hat, lasse ich mich doch überreden und kaufe eine kleine dekorative Pfeife und ein Gefäß mit Löffel – Handarbeit aus Walnussholz. Ich werde es Markus schenken, obwohl er nie raucht und Staubfänger nicht leiden kann. Aber die Leute hier müssen doch auch von irgendwas leben … Es kommen wenige Touristen, Kaschmir gilt immer noch als unsicher, obwohl in letzter Zeit nichts passiert ist. Das Einzige, was einen hier ständig auf den Kaschmir-Konflikt hinweist, ist die unglaublich große Präsenz des Militärs.

Abends treffen wir auf der Suche nach einem halbwegs sauber aussehenden Restaurant einen jungen Mann namens Rafa. Er ist viel gereist, Mitte zwanzig und sehr lustig. Er lädt uns so herzlich auf das Hausboot seines Vaters ein, dass wir es nicht übers Herz bringen, Nein zu sagen. Also verabreden wir uns für nach dem Essen am Steg.

Er bringt uns mit einem Paddelboot auf das Hausboot, und wir lernen allerlei über die Kultur, lachen und reden viel und trinken leckeren Tee. Der soll «gegen alles» helfen und wird in Kaschmir literweise genossen. Er schmeckt so gut, dass ich sofort lernen will, wie man ihn zubereitet, und so beschließe ich am nächsten Tag, auf den Märkten Safran, Kardamom und Zimt zu besorgen.

Rafa berichtet über seine Kindheit und Jugend in dieser Gegend. Seine Eltern sind Moslems. Wir müssen immer wieder schmuzeln, weil Rafa den Koran noch nie gelesen hat und sich ständig widerspricht. Aber er sieht sich ohnehin mehr als Humanist.

Es ist spät. Wir müssen los – denn wir haben am nächsten Tag einiges vor. Nach der Verabschiedung bringt uns Rafas «Diener» mit einem kleinen Ruderboot zurück auf die andere Seite. Wir gehen in unser «Welcome-Hotel», um zu schlafen. Aber leider gelingt das nicht so ganz. Dauernd starten draußen die Hunde einen nervigen Chor. Sobald einer zu bellen anfängt, stimmen mindestens fünf weitere ein. Auch die vielen Muezzins versuchen, sich gegenseitig beim Morgengebet zu übertönen. Erholung fühlt sich anders an.

Nach dem Frühstück fahren wir nach Gulmarg, dem beliebtesten Ferienort in Kaschmir. Auf dem Weg sehen wir viele Reisfelder, Walnuss- und Apfelbäume. Menschen hausen am Fluss in kleinen Blechhütten oder Zelten.

Kurz vor dem Ziel gibt es auf einer Wiese eine große Auswahl an Felljacken gegen eine Ausleihgebühr. Obwohl wir es nicht als kalt empfinden, decken sich einige indische Touristen damit ein, um nicht zu frieren. Im Gegensatz zu uns sind sie aber auch nicht an diese niedrigen Temperaturen gewöhnt.

Oben angekommen, fühlen wir uns wie in eine andere Welt versetzt. Weiße Berge, grüne Hügel, es ist ein bisschen wie in Österreich. Am Laufmeter will man uns einen Maulesel als Transportmittel anbieten. Wir dagegen wollen nur in Ruhe wandern, aber das ist für die Leute hier nicht nachvollziehbar. Hier lässt sich fast jeder zur Seilbahn fahren oder von einem Maultier tragen. Dort warten sie dann stundenlang, um in eine der längsten Seilbahnen Asiens zu steigen.

Debora und ich wandern für unser Leben gern, und wir lassen uns auch diesmal nicht entmutigen, selbst dann nicht, als uns von allen Seiten versichert wird, dass es *unmöglich* sei. Außerdem sei in den Wäldern das Militär unterwegs, und das könne gefährlich werden. Wir sollten uns lieber ein lokales

Taxi bestellen und zu einer Kartoffelplantage fahren lassen und dort spazieren gehen.

Wir hören nicht darauf und finden einen Pfad ganz in der Nähe der Seilbahn. Nach ein paar Stunden kommen wir an der ersten Seilbahnstation an. Die Inder sind total aus dem Häuschen wegen des Schnees. Einige der Kinder fahren zum ersten Mal Schlitten und kreischen vor Entzücken. Es ist echt herrlich, sie zu beobachten.

Auf dem Weg zurück ins Tal begegnen uns immer wieder gesattelte Pferde, die den Berg hinuntertraben, als hätten sie ein Ziel. Der Fahrer erklärt uns, dass sie den Weg nach Hause kennen und diese Strecke jeden Tag ohne Reiter hinter sich bringen. Wir freuen und wundern uns darüber, dass keiner die Pferde klaut.

Auf dem Rückweg nach Srinagar kaufen wir die leckersten Beeren und Walnüsse, die ich je gegessen habe. Wir essen so viele, bis uns schlecht wird.

Bevor es zurück nach Delhi geht, schauen wir uns noch die Altstadt Srinagars an: eine Welt wie vor Hunderten von Jahren. Alles wird hier noch von Hand geschlachtet, zubereitet und geflickt. Anschließend gehen wir in einen Park, um etwas auszuruhen, und bekommen prompt Gesellschaft. Ein herzliches, gastfreundliches Volk mit viel Sehnsucht auf friedvollere Zeiten.

Auf der Fahrt zum Flughafen werden wir mehrfach angehalten, das Gepäck wird genau inspiziert und wir gründlich untersucht. Die Terrorgefahr ist hier immer präsent. Am Flughafen angekommen, wiederholt sich dieser Prozess.

Ich bin so dankbar, dass meine erste selbständige Indien-Reise nach Kaschmir geführt hat und ich hier mit Debora neue Erfahrungen sammeln durfte. Nur wenige Wochen später wurden die Spannungen in dieser Region so groß, dass von einer Einreise abgeraten, sie teilweise sogar verboten wurde. Außerdem hat es sich für mich wie ein kleiner Test angefühlt: Ich bin nun bereit für Indien!

Das Elend vor meiner Tür

Da wohnt ein Mann vor meinem Fenster. Ich sehe ihn jedes Mal, wenn ich in die Küche gehe. Er lebt dort unten auf einem Schutthaufen, mit einer Pritsche, einem Krug Wasser und einem kleinen Stuhl. Als Schutz vor Sonne und Wind dient ihm eine Plastikplane. Wenn er aufwacht, reckt er sich und trinkt einen Schluck Wasser. Dann geht er in eine Ecke, um sich zu erleichtern. Was soll er auch anderes machen, eine Toilette gibt es dort nicht, auch keine Dusche.

Er scheint auf die Baustelle aufzupassen. Manchmal bekommt er Besuch von einem Mann mit Turban. Abends kocht er sich etwas auf einer kleinen Feuerstelle. Die meiste Zeit verbringt er damit, einfach dazuliegen, ohne Fernseher, Handy oder Zeitung. Er liegt einfach nur da und wartet ab.

Ich habe meiner Mutter am Telefon von meinem «Nachbarn» erzählt. Sie konnte sich das gar nicht vorstellen. Und mir fehlen die passenden Worte, eine Welt zu beschreiben, die so anders ist, wo es so anders riecht und aussieht und wo eine ganz andere Kultur die Menschen prägt. Meine Mutter ist wie ich sehr sensibel, und ich weiß, dass sie mit vielen Dingen hier nicht zurechtkäme – vor allem der Dreck und die verschmutzte Luft würden ihr zu schaffen machen.

Andererseits ist meine Mutter eine starke Frau, die sieben Kinder auf die Welt gebracht und sich auch sonst um viele Menschen gekümmert hat. Sie hat mir Ausdauer vorgelebt, Dinge nicht halbherzig, sondern mit vollem Einsatz zu tun, auch wenn es manchmal schwer ist.

Sie fragt, was ich sonst so sehe, wenn ich aus den Fenstern unserer Wohnung schaue – aber der Ausblick ist immer derselbe: die Baustelle und dieser Mann auf der Pritsche im Staub. Manchmal werde ich von den Affen abgelenkt, die sich auf ihrer Futtersuche auf unseren Mini-Balkon verlaufen haben und durch die Scheibe starren.

Natürlich ist eine Baustelle in Delhi nichts Ungewöhnliches. Die Stadt wächst wie verrückt und zieht Millionen Menschen an. Dass genau gegenüber ein altes Haus niedergerissen wurde, um ein neues aufzubauen, hat für mich aber eine persönliche Bedeutung. Ich fühle mich nach der Heirat und dem Umzug nach Indien ähnlich: vor einem völlig neuen Kapitel meines Lebens, einem totalen Neuanfang in einer fremden Welt.

Einige Tage lang sah ich nur diesen Mann, der auf dem Schutthaufen lebte und aufpasste. Mit dem «neuen» Wellblechdach kam eine ganze Familie, die sich auf die gleiche Weise einrichtete und begann, das Fundament zu legen. Seit kurzem kommen weitere Familien dazu.

«Das sind so was wie Tagelöhner», erklärt mir unsere Haushaltshilfe Maria. «Sie leben immer so. Das ist ein hartes Leben. Aber die Kulis sind noch ärmer!» Maria meint die Tagelöhner, die jeden Morgen an bestimmten Straßen stehen und tatsächlich auf einen kurzfristigen Job warten. Sie werden in alten Bussen abgeholt und an Baustellen gebracht.

Und dann sind da noch jene Männer, die sich mit der Schlepperei von Gütern in Old Delhi ein karges Tagesgehalt verdienen, oft keine zwei Euro am Tag. Meist handelt es sich dabei um Wanderarbeiter aus armen Dörfern. Sie sind in die Großstadt gekommen, um ihre Familien von hier aus zu unterstützen. Da sie kaum die Schule besucht oder eine Ausbildung gemacht haben, bleibt ihnen nichts anderes übrig. Oft wohnen die Männer mit bis zu 25 anderen Wanderarbeitern zusammen in einem engen Raum ohne sanitäre Anlagen.

Ich kann mir gar nicht vorstellen, wie sie im Chaos und mit den Massen in der Altstadt zurechtkommen. Und doch tragen die meist schmächtigen kleinen Kerle täglich stundenlang riesige Säcke auf dem Rücken, andere schieben ihre Last mit einer Hand-Rikscha durch die Gassen.

Der durchschnittliche Monatslohn dieser Leute beträgt 80 Euro. Dagegen haben es meine neuen Nachbarn wirklich gut

– die Frauen bekommen pro Tag 300 Rupien (umgerechnet 4,36 Euro), die Männer 500 Rupien (7,21 Euro).

Das hat unser Hauswächter herausbekommen und mir dann verraten – er redet manchmal für mich mit ihnen. Auf diesem Weg erfahre ich auch, dass es tatsächlich vier Familien sind, die hier zusammenarbeiten. Alle zwei Wochen erhalten sie das Geld, und wenn das Haus fertig ist, müssen sie sich eine neue Arbeit suchen.

Vor allem die Arbeiter-Frauen faszinieren mich. Ich treffe sie ständig in bunten Saris beim Steineschleppen und weiß meist nicht, wie ich reagieren soll. In der Regel begrüßen wir uns mit einem Lächeln, wenn ich morgens zum Fitnessstudio gehe, während sich die zierlichen Frauen einen «Berg» von Ziegelsteinen auf den Kopf packen. Keine Ahnung, wie sie es schaffen, so viel Gewicht auf dem Kopf zu balancieren. Sie tragen die Steine in den obersten Stock, wo die Männer sie weiterverarbeiten. Ihre Kinder spielen auf der Baustelle, auch im dritten Stock ohne Sicherung. Nur die Kleinsten sind hin und wieder mit einem Seil an die Knöchel ihrer Mütter gebunden, damit sie nicht in die Tiefe stürzen.

Manchmal sitzen sie mittags in einer selbstgebauten Schaukel. Damit die Eltern bei ihrer Arbeit ungestört sind, sollen sie, so sagt man mir, den Kindern tagsüber manchmal Pillen geben, die sie einschlafen lassen. Einen Kindergarten oder eine Schule besuchen die Kinder nicht. Vielleicht weil sie ja eh bald wieder «umziehen» – auf eine andere Baustelle in einem anderen Ort.

Das meint zumindest Maria: «Sie bleiben, bis das Haus fertig ist, dann ziehen sie mit Sack und Pack weiter.»

Abends machen sie sich gemeinsam ein Feuer, die Kinder spielen auf den Balken, und ich kriege jedes Mal Herzrasen, wenn ich sie über dem Abgrund auf den Balken herumtollen sehe. Offenbar sind sie es gewohnt und die Eltern sorgenfrei.

Besonders seltsam ist es an Feiertagen, wenn es sich die wohlhabenden Nachbarn gutgehen lassen. Sowohl für die Reichen als auch für die Armen scheint die extreme Unterschied-lichkeit der Lebensbedingungen ganz normal zu sein. Doch ich fühle mich merkwürdig dabei.

Sonntags bringe ich den Kindern und Frauen manchmal Eis oder kalte Getränke. Ich habe noch nie ein *dhanyawad* oder *shukria* (Dankeschön) gehört. Ich weiß nicht genau, warum, aber das erlebe ich in Indien sehr oft, vor allem unter den Ärmeren. Vielleicht sind sie dankbar und können es nur nicht zeigen, vielleicht sind sie auch durch das ganze Lebensleid einfach im Herzen hart geworden.

Manchmal lächeln mich die Frauen der Baustelle zumin-dest etwas an, ein kleines bisschen. Ich würde gerne mit ihnen reden, aber mein Hindi ist so schlecht wie ihr Englisch. Wir unterhalten uns mit Blicken und Gesten. Einige Freunde und mein Mann warnen mich zu Anfang, ich solle ihnen lieber kei-nen Gefallen tun.

Es gibt so viele Geschichten von Tagelöhnern, die nach dem kleinen Finger die ganze Hand nehmen. Belästigungen und andere Unannehmlichkeiten könnten die Folge sein.

Doch ich habe bisher nichts dergleichen erlebt. Diese Leute haben eine Würde, die Kinder sehen recht sauber aus, und sie verhalten sich distanziert und freundlich. Im Gegensatz zu vielen Bettlern und Geringverdienern Delhis wirken sie zufrie-den und gesund. Sie haben feste Tagesabläufe, halten zusam-men, bewegen sich viel und verdienen genug, um leben zu können. Dazu passt ein alter indischer Spruch: «Der Mangel an Aufgaben bringt tausend Krankheiten. Glück hilft manch-mal, Arbeit immer.»

Der ganz normale Wahnsinn

In Indien ist wirklich jeder Tag anders, und ich weiß nie, was als Nächstes passiert. Es wird auf jeden Fall nie langweilig, und es gibt immer was zu lachen. Eines Tages brach plötzlich das Klo halb aus der Wand, einfach so! Ich rede mit Maria darüber, und sie lacht. Sie kann gar nicht verstehen, dass ich so entgeistert bin. Alltagsgeschäft, aus ihrer Sicht.

Es kommen ein paar Klempner, und ich erfahre, dass man das Klo mit Klebstoff an der Wand befestigt hatte. Kein Wunder, dass dann so was passiert. In Indien gibt es sogar ein Wort für diese «schnelle kurzfristige Lösung», die eigentlich keine ist: *Jugaad*. Beim Hausbau hat man sich anscheinend gedacht: Hauptsache, das Klo ist befestigt – für wie lange, ist eher uninteressant.

Übrigens haben wir jetzt ein Haustier. Ich habe ihn Gecko Grütze getauft und freue mich immer tierisch über das kleine grüne Reptil, das an der Decke laufen kann, ohne runterzufallen. Ich bin total fasziniert.

Markus kann meine Begeisterung nicht so teilen, und auch Maria freut sich so gar nicht darüber. Sie hat Angst vor Geckos und ist überzeugt, dass sie giftig sind.

Ich suche im Internet nach Informationen darüber und frage einige Bekannte. Die einen sagen, dass Geckos ganz wichtig sind, weil sie Insekten fressen und so die Wohnung sauber halten, andere sind überzeugt, dass die Tiere einen umbringen können.

«Stell dir vor, du kochst Milch in einem offenen Topf und gehst kurz aus der Küche raus, kommst später zurück und trinkst ein Glas der Milch. Du wirst sterben, weil ein Gecko in die Milch gefallen ist und sie vergiftet hat …»

Ich muss lachen, vor allem über Marias Gesichtsausdruck. Wie groß ist denn bitte schon die Wahrscheinlichkeit, dass ein Gecko in den Topf fällt?

Aber tatsächlich, ich finde einen Artikel im Internet. Ein Mann soll eine Schale mit Milch und Cornflakes gegessen haben, in welche ein Gecko hineingefallen war. Der Mann starb, durch den toten Gecko vergiftet. Ich frage mich allerdings, wie man einen Gecko in einer Müslischale übersehen kann …

Dummerweise funktionieren Geschichten, die bewusst mit der Angst spielen, auch bei mir. Fortan sehe ich meine grünen Freunde etwas kritischer und prüfe die Decke, wenn ich mir einen Kakao mache.

Heilige Kuh – was suchst du im Müll?

Der Taxifahrer schimpft. Über die Regierung, über den Kaschmir-Konflikt, die Moslems mit ihren zu vielen Frauen und Kindern und darüber, dass sie Kühe töten. Ich weiß nicht genau, was ich dazu sagen soll, und frage ihn, wie es eigentlich kommt, dass die Kühe in Indien heilig sind.

Vor uns steht nämlich gerade eine Kuh mitten auf der Straße, und wenige Meter weiter suchen gleich drei prachtvolle Exemplare derselben Spezies im Plastikmüll nach Futter. Der Taxifahrer hupt, bis sich die Kuh langsam zur Seite begibt.

«Kühe sind unsere Mütter», sagt er und weicht einem Mofa aus. Der Straßenverkehr ist mal wieder eine zähfließende, staubige Angelegenheit. Tatsächlich lese ich später, dass die Kühe Mütter der Götter gewesen sein sollen und daher als Lebensspenderinnen der besonderen Art verehrt werden. Aber ich blicke nicht ganz durch.

Ich wusste zwar, dass Kuhprodukte eine wichtige Rolle in der ayurvedischen Ernährung spielen, aber nicht, dass sie auch bei den meisten religiösen Riten und beim Tod eines Menschen zur Einbalsamierung verwendet werden. Und es wird auch ein lukratives Geschäft mit Kuh-Urin gemacht, der als eine Art Zauberelixier verkauft wird und nach Meinung einiger Kuhhalter auch gegen eine ganze Reihe von Krankheiten helfen soll, selbst gegen Krebs.

Ich weiß noch, wie Markus mir von seinem Gespräch mit dem indischen Kuhminister erzählt hat und ich erst dachte, er wolle mich veräppeln. Aber tatsächlich gibt es einen solchen

Posten für Kuhangelegenheiten. Und er soll ein Budget von zwanzig Millionen zur Verfügung haben, demnach genauso viel wie das Ministerium für Kunst und Kultur.

Es gibt für die milchspendenden heiligen «Mütter» im ganzen Land «Gnadenhöfe», auf denen man sie umsorgt und ihnen Opfergaben bringt. Von diesen «Gaushalas» gibt es auch in der Nähe von Delhi eine ganze Menge, und es werden immer mehr. Auch Ambulanzen soll es für die Tiere geben.

Regierungsminister Modi hätte am liebsten, dass bald überall diese Höfe eingeführt werden. In seinem Heimatstaat soll bald das Töten einer Kuh zur lebenslangen Freiheitsstrafe führen. Hauptsache, den Kühen geht es besser. Deshalb plant man auch die Einführung eines Ausweises als Clip im Ohr der Kühe – um ihnen eine Identität zu geben und sie zu schützen. Denn immer wieder gibt es Stress, vor allem zwischen Hindus und Moslems, wegen der Schlachtung von Tieren – was in vielen Bundesstaaten verboten ist.

Ich lese es andauernd in der Zeitung:

Ein Moslem ist wegen Verdacht auf Kuhfleisch im Auto von einem wütenden Mob erschlagen worden.

Oder: Zwei muslimische Männer wurden von Kuhschützern getötet, wegen Verdachts auf Kuhdiebstahl und Schlachtung.

Der Aufschrei der Hindus ist immer groß, wenn eine Kuh stirbt. Gleichzeitig lassen sie die Tiere in den Städten den Müll fressen.

Das Bizarre daran ist, dass vielerorts in Indien der Verzehr von Fleisch, vor allem von Rind, abgelehnt wird und in vielen Orten das Schlachten und Verkaufen verboten ist – gleichzeitig ist ausgerechnet Indien der zweitgrößte Rindfleischexporteur der Welt. Hindus erklären dann schnell, dass es sich dabei um reines Büffelfleisch handeln würde – was aber angesichts der Zahlen nicht stimmen kann.

Viele Hindu-Nationalisten wollen am liebsten die Todesstrafe für Kuhschlachtungen und Verzehr des Fleisches einführen. Sie bauen vor allem im Norden des Landes Straßenblockaden und überprüfen regelmäßig Lkws auf Rinder. Natürlich gibt es illegale Schlachtungen, die von Muslimen durchgeführt werden – meist von armen Leuten, die etwas Geld verdienen wollen und kein Problem darin sehen, eine Kuh zu töten.

Oft wird vermutet, dass das Kuhproblem nur instrumentalisiert wird und es eigentlich um die tieferliegenden Spannungen zwischen Moslems und Hindus geht.

Es ist nicht so, dass ich den Schutz von Tieren nicht befürworte. Ich lebe selbst überwiegend vegetarisch. Massentierhaltung ist mir ein Gräuel, und ich will Dinge dieser Art auf keinen Fall unterstützen. Und wenn ich dann sehe, wie Kühe hier im Smog, im Großstadtchaos und Müll leben, tun sie mir sehr leid. *Ihr müsstet mal dahin, wo ich aufgewachsen bin –* denke ich oft, wenn ich an ihnen vorbeigehe. *Dort seid ihr ganz sicher nicht heilig, lebt aber auf einer Weide und an der frischen Luft …*

Aber wenn ich miterlebe, dass eine Kuh auf der Straße stirbt und ein Riesendrama daraus gemacht wird – und unweit entfernt davon Menschen verhungern und alle wegschauen, dann werde ich wütend. Immer mehr Bauern bringen sich um, weil sie sich und ihre Familien nicht mehr versorgen können. Während Ambulanzen für Kühe eingerichtet werden, sterben Tausende von Kindern, weil es keine ärztliche Versorgung für sie gibt.

Wie kann das Leben einer Kuh heilig sein – und das eines Armen zugleich wertlos?

Liebe geht durch den Magen. Oder auch nicht …

Der erste Monat in Delhi ist überstanden. Das will Markus würdig feiern und mir dabei eine besondere Freude machen. Er will sich besonders romantisch zeigen und hat einen Tisch reserviert – im teuersten und besten Restaurant von Delhi. Wir sollen um 20 Uhr dort sein, denn in diesem Etablissement wird auch ein Zwölf-Gänge-Menü exakt getaktet, und der Laden ist immer voll ausgebucht.

Leider ist der Taxifahrer unfähig, den Weg zu finden, die Straßen sind voll, es ist laut, die Luft mies, und Markus rastet aus, weil der Taxifahrer sich als völlig überfordert entpuppt. Er kennt den Weg nicht, verfährt sich und spricht kein Wort Englisch. Schließlich bleibt er am Straßenrand stehen und bewegt sich nicht mehr von der Stelle.

Nach gutem Zureden kommen wir doch noch im Restaurant an. Dort wird uns erklärt, dass wir für die zwölf Gänge nun nur noch eine halbe Stunde zur Verfügung hätten. So wird uns fast im Minutentakt ein Gang nach dem anderen serviert, wir sitzen uns stumm gegenüber, es ist weder romantisch noch sonderlich lecker.

Auf der Rückfahrt lasse ich meinem Unwillen freie Bahn und sage Markus, dass es eine bescheuerte Idee gewesen ist. Ich sehe auch keinen Sinn darin, einhundert Euro pro Person für so was auszugeben, und frage, warum wir nicht einfach eine Pizza und einen Salat bestellt haben. Ist doch gar nicht mein Ding, so ein Aufwand! Das müsse er doch wissen.

Armer Markus … Er hatte es wirklich gut gemeint. Wie jedes Paar haben auch wir Anlauf- und Verständigungsschwierigkeiten, die durch das indische Chaos sogar noch verstärkt werden. Aber zum Glück können wir mit etwas Abstand darüber lachen.

Südindischer Brauch: Eine Dose kehrt nie leer zurück

Über Momente der Frustration oder Überforderung hilft mir unsere Kirche hinweg. Das heißt: Als ich nach Indien gekommen bin, hatten wir noch keine. Markus hat, wie viele Zugezogene, bisher die «Internationale Christliche Gemeinde» besucht. Aber der amerikanische Pastor, den ich auch kennen und schätzen gelernt habe, muss ausreisen. Die indischen Behörden wollen sein Visum nicht verlängern. Ausländer, die sich in Kirchen oder frommen Hilfswerken engagieren, haben es schwer unter der amtierenden hindu-nationalistischen Regierung. Also müssen wir eine neue Gemeinde suchen, die zu uns passt.

Ich weiß noch, wie ich das erste Mal in diese «Hauskirche» kam. Wir hatten die genaue Adresse nicht und kamen daher auch eine Viertelstunde zu spät. Aber das macht offenbar nichts – denn wir scheinen noch zu den pünktlichen Besuchern zu gehören. In Indien ticken die Uhren anders. Es gibt sogar einen Namen dafür: Indian Standard Time. Das bedeutet, dass man immer später kommt und auch nicht damit rechnen sollte, dass Termine zu der geplanten Zeit stattfinden, sondern mindestens fünfzehn bis zwanzig Minuten später.

Anfangs trifft sich also eine buntgemischte Truppe von Leuten zum Gottesdienst im Wohnzimmer des Pastors. Die meisten sind Studenten oder Mitarbeiter von Hilfsorganisationen und setzen sich für Arme, Schwache und Verfolgte ein. Der Pastor und seine Frau sind noch sehr jung und sehr sympathisch. Er redet radikal offen auch von eigenen Fehlern und Problemen.

Am Anfang werden zwei Fragen gestellt, dann wird darüber in der Runde gesprochen, und das auf sehr persönliche Weise. Immer wieder kommt noch jemand zur Tür herein und sucht sich einen Platz auf dem Boden. Wir sitzen eng beisammen. Der Ventilator kann nicht viel gegen die Hitze tun. Es ist stickig, heiß, und die Luft ist feucht.

So einen Gottesdienst habe ich noch nicht erlebt. Es geht insgesamt sehr familiär zu, und die Predigt ist sehr interessant. Es geht darum, seine Hoffnung auch im größten Chaos auf Jesus zu setzen und sich nicht der Aggressivität dieser Stadt anzupassen, auch wenn es schwer ist.

Eine junge Frau weint leise und bleibt, wie mir scheint, fast unbemerkt. Sie sitzt nicht weit von mir entfernt auf einem Stuhl und wischt sich die Tränen aus dem Gesicht. Ist sie von der Predigt so bewegt, oder steckt sie in einer Lebenskrise?

Ich denke an diesem Tag noch öfter über meinen Glauben nach. Und über meine Prägung durch ein Elternhaus, das auf Gott vertraute. Ich habe schon als Kind gesehen, wie ihr Leben dadurch geprägt wurde.

Aber Glauben lässt sich nicht vererben. Meine Eltern vertrauten Gott auf eine Weise, die für mich hin und wieder schwer vorstellbar ist. Sie kümmerten sich um Waisen, um die Kinder von Prostituierten, nahmen Drogensüchtige auf und bauten, ohne die finanziellen Mittel zu besitzen, einen alten Bauernhof um, damit sie Freizeiten für benachteiligte Kinder durchführen konnten.

Dann gründeten sie mit Freunden einen Buchverlag, um zu günstigen Preisen christliche Literatur unter die Leute zu bringen. Mein Vater ist nicht in Rente, sondern reist immer noch durch die Weltgeschichte. Er brennt für Jesus.

Aber ich selbst kannte Gott lange nicht auf diese Weise. Im Grunde war ich im Glauben über weite Strecken eher ein «Parasit», der ein bisschen von den Erfahrungen und Überzeugungen anderer lebte. Nur dass diese Form von halbem Glauben nicht dauerhaft funktioniert; sie erfüllt nicht, sie hält nicht, sie ist halbherzig und unfroh, weil sie keine eigene Tiefe hat.

Zu glauben bedeutet nicht, eine Überzeugung zu teilen, die man gelernt hat. Dann bleibt, wenn überhaupt, nur eine schwammige Hälfte von dem übrig, was man bei seinen Eltern gesehen hat.

Glauben heißt, den Mut zu haben, den Sprung ins Vertrauen auf das Unsichtbare zu wagen und sich ganz auf den Weg zu machen. Und ich lerne das hier in Indien auf eine ganz neue

Weise. Weil mein Weltbild auf die Probe gestellt wird, weil alles so anders ist, die Christen in der Minderheit sind und man die anderen großen Weltreligionen in ihren Auswirkungen auf Kultur und Gesellschaft hautnah erleben kann.

Christen haben es in Indien nicht leicht, und das prägt auch die Gemeinschaft. Wer zum Glauben an Jesus kommt, wird meist von der Familie ausgeschlossen und verliert dadurch nicht nur einen sehr entscheidenden Teil seiner Identität, sondern auch alle Sicherheit.

Ich lerne in dieser kleinen Gemeinde ein paar richtig tolle Mädels kennen. Und mit ihnen auch einen Brauch aus Südindien: «Eine Box kommt nie leer zurück!»

Ich hatte mich schon im Gym gewundert, warum mir meine Freundin Asha nie eine leere Dose zurückgibt. Wann immer ich ihr mal deutsches Brot oder Muffins mitgebracht habe, ist bei der Rückgabe irgendwas in meiner Tupperdose drin – entweder Nüsse, Linsen oder andere indische Köstlichkeiten. Das ist eine tolle Praxis, die ich mir auch angewöhnen will.

Nach ein paar Monaten zieht die Gemeinde um – in ein kleines Restaurant nur fünfzehn Minuten von uns entfernt. Aber wir sind so viel unterwegs, dass wir nicht jeden Sonntag da sein können.

Ich freue mich immer auf den Gottesdienst. In der neuen Lokalität ist es zwar anders und nicht mehr ganz so urig und familiär, aber die Predigten helfen mir, ich nehme fast immer einen Gedankenimpuls mit nach Hause, über den ich nachdenken will.

Zudem habe ich neue Freundinnen. Dazu gehören Aleika – Anfang dreißig, extrem tierlieb und mit einem Faible für Hippie-Kleidung. Sie ist die Frau des Pastors. Dann Rani und Sonia – zwei Schwestern mit einem großartigen Humor und großem Herzen. Und Diya, auch um die dreißig Jahre alt, Mutter eines kleinen Mädchens. Sie gibt Schauspielunterricht für Kinder.

Nach der Kirche gehen Markus und ich meistens etwas essen und spazieren, wenn die Luft nicht allzu schlecht ist, anschließend nach Hause. In einem kleinen Park kommen uns fast immer Wildschweine, Hunde und Streifenhörnchen entgegen, die sich hier zahlreich tummeln. Der Park ist gut besucht, vor allem von Familien und Jugendlichen, die an jeder Ecke Selfies machen.

Aber auch einige Straßenkinder versuchen, hier etwas abzugreifen. Ich habe aus meinen Erfahrungen gelernt und jetzt immer ein paar Packungen Kekse dabei. Diese Kids tun mir leid, mit ihren verfilzten Haaren, dreckigen Klamotten und hungrig aussehenden Gesichtern. Ich frage mich, was später aus ihnen wird.

Amritsar – oder: Wie viel Gold darf sein?

Wir fliegen nach Amritsar, einer Stadt in der Nähe der pakistanischen Grenze. Sie ist bekannt für den goldenen Tempel. Amritsar («Nektarsee») liegt im indischen Bundesstaat Punjab und ist das spirituelle Zentrum des Sikhismus. Meine neue Freundin Asha aus dem Fitnessstudio ist eine Sikh, und so freue ich mich, diesen Ort zu erkunden.

Die Sikh-Religion entstand im 15. Jahrhundert in Nordindien. Sikhs glauben im Gegensatz zu den Hindus an einen einzigen Schöpfergott und lehnen vor allem deren «Aberglauben und die traditionellen religiösen Riten» ab. Aber auch ihr Denken und Leben ist stark vom Kastensystem durchdrungen, selbst wenn sie es nicht gutheißen. Bestimmte Formalien in der Kleidung, im Namen und im Auftreten sind ihnen sehr wichtig.

Das, was sie in den großen asiatischen Religionen (Hinduismus, Islam und Buddhismus) als abschreckend erlebt haben, hätte sie vielleicht zu Jesus führen können. Aber sie haben ihre eigene Religion geschaffen. Die Männer tragen meist einen traditionellen und schwungvoll gebundenen Turban, den ersten bekommen sie im Alter zwischen zwölf und sechzehn Jahren. Viele Sikh-Männer schneiden sich lebenslang die Haare nicht.

Manchmal reizt es mich, ihnen den Turban abzunehmen, um zu schauen, wie viel Meter Haare sich darunter verbergen. Die Sikhs, die ich kennen gelernt habe, sind meist ehrgeizige Menschen, die ihr Schicksal selbst in die Hand nehmen.

Als wir gelandet sind und auf unser Gepäck warten, hat uns ein Mann vom Geheimdienst angesprochen. Nach einigen Minuten frage ich ihn, wovon die Menschen hier so leben. Touristen gibt es nicht so viele. Er meint, dass der Drogenhandel sehr stark verbreitet ist. Eine ganze Generation soll wegen der Drogen ausgelöscht worden sein.

Ich weiß nicht, ob da was dran ist, aber während wir auf einen Fahrer warten, sehe ich einige drogenabhängige Frauen am Straßenrand.

Auf der Fahrt durch die chaotische und dreckige Stadt rennt uns fast eine «geisterfahrende Kuh» mitten auf der Hauptstraße in den Wagen. Wir bremsen, und es knallt hinten. Ein klassischer Auffahrunfall. Unser Taxifahrer, ein alter Mann mit Turban, reagiert total entspannt – im Gegensatz zu mir. Ich erwarte, dass sie nun beide aussteigen und sich angiften oder gar prügeln.

Doch dieser alte Mann steigt in aller Seelenruhe aus, schlendert zum anderen Wagen, sieht sich den Schaden bei seinem Auto an, wirft noch mal einen Blick auf das andere Auto und steigt wieder ein. Er fährt einfach weiter, als sei nichts passiert.

Es ist gleichzeitig schön und schaurig hier. Das ganze Stadtviertel ist eine einzige Baustelle, und der Strom fällt gleich mal für mehrere Stunden aus. Wir suchen also mit Tausenden von Indern dicht gedrängt auf der Straße unseren Weg zur Sehenswürdigkeit der Stadt.

Bevor man die Palast-Anlage betritt, muss man seinen Kopf bedecken und die Schuhe ausziehen.

Der Goldene Tempel sieht sehr schön aus. Er liegt direkt vor einem großen Teich. In dem Wasser spiegelt sich die goldene Kuppel. Einige Leute nehmen im sogenannten «Nektarsee» religiöse Waschungen vor. Überall tummeln sich Massen von Menschen, und man kommt kaum von der Stelle. Gesänge ertönen aus Lautsprechern. Kinder, Frauen und Männer kommen herbei, um ein Bild mit mir machen zu dürfen. Ich komme mir mal wieder vor wie im Zoo und fühle mich nicht sehr wohl dabei …

Am nächsten Tag trennen wir uns. Markus macht mit seinem Team ein Interview fürs Fernsehen, denn in dieser Stadt lebt die «älteste Mutter der Welt» – eine 72-jährige Inderin, die dank künstlicher Befruchtung tatsächlich einen Sohn zur Welt gebracht hat. Ich schlendere derweil lieber durch die Stadt.

Die Leute hier sind freundlicher und entspannter als in Delhi. Andauernd kommt jemand auf mich zu, will nur mal meine Hand schütteln und einen Blick erhaschen. Vor allem die Kinder sind sehr neugierig, dabei aber sehr lieb. Sie finden blaue Augen und helle Haare superspannend und wollen sie am liebsten anfassen. «Goldenes Haar» zu berühren soll Glück bringen, erklärt mir eine ältere Dame in gebrochenem Englisch.

Anscheinend ist es nicht typisch für Touristen, stundenlang durch die Stadt zu marschieren. Ich habe mich aber trotz der irritierten Blicke weitgehend sicher und frei gefühlt. Es ist nur leider unglaublich heiß und staubig. Ich mag die kleinen Läden, die Ursprünglichkeit, sogar das Chaos gewinne ich langsam lieb – wenn auch nur für Augenblicke. Und ganz speziell: Hier machen die Schuster noch Schuhe.

Besonders interessant erscheint mir eine «Wäscherei»: ein großer runder Behälter, in dem ein Mann allerlei Klamotten von Hand reinigt.

Einige Männer machen eine Mittagspause und schlafen auf Reifen, die sie eigentlich verkaufen sollen. Ich hätte an ihrer Stelle Angst, dass jemand etwas klauen könnte, aber diese Leute sind ganz offensichtlich völlig tiefenentspannt.

Überall stehen Fahrrad-Rikschas, kleine Buden mit selbstgemachtem Eis oder anderem Zeug. Die Menschen wirken zufrieden, nicht neidisch oder misstrauisch.

Kühe stehen plastikkauend in den Müllbergen, Hunde schlafen vor ausgestellten Pantoffeln eines Schuhladens. Ich verlaufe mich und finde mein Hotel nicht mehr. Als ich bei einem Kiosk nach dem Weg frage, kommt sofort ein junger Kerl, um mir zu helfen. Er führt mich durch kleine Gassen. Ich bin mir nicht so ganz sicher, ob das eine gute Idee war, ihm zu vertrauen. Aber er bringt mich sicher an mein Ziel und will als Belohnung lediglich ein Foto von mir machen.

Zurück in Delhi holt mich langsam wieder die Wirklichkeit ein. Ich bin jetzt seit einem Monat hier, und langsam wird mir klar, dass ich wirklich in Indien lebe und nicht nur ein Gast bin.

Es folgt eine eher harte Woche, in der ich mich gar nicht wohlfühle. Außerdem habe ich wilde Träume, eine Mischung aus indischen Erlebnissen und einigen Urängsten. Durch mein Leben in Delhi und die vielen Reisen sehe ich so viel Ungewöhnliches, Komisches und Schreckliches. Da kommen Kopf und Herz oft nicht mit der Verarbeitung und Verdauung all der Eindrücke hinterher.

Maria ist krank, und ich versuche, einkaufen zu gehen und Besorgungen zu machen, was nicht leicht ist. Gut sortierte Drogerien und Lebensmittelgeschäfte, wie wir sie aus Deutschland kennen, findet man hier kaum. Also geht es auf den Markt und in kleine Läden, in der Hoffnung, das zu finden, was ich suche.

Markus und ich diskutieren über irgendeinen Unsinn. Wir sind das Leben zu zweit noch nicht gewöhnt. Ich glaube, es liegt mehr an mir. Ich kann noch nicht so richtig meine Rolle hier in Indien und in der Ehe finden. Alles ist neu und anders.

In meinem Frust «flüchte» ich auf die Dachterrasse und merke, dass ich meine Freiheit vermisse. Ich kann nicht einfach raus aus meinem goldenen Käfig, vor allem abends geht das als Frau in Delhi nicht. Und die Luft ist so ungenießbar, dass ich es auch auf der Dachterrasse keine zehn Minuten aushalte.

Frauen in Indien – mit Sicherheit nie sicher

Wenn ich gestresst bin oder Konflikte erlebe, ist mein erster Gedanke immer: «Raus an die frische Luft, eine Runde um den Block laufen, dann geht es dir besser!» Nun ist die Luft hier in Delhi beschissen, von frisch kann nicht die Rede sein.

Aber es gibt noch ein anderes Problem.

«Es ist dunkel – du gehst auf keinen Fall alleine aus dem Haus!» Diesen Satz habe ich zuletzt als kleines Kind gehört und reagierte deshalb jetzt etwas pikiert darauf. Schließlich bin ich eine erwachsene, selbstbewusste Frau. Und war schon als Kind sehr freiheitsliebend.

Meine Eltern waren anders als die Eltern heutzutage, vielleicht lag es auch an meinem ungewöhnlichen Zuhause mitten im Naturschutzgebiet. Ich durfte eigentlich immer alleine herumlaufen, auch stundenlang durch die Wälder streifen, selbst wenn der Abend nahte.

Aber Markus macht sich Sorgen. Er hat kürzlich noch über Frauen berichtet, die Opfer von Säure-Attacken wurden. Außerdem gilt Delhi als «Hauptstadt der Vergewaltigungen». Wir wohnen statistisch gesehen in der gefährlichsten Stadt Indiens für Frauen und Kinder.

Viele arme Männer kommen aus dem Norden hierher, um eine Arbeit zu finden, sie haben bisher weder Toiletten noch weißhäutige Frauen gesehen. Dazu kommt ein Ungleichgewicht bei den Geschlechtern: Es herrscht ein Männerüberschuss, da weibliche Föten immer noch häufig abgetrieben werden. Ich bin kein ängstlicher Mensch, aber so ganz geheuer sind mir manche Wege hier nicht.

Ich erinnere mich noch gut an den Fall, als sechs Männer während einer Busfahrt eine Frau vergewaltigten und sie mit einer Eisenstange quälten. Sie schmissen die 23-Jährige und ihren Begleiter aus dem fahrenden Bus und versuchten sie zu überfahren. Obwohl sie nackt war und blutete, wollte zwanzig Minuten lang keiner der vielen Auto- und Riksche-Fahrer anhalten und helfen. Die Polizei kam erst nach 45 Minuten und stritt sich dann um Zuständigkeiten.

Dieser Fall hat vor ein paar Jahren zu Demonstrationen, einem verschärften Sexualstrafrecht und einem rapiden Anstieg von Vergewaltigungsanzeigen geführt. Aber grundsätzlich ist es nicht wirklich besser geworden. Tagtäglich erzeugt Gewalt dieser Art etliche Schlagzeilen, und mir wird regelmäßig schlecht davon. Ich lese zum Beispiel, dass eine Sechzehnjährige von mehreren Männern sexuell missbraucht wurde und Anzeige erstattete. Doch es kam zu keiner Verhaftung. Stattdessen wurde sie erneut vergewaltigt und sogar angezündet.

Vor ein paar Wochen gab es zwei ähnliche Vorkommnisse genau in meinem Stadtteil. In ländlichen Gegenden ist es vielfach noch schlimmer. Hier werden immer wieder auf Beschluss des Dorfrates Mädchen mit einer Gruppenvergewaltigung bestraft, meist für eine angebliche Affäre mit einem Jungen aus einem Nachbardorf.

Wütend macht mich, dass in mehr als drei Vierteln der angezeigten Fälle die Vergewaltiger ungeschoren davonkommen sollen. Viele Taten werden nicht mal angezeigt, oft auch aus

Angst vor der Polizei, die regelmäßig mit in die Verbrechen verwickelt ist. In weiten Teilen Indiens sollen Ärzte sogar noch den obszönen «Fingertest» vornehmen: Sie prüfen die Dehnbarkeit der Vagina. Passen zwei Finger hinein, gilt die Frau als «Schlampe» und hat den Geschlechtsverkehr wohl selbst provoziert.

Mir ist bisher nichts passiert, und ich fühle mich in Indien halbwegs sicher. Anfangs war das anders – da fand ich selbst die Blicke einiger Männer sehr verstörend. Mittlerweile schaue ich durch sie hindurch. Ich halte mich an ein paar Regeln und kann Urlauberinnen nur empfehlen, möglichst lange Röcke oder Hosen zu tragen. Enge Shirts, weite Ausschnitte oder schulterfreie Tops trage ich nur zu Hause.

Wer Angst zeigt, wird schnell als mögliches Opfer erkannt – daher bewege ich mich immer selbstbewusst. Ich habe mir einen maskulinen Gang zugelegt und versuche mit meiner Körpersprache zu zeigen: *Lege dich nicht mit mir an, ich kann dir ohne Probleme die Nase brechen.* Ich habe Kurse in Selbstverteidigung und Kampfsport absolviert. Das hilft.

Außerdem bin ich größer als die meisten Männer hier und bilde mir ein, dass sie das beeindruckt und sie mich in Ruhe lassen.

Dennoch: Würden sich mehrere Männer zusammentun und angreifen, hätte ich keine Chance. Daher meide ich Orte, an denen Mob-Bildung wahrscheinlich ist. Abends laufe ich nie alleine durch die Stadt, in den meisten Gebieten benutze ich alleine keine öffentlichen Verkehrsmittel.

Wenn ich nach Sonnenuntergang doch mal alleine ein Taxi nehme, mache ich vorher ein Bild vom Nummernschild und verschicke es per SMS.

Ich habe gehört, dass Schreien eine sehr sinnvolle Reaktion ist, vor allem wenn man verbal belästigt oder jemand handgreiflich wird – denn solche Szenen sind den Indern sehr peinlich. Ich fahre nie mit dem Bus und nur selten Bahn, weil hier einfach so viele Menschen auf engem Raum zusammen sind und man wenig Kontrolle hat. Ich glaube, ich würde Platzangst kriegen. Außerdem hört man immer wieder mal von Übergriffen.

Meine neue Freundin Rani aus der Kirche erklärt mir, dass sie das Busfahren auch meidet. «Als Mädchen hast du keine guten Erinnerungen an den Bus. Ich bin damit aufgewachsen, dass Männer dich begrabschen und das völlig normal finden. Es ist zu voll im Bus. Männer fassen dich an, und du sagst nichts, weil es normal ist. Wenn du etwas sagst, dann sagen die Männer: ‹Stell dich nicht so an.› Oder: ‹Der Typ hat doch gar nichts gemacht.› Es waren immer nur wenige Mädchen und viele Männer in den Bussen. Für ein Tuk-Tuk hatte ich nicht genug Geld. Später, als junge Frau, siehst du die Mädchen und weißt, wie sie sich fühlen. Also bietest du ihnen an, deinen Sitz mit ihnen zu teilen. Männer tun immer so, als wärest du zu sensibel oder so. Aber ich will nicht angefasst werden. Und ich will nicht hören, dass ich mich komisch anstelle oder übertreibe oder selbst schuld bin …»

Mittlerweile ist es schon etwas anders, die Mädchen machen öfter den Mund auf, um sich zu beschweren. Die Männer haben mehr Angst vor einer Szene oder vor Stress. Ich beschließe, dass ich nicht alles ausprobieren muss – und folglich auch in Zukunft auf die Bus-Erfahrung lieber verzichte.

Schön ist, dass man hier mit Englisch fast überall gut zurechtkommt, aber ein paar Worte Hindi können ja nicht schaden: «Hör auf» und «Ich will das nicht kaufen» waren übrigens meine ersten Brocken auf Hindi.

Eines möchte ich aber noch klar zum Ausdruck bringen: Ja, Frauen werden leider oft schlecht behandelt. Aber ich habe gleichzeitig noch nie so viel weibliche Würde, Freude und Stärke erlebt wie hier in Indien. Das Land fordert mich heraus und hat doch auf zauberhafte Weise mein Bild vom «Frausein» positiv verändert. Dazu später mehr ab Seite 100.

Rauschzustand im Restaurant

Die Hippie-Zeit habe ich um ein paar Jahrzehnte verpasst, aber ich kenne natürlich Geschichten von Aussteigern, die für eine Bewusstseinserweiterung nach Indien reisten und kiffend meditierten. Für mich als gesundheitsbewusste Christin eigentlich kein Thema …

Doch dann erlebe ich doch meinen ersten Indien-Rausch.

Es fängt damit an, dass ich zum ersten Mal in die Rolle eines Gourmet-Testers schlüpfe. Meine Freundin Asha will, dass ich ihr neues Menü probiere, und ich bekomme alle möglichen Speisen aufgetischt. Da ich gern esse, ist es ein riesiger Spaß. Ich probiere alles, darf die Küche sehen und die besonderen Öfen, mit denen sie die meisten Speisen zubereiten, und wir trinken eine Menge Wein. Ich erzähle Asha, wie ich das erste Mal in einem ihrer Restaurants war – bevor wir uns kennen lernten und Freunde wurden.

Nach dem Essen fragt Asha, ob ich schon mal ein «Bhang Lassi» ausprobiert hätte. Ich habe so was schon ein paar Mal angeboten bekommen, aber immer abgelehnt. Erstens weiß ich gar nicht so genau, was Bhang ist, und zweitens habe ich gegenüber Dingen dieser Art normalerweise Bedenken. Auch Asha meint, dass ich so etwas nur ausprobieren solle, wenn jemand dabei wäre, dem ich vertraue. Und ich würde Indien dadurch auch etwas besser kennen lernen.

Fünf Minuten später – ich gebe dem Wein die Schuld – schickt Asha einen jungen Mann los. Der kommt mit einem kleinen Päckchen wieder. Ich probiere also mein erstes Bhang Lassi, ein Joghurtgetränk der speziellen Art …

Wir verlassen das Restaurant und erkunden etwas planlos die Luxus-Boutiquen in der Mall, wo gerade einige superreiche Mädels Kleider anprobieren, die so viel kosten wie ein neuer Kleinwagen. Wir haben dabei rege Diskussionen mit einigen Damen über deren Farbwahl und sind beide aufgrund der Kombi aus Wein und Bhang Lassi nicht mehr ganz zurechnungsfähig, haben aber eine ganze Menge Spaß, helfen schließlich noch bei der Beratung und schaffen es auch beide, heil nach Hause zu kommen.

Dort lese ich nach, was ich überhaupt zu mir genommen habe: Bhang ist eine traditionelle Hanfzubereitung, die manchmal auch halluzinogene Stoffe enthält, in manchen indischen Bundesstaaten legal in Läden erhältlich und anscheinend recht verbreitet ist. Manche werden auch mit Opium verkauft. Bhang wird auch bei manchen hinduistischen Ritualen verwendet. Das Wort bedeutet auf Sanskrit «Bruch» bzw. «Abfall».

In Deutschland unterliegt es dem Betäubungsmittelgesetz. Ich glaube, ich werde in Zukunft lieber auf solche Experimente verzichten, auch wenn es durchaus lustig war.

Flucht aus der Großstadt

Menschen entflieht man in Indien kaum. Auch nicht, wenn man in einen nahegelegenen Erholungsort in die Berge fliegt, um der schlechten Luft und der Hitze zu entkommen. Markus wollte mir eine Freude machen und hat spontan Flüge gebucht. Aber bis wir unser Ziel erreichen, vergeht fast ein ganzer Tag.

Es gibt einige sogenannte «Hill Stations» in Indien. Die Briten nutzten diese Städtchen, um sich in der frischen Luft und Natur zu erholen. Was für uns als Auftank-Wochenende geplant war, hat sich aber eher als Stressblase entpuppt. Denn auch hier gibt es nicht die Ruhe, nach der ich mich so sehne. Dabei brauche ich gerade das, um aufzutanken.

Markus ist in einigen Bereichen total anders als ich, kann mich deshalb auch nicht immer ganz verstehen, und da er auch schon ein Jahr länger in Indien lebt, hat er sich an vieles gewöhnt, was für mich noch überfordernd ist. Das merke ich sehr häufig – dass er nicht so viel riecht, sieht und hört wie ich.

Er fokussiert sich einfach und blendet alles aus, was ihm nicht gefällt.

Ich kann das gar nicht, ich werde ständig überwältigt von so vielen Reizen, weil meine Sinne irgendwie anders wahrnehmen. Ich bin eben deutlich sensibler. Das hat Vorteile – aber in Indien auch viele Nachteile, weil es in den Städten fast immer laut, chaotisch und geruchsintensiv ist.

Ich weiß, dass Markus mich liebhat, aber er kann oft nicht nachvollziehen, warum ich so schnell aus der Haut fahre. Es passiert ständig etwas um mich herum, das ich nicht ignorieren kann.

Aber wir sind auf dem Weg, ein richtig gutes Team zu werden. Es dauert nur mit der Synchronisierung. Die Welt durch die Augen eines anderen Menschen zu sehen, erfordert ja nicht nur Einfühlungsvermögen, sondern auch Übung und ständige Kommunikation.

Wir verbringen als Paar ungewöhnlich viel Zeit miteinander. Ich kann Markus und sein Team oft bei ihren Reisen begleiten. Diese Trips sind auf jeden Fall interessant, aber meist mit wenig Schlaf und einigem Stress verbunden. Doch das meistern wir echt gut zusammen.

Wenn wir in Delhi sind, gibt es aufgrund der schlechten Luft, der verstopften Straßen und der langen Wege nicht viel Programm. Ab und zu versuchen wir es mit einem typisch indischen Sport und spielen Badminton, oder wir bestellen Frozen Joghurt und schauen gemeinsam alte Filme oder neue Serien.

Von beißenden Hunden und tödlichen Mücken

Eigentlich ist Indien ja für seine gesunde, fleischarme ayurvedische Küche bekannt. Aber ich esse deutlich ungesünder, seit ich hier lebe. Viel zu ölig und zu süß. Ich habe keine Ahnung, wie oft ich Maria schon gesagt habe, dass ich nicht so viel Ghee im Essen mag.

Sie erwidert dann immer: «Aber es ist doch nur ein Tröpfchen ...» Dieses Tröpfchen füllt leider mehrere Esslöffel, und ich sehe jeden Monat die leeren Gläser ohne das vorher noch innewohnende Fett, das wir vertilgt haben, ohne es zu wollen. Salat gibt es in der Regel nicht, und wenn doch, versteht man darunter Gurkenscheiben und Karottenstifte. Alles wird gekocht oder frittiert. Das ist wahrscheinlich auch sicherer, da das Wasser nicht sauber ist und man auch nie so genau weiß, was man mit dem Gemüse noch so alles an Chemikalien und Tierchen zu sich nimmt ...

Ich kann nicht glauben, wie schnell die Zeit vergeht, auch ohne «normalen Job» gibt es ständig was zu tun. Mein erstes Kinderhörspiel ist endlich fertig. «Die kleine Pflaume Flodderich» war ein aufwendiges Projekt, und ich freue mich über das Ergebnis, auch wenn ich die CD selbst erst beim nächsten Heimatbesuch in die Hände bekomme.

Das Schreiben macht mir sehr viel Freude. Oft stelle ich im Flugzeug einen Artikel oder Blog fertig und komme wegen all der Reiserei unter Zeitdruck. Ich glaub, ich muss strukturierter werden ...

In Indien scheinen die Tage noch zügiger zu verstreichen, alles ist intensiver und wuseliger. Unglaublich. In dieser letzten Woche habe ich irgendwas gegessen, was mein Körper nicht zu nutzen wusste. Die Hitze, kurz vor der Regenzeit, ist offenbar nicht gesund, Wasser und Essen werden schnell verunreinigt. Das hat auch einer der Fitnesstrainer gesagt.

Ich habe in dieser Zeit viel Joghurt und viel Papaya gegessen – hat echt geholfen. Dem Bauch geht es nun besser. Aber mein Kopf und mein Hals machen mir noch Sorgen. Ich komme mit der Klimaanlage im Schlafzimmer immer noch nicht so richtig klar.

Montag ging es direkt nach dem Arztbesuch zu einem Hotel, in dem Markus und ich die Millionäre Makesh und Sarala getroffen haben. Sie haben viel erzählt, es war interessant. Sie organisieren einen Kongress und wollen, dass ich dort beim nächsten Mal als Rednerin auftrete.

Wir haben uns gut verstanden. Nur ihre hinduistische Religion – die eigentlich keine Religion sei, sondern eine wissenschaftliche Weltanschauung, wie sie versichern – verwirrt mich etwas. Sie berufen sich dabei auf die Upanishaden, eine Sammlung philosophischer Schriften des Hinduismus, die ein paar hundert Jahre vor Christi Geburt entstanden sein sollen. Sie reden davon, dass Gott Energie sei und Energie wiederum alles und nichts. Sie haben einen Guru, der für sie wie der Allmächtige selbst zu sein scheint.

Als ich aus dem Restaurant trete, bin ich einfach nur froh, dass ich meinen Vater im Himmel habe. Aber ich bin auch dankbar, dass ich solche interessanten Leute kennen lernen und die Welt mal durch ihre Augen sehen darf. Nach dem Mittagessen fahren wir zurück nach Hause.

Die Mücken nerven extrem und sind scheinbar überall. Vor allem mit dem Ende der Regenzeit muss man sich vor ihnen in Acht nehmen. Ich habe echt Angst vorm Dengue-Fieber, das seit ein paar Jahren immer häufiger in Indien vorkommt und auch zu einigen Todesfällen führt.

Aber noch schlimmer ist Chikungunya – eine tropische Infektionskrankheit, die auch von Stechmücken übertragen wird. Meine Bekannten aus dem Fitnessstudio, die sich dieses Virus einfingen, waren teilweise für Monate ausgeknockt. Extrem geschwollene Füße, Gliederschmerzen, Fieber und Gelenkschmerzen. Alles tut weh, und man kann sich kaum bewegen. Die Beschwerden können sich über viele Monate halten und immer wiederkehren. Durch diesen fiesen Mückenvirus kann es auch zu Herzentzündungen und Schäden in Hirn und Leber kommen.

Ein Bekannter meinte, ich solle mich einfach mit Kokosöl einschmieren, das könnten die Viecher nicht leiden. Aber andere halten das für ayurvedischen Hokuspokus und empfehlen lieber, voll bedeckt aus dem Haus zu gehen, Mückenspray zu benutzen und Orte zu meiden, wo es dreckig oder nass ist. Ich beherzige zur Vorsicht einfach mal alles zugleich!

Auch Markus wird gebissen – allerdings nicht von Mücken, sondern von Straßenhunden. Ich war gerade in einem Kurs, als er ins Fitnessstudio kam. Sein Bein blutete, und er fragte mich ernsthaft, was er jetzt tun solle.

«Na, du gehst sofort zum Arzt! Das muss desinfiziert werden, und du kriegst wahrscheinlich ein paar Spritzen, zur Sicherheit …!», sagte ich entgeistert.

Normalerweise sind die Hunde, die es hier zahlreich auf den Straßen gibt, sehr friedlich. Aber irgendwas ist anscheinend in die Tiere gefahren, als sie Markus beim Joggen sahen. Ich verstehe eh nicht, warum er bei diesem Chaos und der Luftverschmutzung draußen Sport macht. Dass er nicht schon angefahren wurde, wundert mich sehr. Andererseits beneide ich ihn um seine Fähigkeit, das Chaos um ihn herum einfach auszublenden und die Dinge nicht so ernst zu nehmen.

Übrigens hat mich unser «Haustier», Gecko Grütze, offenbar verlassen. Dafür ist ein wundervoller kleiner Gecko eingezogen, ein Baby, total süß. Leider läuft er immer weg, wenn ich ihn fotografieren will.

Ich habe die letzten vier Nächte nicht geschlafen und drehe langsam durch. Ich hasse diese Phasen. Mein eigener Kopf wird zum Schlachtfeld, auf dem ich keine Chance habe. Seit ich erkältet bin, ist Markus ins Gästezimmer ausgezogen, damit ich Ruhe habe. Aber es hilft nicht wirklich.

Nun bin ich seit vierzig Tagen in Indien. Unglaublich.

Markus hat mir zu diesem Anlass ein liebes Büchlein geschrieben, mit vierzig Gründen, warum er mich liebt bzw. mit dem, was er an mir mag. Ich bin trotz aller Hindernisse sehr glücklich in Delhi und empfinde das Verheiratetsein als deutlich einfacher, als ich vorher erwartet hatte.

Am Abend wollen wir ausgehen. Ich habe Markus nun auch vierzig Gründe geschrieben, warum ich ihn liebe. Es war einfach, so viele Gründe zu finden. Hoffentlich geht mir das in vierzig Jahren auch noch so!

In letzter Zeit denke ich oft, dass ich ihn, auch aufgrund der leidvollen vorherigen Beziehung, viel mehr schätzen kann. Ich glaube, ich würde sonst vieles für selbstverständlich halten. Aber dass er mich liebt, dass er das auch offen sagen kann und mir grundsätzlich wohlwollend begegnet, ist für mich eine heilsame neue Erfahrung. Was für ein Horror war das, was ich einst für Liebe hielt. Und dennoch schaffe ich es oft nicht, ihm ganz zu vertrauen. Alte Ängste halten sich leider hartnäckiger als andere Gefühle.

Alltag in Delhi und die Sache mit den Gurus

In einer indischen Zeitschrift lese ich einen erschütternden Artikel über einen Guru, der viele Frauen und Mädchen vergewaltigt hat. Es ist zum Heulen. Wie viele Leute ihn immer noch verehren, Millionen von Menschen hängen sich an diesen Scharlatan. Und er nutzt seine Macht, missbraucht andere und kriegt Unterstützung von Politikern und Polizei, weil er solch einen Einfluss hat.

Zeugen, die gegen diesen Möchtegern-Heiligen aussagen, werden umgebracht oder verschwinden, manche werden schwer verletzt. Und er ist immer noch nicht rechtskräftig verurteilt. Mich macht das wütend. Was für ein Gerechtigkeitsverständnis steckt dahinter?

Von solchen trübsinnigen Gedanken lenke ich mich am erfolgreichsten durch Sport ab. Samstags spiele ich hin und wieder in der amerikanischen Schule Volleyball. Das ist immer sehr spaßig, weil wir eine bunt gemischte Truppe sind – einige arbeiten in Botschaften, andere sind Lehrer aus unterschiedlichen Ländern, und dann sind noch ein paar Leute wie ich dabei, die auf Umwegen hineingeraten sind.

Anschließend treffe ich mich mit Susan, einer Bekannten aus der Kirche, sie arbeitet in einer Botschaft und erlebt immer wieder schräge Geschichten. So musste sie sich in den letzten Tagen um einen Touristen ihres Heimatlandes kümmern, der splitterfasernackt durch eine indische Stadt lief und zum Ärgernis für die Inder wurde. Ein anderer Landsmann beschwerte sich bei ihr, dass es im indischen Krankenhaus kein Fleisch zu essen gebe.

In der Regel vermeide ich es, viel Zeit mit «Ausländern» zu verbringen, weil ich ja Indien kennen lernen will und daher auch lieber Zeit mit meinen indischen Freunden verbringe. Aber manchmal ist es herrlich, einfach mal unzensiert alles zu sagen, was man so denkt.

Bevor ich mich auf den Weg nach Hause mache, spaziere ich durch einen Park. Viele Familien sitzen zusammen, spielen, essen und vertreiben sich die Zeit. Hier gibt es keine Teenager in so kurzen Shorts, dass man den halben Hintern sieht, und auch keine weiten Ausschnitte. In Europa und auch in den USA finde ich es oft erschreckend, wie sehr schon junge Mädchen durch ihr «aufsehenerregendes Auftreten» um Aufmerksamkeit betteln.

Es gibt auch einige Dinge, die ich später in Deutschland bestimmt vermissen werde: etwa das scharfe Essen, die bunten Saris, dass man in Indien nie weiß, was als Nächstes passiert, und die Menschen, die nicht über jede Kleinigkeit meckern und unzufrieden sind …

Doch mir fehlen auch immer mehr Dinge – wie ein körniges

Brot mit echtem Käse, ein knackiger Apfel und ein gutes Stück dunkle Schokolade. Aus dem Kran ein Glas Wasser trinken zu können, ohne Bauchschmerzen zu kriegen. Ich vermisse meine Familie und Freunde. Einen richtigen Supermarkt. Einen See, in dem man auch baden kann, und Flüsse, die nicht stinken. Frische Luft. Tannen.

Es ist schon komisch. Abenteuerlust und Fernweh trieben mich immer fort. Und jetzt ist mir mal weh ums Herz, weil die Heimat fehlt.

Die Gecko-Invasion

Wir erleben völlig unerwartet eine Invasion der besonderen Art. Allein in der Küche zähle ich acht Geckos, und im Wohnzimmer sind auch einige in allen Größen zu finden. Ich frage mich, wie die sich so schnell vermehrt haben – oder ob sie sich bisher nur erfolgreich verstecken konnten.

Markus findet das nicht mehr lustig und will sie alle umbringen oder verjagen.

Zunächst finde ich das nicht nötig, aber als mir dann ein Gecko aus dem Waschbecken fast auf die Hand springt und ein riesiges Exemplar hinter dem Spülschrank auftaucht, erschrecke ich dermaßen, dass es mir auch zu viel wird.

Ich überrede Markus, ein Spray zu benutzen, das sie vertreibt und nicht tötet – Markus übernimmt diese Aufgabe, und ich öffne die Küchentür, die auf eine Art Mini-Balkon führt. Tatsächlich suchen die Tiere in Windeseile das Weite. Doch die Frage bleibt: Wie kommen die Tiere überhaupt in die Wohnung?

Ein paar Tage später kommen indische Kammerjäger und inspizieren die Wohnung. Sie versuchen eine Erklärung dafür zu finden, wie die Geckos hineingelangen. Sie bleiben ein paar Stunden, messen die Ritze zwischen Tür und Türrahmen – was keinen Sinn macht, da man meiner Meinung nach auch so sieht, dass die Tiere da ganz sicher nicht durchpassen. Sie gehen erfolglos wieder und kommen am nächsten Tag erneut. Diesmal nehmen sie die Badezimmer in Augenschein.

Ich weiß nicht, wie lange sie insgesamt gebraucht haben, aber irgendwann kommen sie ganz stolz und zeigen mir, wo unser ungebetener Besuch herkam: aus Lüftungsschächten, die es nun abzudecken gilt. Am nächsten Tag kaufen sie eine Art Netz, und am übernächsten Tag bringen sie es endlich an. Es hat also fast eine Woche gedauert, bis das Problem gelöst ist. Aber immerhin haben wir seitdem nur noch sehr selten Besuch von Geckos. Manchmal vermisse ich sie …

Das erste Mal beim Frauenarzt

Manche Erfahrungen wollte ich eigentlich vermeiden, aber dann war es doch so weit: Ich gehe in Indien zum Frauenarzt. Erst warte ich eine gefühlte Ewigkeit in einem großen Raum, werde mehrfach gewogen und nach meiner Größe gefragt und dann auf einen Stuhl gesetzt, auf dem ich warten soll.

Die Ärztin ist mindestens achtzig Jahre alt, trägt sehr würdevoll ihren grünen Sari und sitzt hinter einem Tisch in einem kleinen Raum, um mich zu befragen.

Die Methoden bei der Untersuchung sind mittelalterlich, zumindest fühlt es sich so an, als sie mich mit einer Gehilfin untersucht und dafür eine Taschenlampe und ein eigentümliches Gerät benutzt, das immerhin zuvor in einer Schale gewaschen wurde. Danach schaut sie sich ausgiebig meinen Bauch an, dazu meine Haut, meine Zunge und die Augen. Mit mir sei alles halbwegs okay! Trotzdem empfiehlt sie mir Medikamente. Meine Haut würde das dreckige Wasser in Delhi nicht vertragen.

Da der Termin so lange gedauert hat, muss ich mich sehr beeilen, um noch Muffins für eine Feier von Freunden zu backen. Markus vergisst vor lauter Stress den Haustürschlüssel. Wir schließen uns also selber aus, und der ganze Abend wird lustig und chaotisch. Aber zum Glück haben wir eine Maid, die einen eigenen Schlüssel hat. Maria rettet uns.

Irgendwie fühle ich mich in Indien lebendiger. Ob beim Frauenarzt oder bei einer indischen Feier – es geht trotz allem Durcheinander immer auch sehr lebensfroh und lustig zu.

Kapitel 3:

Mit offenem Spirit auf Safari

Bhutan – mit Rezept fürs Glücklichsein?

Endlich. Nach zwei Monaten geht es raus aus Delhi, wo die Temperaturen mittlerweile auf fast fünfzig Grad gestiegen sind. Mit Markus unternehme ich meine erste Reise in ein benachbartes Land. Ein buddhistisches noch dazu. Unser Ziel ist so groß wie die Schweiz und liegt zwischen Indien und China: Bhutan.

Der Anflug auf den kleinen Flughafen ist speziell: Das können wohl nur eine Handvoll Piloten bewältigen, denn laut Autopilot ist der Anflug zu gefährlich und muss abgebrochen werden.

Günstig ist eine Reise ins «Land des Donnerdrachens» nicht gerade – zweihundert Euro muss man pro Tag bezahlen und immer mit einem Guide unterwegs sein. Für mich ist diese Reise als Privatperson ein teurer Spaß, aber es ist trotzdem eine tolle Sache, dass ich Markus und sein Team ab und zu bei ihren Drehs begleiten kann und so ganz viele interessante Menschen und Orte kennen lerne.

Bei der Ankunft fällt mir die lustige Kleidung auf – die Männer tragen eine Art Rock. Viele Kühe, Tauben und Hunde sind auf den Straßen unterwegs, und es gibt kaum Internetempfang.

Der kleine Binnenstaat ist schon besonders, nicht nur, was die Kultur betrifft. Der Naturschutz ist hier sehr wichtig – und steht sogar in der Verfassung. Schon die Kinder lernen in der Grundschule, Tiere und Pflanzen zu achten und zu schützen. Zwei Drittel des Landes sind bewaldet, und Bhutan liegt überwiegend auf einer Höhe von über 2000 Metern. In der Berglandschaft gibt es nicht viel Fläche für Landwirtschaft. Ein großer Teil des Landes ist durch Nationalparks und Tierreservate geschützt.

Als großer Naturliebhaber und Tierfreund fühle ich mich sofort wohl.

Die Menschen hier sind sehr arm, lieben ihren König und sind sehr durch den Buddhismus geprägt. Selbst bei der Architektur wird darauf geachtet – so hoffen sie, böse Geister vom Eindringen in ihre Häuser abzuhalten und den guten Geistern den Zutritt zu erleichtern.

Das Essen gefällt mir außerordentlich gut, und ich erlebe mein erstes Bad in einer Holzwanne in einem Stall, in der das Wasser von im Feuer aufgeheizten Mineralsteinen erwärmt wird.

Immer wieder sieht man Kinder und Erwachsene beim Bogenschießen. Es ist wirklich witzig, ihnen zuzusehen, wie sie rufen und jaulen und nach einem Treffer kleine Tänze vollführen. Frauen, so erklärt unser Guide, dürfen nicht Bogenschießen. Er glaubt, dass es nicht gut ist, wenn Frauen Männersportarten betreiben.

Ich beiße mir auf die Lippen. Denn ein paar solcher Sprüche habe ich früher auch beim Fußball in Deutschland zu hören bekommen – allerdings nur von Machos und Dümmlingen …

Hoch über der Hauptstadt von Bhutan thront der größte Buddha der Welt, zumindest die größte sitzende Buddha-Statue. Jedenfalls behauptet das der Fremdenführer, der sich «Bull» nennt.

Wir wandern durch die Wälder, Bull klemmt sich die Hülle eines toten Käfers auf die Nase und verspricht mir, dass sie nicht abfallen wird, bis er mich wieder zurück zum Hotel bringt und der Tag zu Ende ist. Sie scheint in der Tat genau auf seine Nase zu passen.

Wir wandern durch die schöne Landschaft, führen Gespräche über den Buddhismus. Bull fragt nach meinem Glauben, und ich erzähle ihm von Jesus.

Wir betreten einen Tempel, hier steht eine Figur mit vielen Gesichtern.

«Totenköpfe, die fünf Sünden symbolisieren», erklärt uns Bull.

Ganz in der Nähe steht ein zweiter Buddha, der gruselig aussieht mit Flammen und Wut und einem bösen Blick – aber Bull sagt, dass er nur so gemein aussieht, um den bösen Menschen Angst zu machen und sie zum Guten zu verwandeln.

Mönche beschäftigen sich mit Mantras, der Gesang ist sehr eintönig, aber das muss wohl so sein.

«Rund achtzig Prozent der Bevölkerung verehren Buddha und seine Lehre vom Leben als Leiden», flüstert Bull mir zu.

Wir essen Buchweizen-Pfannkuchen, Brokkoli mit Chili und Käse. Und mir wird erzählt, dass Affen Glück bringen, das Jahr des Affen hingegen Unglück. Dann geht es um Geister, Dämonen und gute Götter – Bull zeigt mir Bilder in einem weiteren Tempel und erzählt von den sieben Welten, von Zirkeln, von einer Art Hölle, der Wiedergeburt und der Sehnsucht nach Erlösung vom Kreislauf des Lebens. Er sagt, dass jeder Mensch ständig von zwei Geistern begleitet wird, von einem, der die guten Taten zählt, und einem, der die schlechten Taten auflistet – und wenn man stirbt, wird ein Gericht gehalten und entschieden.

Es gibt in diesem Land freie medizinische Versorgung und keine Schulkosten, aber sie lernen auch nur das, was die Regierung will.

Wir gehen auf unserer Wanderung vom größten sitzenden Buddha der Welt zu einem «Zoo» mit drei Tierarten.

«Dämonen findet man überall. Das sind schlechte Menschen, die gestorben sind und dann nicht zur Hölle gehen, sondern die noch lebenden Menschen quälen», erläutert Bull. Er denkt, dass alle Religionen gleich sind, aber er weiß eigentlich nicht so viel über andere Religionen. Es gibt laut Bull sechs Zirkel oder Welten, am schlimmsten sei wohl eine Art Hölle, und dann komme die Tierwelt. Die Menschenwelt soll die beste sein.

Eine Frau mit Opfergaben kommt in den Tempel. Ich frage sie, welchem Gott sie die Gaben bringen will. Sie erklärt mir, dass man in Bhutan an viele Götter glaubt, sie wisse selbst nicht genau, wem sie opfert.

Die Mythen sind recht verwirrend: Götter, die aus Lotusblumen entstanden, als Vögel irgendwo auftauchen, und so weiter. Es ist schwer für mich, das alles zu begreifen.

Zudem verwirrt es mich, dass es im Buddhismus so viele unterschiedliche Strömungen gibt und keinen genau definierten Kanon, der von allen Buddhisten gleichermaßen anerkannt würde.

Was ich hier unheimlich mag, ist die Gastfreundschaft und Freundlichkeit. So hat mich beispielsweise ein Mädel, das ich im Fitnessraum des Hotels kennen gelernt habe, nachmittags spontan zu einem Park in den Bergen gefahren, wo ich dann laufen konnte. Sie setzte sich in der Zwischenzeit mit einem Buch auf eine Bank und hat auf mich gewartet, um mich dann zurück zum Hotel zu bringen. So was habe ich noch nie für eine Fremde getan.

Auf den Mülleimern hier stehen teilweise lustige Sprüche: «Don't litter, or your life will taste bitter» oder «Time is the only thing we can't recycle …» Herrlich. Ich mag, dass sich viele der Einheimischen um die Natur kümmern. Und lustig ist, dass sie indische Touristen gar nicht mögen – die würden so viel Müll hinterlassen und sich nicht ändern wollen …

Die Zeit in Bhutan geht schnell vorbei, zehrt aber auch an meinen Kräften – wenig Schlaf, lange Fahrten im Jeep auf schlammigen Feldwegen. Wir nehmen teil an einem buddhistischen Fest, bei dem Jungen trotz der vermeintlich friedvollen Religion mit Waffenspielzeug herumtollen, während man uns erzählt, dass mit dem Tanz die bösen Geister vertrieben werden. Ein paar Touristen berichten von der positiven Energie, die sie hier spirituell weiterbringen würde.

Besonders im Gedächtnis geblieben ist mir das Gespräch mit einem blinden Musiker. Er erzählt uns, dass er wegen seiner fehlenden Sehkraft viel gelitten hat. Körperliche Behinderungen gelten als eine Strafe für Sünden im letzten Leben – das ist in dem Glauben der Menschen stark verankert. Er wurde als Kind geschlagen, schikaniert und auch als Teenager und Erwachsener oft isoliert. Aber er hat gelernt, das Beste aus dem zu machen, was er hat. Dieser Wille, mit seiner Situation Frieden zu finden, ist bemerkenswert.

Man hat mich gewarnt: «Es gibt hier Orte, da wird dir mit einer Wahrscheinlichkeit von 99 Prozent ein Bär begegnen!»

Dennoch möchte ich unbedingt in den Wald laufen. Als ich mich auf den Weg mache, kommen mir einige Mädchen entgegen, die mich aufhalten und fragen, ob ich verheiratet sei und Kinder hätte. Das ist hier wohl sehr wichtig. Sie laufen gerade von der Schule nach Hause und sind sehr neugierig, warum ich durch die Gegend renne, wo man doch spazieren könnte.

Die Menschen hier sind wirklich überaus freundlich. Ich habe selten Angst, auch wenn ich alleine herumlaufe.

Nur einmal wird es unheimlich. Ich höre nicht auf die Warnungen, dass es hier Bären gibt, und laufe in einen Wald hinein, genieße den kleinen Pfad durch die Natur und die Ruhe. Plötzlich taucht ein Baum auf, der aussieht, als habe ein Bär sich mit seinen Krallen daran zu schaffen gemacht. Ich kriege Panik, dass er noch in der Nähe sein könnte, und renne wie eine gesengte Sau zurück in den Ort. Aber zum Glück kommt kein Bär hinterher …

Besonders interessant finde ich das sogenannte «Bruttonationalglück». Das hat ein ehemaliger König Bhutans als Maßeinheit für Wohlstand ins Leben gerufen. Es ersetzt das sonst geläufige Bruttosozialprodukt und misst das Gesamt-Befinden der Bevölkerung.

Tatsächlich sind die Leute, wenn man sie fragt, alle «happy» und zufrieden. Das ist überraschend, handelt es sich doch um eines der ärmsten Länder der Welt.

Je länger wir mit den Bhutanern Zeit verbringen, desto deutlicher wird, dass dieses «Glück» tatsächlich Vorteile bietet: Man vergleicht sich weniger, hat den ständigen Willen zum Dankbarsein und fokussiert sich auf das Gute.

Aber *wirklich* glücklich scheinen mir viele Leute hier nicht, das Leben ist unheimlich hart, die Ehen halten nicht, und es wird viel getrunken. Man darf hier auch zwei oder mehr Ehepartner haben, Polygamie ist völlig legal.

An einem Tempel sehen wir eine Menge Leute, die mit vereinten Kräften Bettlaken schütteln. Zwischen den Laken befinden sich pulverförmige Arzneien, die rhythmisch hin- und hergewiegt werden. Dabei singen sie unablässig Mantras. Je mehr, desto effektiver. Das soll für das künftige Leben Segen bewirken und im jetzigen Leben die Arzneien noch wirksamer machen.

Wir sehen eine Weile zu, dann geht es weiter. Ich freue mich riesig – denn bald werde ich endlich das weltberühmte «Tigernest» sehen. Das buddhistische Kloster ist nur zu Fuß oder auf einem Maultier zu erreichen. Die Wanderung dauert aber keine drei Stunden wie angegeben, sondern nur halb so lang. Wir sind offenbar deutlich fitter als die Durchschnittsbesucher.

Es ist wunderschön hier. Der kleine Weg führt durch Wälder hinauf zu dem bekannten Kloster im Himalaya, das auf 3120 Metern Höhe in dem Felsen thront. Es wurde 1692 errichtet. Die Buddhisten erzählen, dass das Kloster deshalb gebaut wurde, weil ein von ihnen verehrter Guru auf einem Tiger zu einer Höhle in diesem Felsen flog, um dort mehr als drei Jahre zu meditieren.

Als wir das Kloster erreichen, werden wir mehrfach ermuntert, doch Geld zu spenden – unter anderem, damit die Mönche für unser Wohlbefinden beten. Ich bin froh, dass ich selbst zu meinem Gott beten darf. Ich empfinde die Gesänge der Mönche als sehr traurig.

Aber der Ort an sich ist wirklich schön, unwirklich, wie in einem Film. Das Tigernest zu sehen ist definitiv mein Highlight auf dieser Reise. Es ist schon bewundernswert, was Menschen bauen können. Es muss unheimlich viel Kraft und Zeit gekostet haben und verdient wirklich Respekt.

Bevor wir Bhutan verlassen, treffen wir noch den Agenturleiter, der unsere Reise organisiert hat. Er ist ein freundlicher, unterhaltsamer Typ – und erzählt uns beim Abendessen nach achtzehn Shots Whiskey, dass das Leben hier im Winter sehr hart wird. Da saufen die meisten Einwohner drei Monate lang, vor allem aus Langeweile. Es gibt nichts zu tun. Die Scheidungsrate liegt, so erzählt er uns, bei achtzig Prozent.

Das hat Bull bei unserer Wanderung auch erwähnt, und ich habe mich gefragt, wie das kommt. Treue scheint hier nicht wichtig zu sein. Es ist auch ganz normal, mehrere Ehepartner oder nebenbei noch ein paar Freundinnen zu haben. Sich scheiden zu lassen, geht innerhalb von zwei Wochen.

Der Agenturleiter schenkt uns zum Abschied einen Schal, lächelt munter und wünscht uns ein langes Leben. Hier in Bhutan würde man nicht alt.

Als wir zurück nach Delhi fliegen, sehe ich nicht nur den Buddhismus anders, der mir in Europa immer als so entspannt-freudvoll beschrieben wurde – hier ist er völlig durchdrungen von Ängsten vor Dämonen und Verdammung. Aber ich habe auch etwas von den Buddhisten hier gelernt: mich nicht mehr ständig mit Menschen zu vergleichen, die reicher, schöner oder erfolgreicher sind als ich. Anderen Gutes zu gönnen und mich an den vielen schönen Dingen in meinem Leben zu freuen.

Mitnehmen will ich auch den Wunsch, mich mehr für den Schutz der Natur einzusetzen. Gott hat diese Welt so schön geschaffen, und wir sollten wirklich mehr Respekt haben, sie schützen und pflegen. Manchmal habe ich den Eindruck, dass sich Christen zu wenig dafür einsetzen, dabei hat Gott uns doch genau dafür eingesetzt, dass wir auf seine Erde aufpassen.

Der «Einbrecher» in meiner Traumverarbeitung

Es bleibt nicht viel Zeit für alltägliche Dinge. Wir sind in den nächsten Wochen oft unterwegs. Als wir in Udaipur ein Waisenhaus besuchen, höre ich allerlei schreckliche Geschichten. Es werden immer noch viele Mädchen abgetrieben oder nach der Geburt getötet. Es gibt ganz in der Nähe der schönen Stadt sogar einen «See des Todes», wo regelmäßig tote Babys im Gebüsch am Wasser abgelegt werden. Ein paar gute Seelen versuchen etwas dagegen zu unternehmen und die Mütter zu überreden, die Kinder nicht zu töten, sondern ins Waisenhaus zu bringen. Aber Scham und Angst sind wohl zu groß.

Ich weiß nicht genau, ob es an all dem Elend liegt, das mich in Indien dauernd anspringt – aber ich träume viel heftiger, seit ich hier lebe. Vielleicht verdaue ich all die Reize und Geschichten auf diese Weise. Es passiert jedenfalls immer öfter, dass ich nachts aufschrecke.

Letzte Nacht war es besonders schlimm. Ich glaubte fest, da sei ein Mann in unserem Schlafzimmer, und stürzte aus dem Bett, rollte mich auf den Boden in eine Ecke.

Markus wachte auf und war natürlich etwas irritiert. Wir haben beide lachen müssen, aber als ich wieder einzuschlafen versuchte, fühlte ich mich nicht wirklich wohl. In meinen Träumen bin ich in letzter Zeit zu oft auf der Flucht. Wie soll ich das verstehen?

Von der Würde, eine Frau zu sein

Was mich in Indien begeistert? Klare Antwort: die Frauen. Zumindest die meisten. In der Regel nörgeln sie wenig, lächeln fast immer zurück, sind taff und herzlich. Egal, ob sie mit Kind im Arm auf dem Bau arbeiten oder als millionenschwere Geschäftsfrau bei einem Wirtschaftsforum auftreten – sie lassen es sich nicht nehmen, dabei herrlich bunte Gewänder zu tragen. Und dabei wirkt es nicht aufgesetzt oder eitel, sondern ganz normal, natürlich, weiblich. Sie haben keine Angst vor viel Stoff, knalligen Farben und jeder Menge Glitzer. Im Gegenteil: je bunter, desto besser!

Ich teile die Farbenfreude – in Deutschland wurde ich deshalb öfter schräg angeschaut oder für meinen Mut bewundert. Ich liebe Farben. Sie drücken Lebensfreude aus und stecken andere mit guter Laune an.

Was ich allerdings bisher so gar nicht empfinden konnte, war eine Begeisterung für Kleider im Alltag. Es kommt äußerst selten vor, dass ich mal ein Kleid trage. In Jeans und T-Shirt fühle ich mich einfach wohler. Das ist praktischer, und man muss eben weniger aufpassen, wie man sich hinsetzt. Außerdem bin ich mit Jungs aufgewachsen – beim Fußballspielen machen Röcke einfach keinen Sinn.

Als Erwachsene galt es dann, als weibliche Führungskraft unter Männern zu bestehen. Dementsprechend sah mein Kleidungsstil aus.

Doch als ich mich hier in Delhi mit einer Geschäftsfrau anzufreunden begann, fiel mir auf, dass sie immer in traditionellen Kleidern auftaucht und trotzdem Stärke ausstrahlt. Sie trägt ihre Saris auch in Europa und Amerika, weil sie davon überzeugt ist, dass wir Frauen etwas falsch machen, «wenn wir uns wie Männer anziehen, um ernst genommen zu werden».

Egal, in welche «Kaste» man schaut – Schönheit, Schmuck und Kleider sind für eine Inderin sehr wichtig. Vor allem der Sari (ein traditionelles Kleidungsstück) hat eine ganz besondere Bedeutung. Es gibt viele Varianten, dieses fünf bis sechs Meter lange Tuch zu tragen. Art und Farben unterscheiden sich je nach Kultur und Anlass. Vor allem in Indien, Nepal,

Bangladesch, Sri Lanka und auch in Teilen Pakistans sieht man ihn häufig.

Jüngere Inderinnen bevorzugen häufig einen Mix aus westlicher und indischer Kleidung. Fragt man sie jedoch nach ihrem Sari, fangen sie alle an zu strahlen. Es ist, als bekämen sie damit eine Würde, die ihnen niemand nehmen kann. Dabei ist vielen Inderinnen dieses Wort gar nicht so geläufig.

Über den Begriff der Menschenwürde habe ich selbst früher kaum nachgedacht. Bei uns in Deutschland ist sie laut Grundgesetz unantastbar. Wir sind – egal ob Mann, Frau, jung oder alt, arm oder reich – gleich viel wert (oder wir sollten es zumindest sein …). Diesen Denkansatz verdanken wir der christlich-jüdischen Prägung.

Doch wie soll ich hier in Indien einer Frau sagen, dass ihre Würde unantastbar ist – vor allem, wenn diese gerade einen 20-Kilo-Sack auf ihrem Kopf zur Baustelle trägt, wo Männer dann die Feinarbeit übernehmen? Sie hat nie eine Schule besuchen dürfen und schlägt sich als Tagelöhnerin mit ihren Kindern durch – in ihrem bunten Kleid, mit aufrechtem Gang und stolzem Blick.

Die Würde der Frauen hier in Indien ist eine besondere, denn sie erfordert einen harten Kampf, der oft als kleines Mädchen beginnt und ein Leben lang währt.

«Weißt du», erklärt mir meine Freundin Diya, die ich in einer Kirche Delhis kennen gelernt habe, «als Mädchen wirst du meist als minderwertig behandelt.»

Als Diya vor einem Jahr schwanger wurde, obwohl sie laut ärztlichen Untersuchungen eigentlich keine Kinder bekommen kann, lautete die Reaktion vieler Hindus: «Das wird auf jeden Fall ein Junge, denn dass du schwanger bist, ist ein Segen!» Sie bekam ein Mädchen und war überglücklich.

Als ihr Mann das Kind aus dem Krankenhauszimmer trug, sagten ein paar Frauen im Wartesaal: «Oh, mein Beileid. Vielleicht wird das nächste ja ein Junge …»

Ein Mädchen ist hier eben kein Segen. Wie ist es, aufzuwachsen und zu spüren, dass man weniger wert ist als der Bruder? Wie ist es, Angst vor einer Schwangerschaft haben zu müssen, weil man (falls es ein Mädchen wird) nicht ins Elternhaus oder zu den Schwiegereltern zurückkehren kann? Das ist kein abstruser Gedanke. Ich kenne Frauen, die wegen dieser Angst eine Schwangerschaft mit allen Mitteln zu verhindern versuchen.

Was macht es mit einer Seele, wenn man nie um seiner selbst willen wertgeschätzt wird? Vielleicht bekommen sie deshalb diese Stärke, weil sie nicht verbittern und sich im Selbstmitleid suhlen, sondern sich durchs Leben kämpfen. Vielleicht ist so ein bunter Sari nicht nur Ausdruck von weiblicher Schönheit und Anmut, sondern auch eine Art Schutzpanzer. Er gibt eine Portion Selbstwert zurück.

Ich kann von diesen Frauen einiges lernen. Denn auf der Suche nach Gleichberechtigung und Selbstbewusstsein habe ich vielleicht ein wenig den Sinn für «Weiblichkeit» verlernt. Andererseits wünschte ich, mehr Frauen würden aufhören, sich ihrem «Karma» zu fügen, und merken, dass ihre Würde in ihrer Seele begründet liegt, nicht im Äußeren und auch nicht in einer Heirat.

Echte Würde ist ein Geschenk sie lässt sich nicht verdienen oder erkaufen. Sie kommt von oben. Mir wird immer kostbarer, dass Jesus Frauen und Männer gleichwertig behandelt hat, was zu seiner Zeit ungewöhnlich war. Ich bin sehr glücklich, eine Frau zu sein. Und wie schön wäre es, wenn sich jedes Mädchen – ob klein oder groß – in derselben Weise geliebt und wertgeschätzt wissen könnte.

Das mit dem Sari habe ich jetzt auch mal ausprobiert. Ich hatte zum Glück Hilfe von einer Freundin beim «Anziehen» beziehungsweise beim «Umwickeln». Es ist in der Tat ein erhebendes Gefühl, einen Sari zu tragen. Vielleicht gewöhne ich mich noch daran.

Ein indisches Fest: Der Bruder-Schwester-Tag

Noch etwas mag ich wirklich sehr an Indien: die Vielzahl und Kreativität festlicher Anlässe. Einer meiner liebsten ist «Rakhi» (offiziell «Raksha Bandhan»). Hierbei feiert man die Verbundenheit zwischen Bruder und Schwester. Ich finde das toll.

An diesem Tag bindet die Schwester dem Bruder ein Band ums Handgelenk, das symbolisieren soll, dass sie ihn liebhat und für ihn betet und dass er ein Leben lang auf sie aufpasst. Es klingt bei manchen danach, dass nur die Schwester dem Bruder huldigt und um seinen Schutz bittet und es folglich eine etwas einseitige Sache ist. Aber bei einigen Familien ist es auch einfach ein Tag, an dem man seine Geschwister feiert.

Was wäre die Welt ohne diese Verbundenheit? Ich jedenfalls könnte mir ein Leben ohne meine vier Brüder und zwei Schwestern nicht vorstellen. Mein ganzes Leben war und ist durch sie und ihre Kinder viel bunter. Es ist schön zu wissen, dass wir einander auffangen und trotz aller Unterschiedlichkeiten zusammenhalten. In einer großen Familie wird es auch nie langweilig.

Eine besonders starke Verbindung habe ich mit meinem Bruder David. Wir sind zusammen aufgewachsen; ich war ein Nachzügler, und er kam nur zwei Jahre nach mir auf die Welt. Wir haben uns gegenseitig durch alle Zeiten geholfen und uns immer ehrlichen Rat gegeben. Und zusammen erhalten wir uns bis heute ein Stückchen unserer Kindheit.

Als ich mich nach der Hochzeit von ihm verabschieden musste, habe ich Rotz und Wasser geheult. Doch wir werden immer Freunde sein. Gott sei Dank gibt es Skype und E-Mails. Wenn ich wieder in Deutschland lebe, werde ich einen Bruder-Schwester-Feiertag einführen. Vielleicht nur nicht mit Armbändern. Ich glaube, das wäre ihm ein bisschen peinlich …

Überfall im Morgengrauen: Affen-Banden in Delhi

Es gibt eine Affen-Bande in meinem Viertel. In letzter Zeit begegne ich ihr regelmäßig auf dem Weg zum Fitnessstudio. Und zwar meist an einem kleinen Gemüseladen oder am Ende der Straße. Dann raschelt und knackt es in den Zweigen der Bäume, weil die Affen gerade ihr Unwesen treiben.

Oft versucht ein Wachmann, sie mit einem Stock oder einer Art Steinschleuder zu vertreiben, aber so einfach ist das nicht. Manchmal taucht «die Affenpolizei» auch in meiner Nachbarschaft auf: ein Mann mit langem Stock und zwei Hunden. Aber so richtig scheint die Taktik nicht zu funktionieren, da die Hunde zwar bellen, aber nicht klettern können.

Früher hat man mit trainierten Languren die kleinere Affenart vertrieben – man nahm ihnen die Leine ab und ließ sie mit Gebrüll auf die Makaken los. Diese suchten aus Furcht vor den natürlichen Feinden schnell das Weite. Allerdings soll seit einiger Zeit das Halten von Languren verboten sein, aus Tierschutzgründen. Der anschließende Versuch, die Affen-Gangs mit Plastik-Languren zu erschrecken, schlug völlig fehl …

Mittlerweile leidet unser Wohnviertel unter einer regelrechten Affen-Plage. Unsere Haushaltshilfe haben sie schon beim Einkaufen auf dem Markt überfallen und ihr das Obst aus der Tüte gerissen. Freundinnen von mir beklagten sich vor kurzem, dass sie von einer Affen-Familie angegriffen und sogar gekratzt und gebissen wurden. Sie mussten ins Krankenhaus fahren, um Injektionen zu kriegen und so die Übertragung gefährlicher Krankheiten auszuschließen.

In der Zeitung habe ich gelesen, dass Affen auch Alkohol stehlen, in Autos einbrechen und sogar in Krankenhäusern und Regierungsgebäuden Probleme verursacht haben …

Ich dagegen finde Affen unheimlich unterhaltsam, sie haben mich schon als Kind im Disney-Zeichentrickfilm «Dschungelbuch» begeistert, und bisher haben sie mich nie geärgert. Manchmal, wenn es nicht zu heiß ist, beobachte ich eine Affen-Kolonie im nahegelegenen Park. Immer wieder scheint es fast, als würden sie komische Posen einnehmen, wenn ich sie fotografiere, aber vielleicht bilde ich mir das auch nur ein.

Nein, ich kann mich wirklich nicht über sie beschweren. Nur einmal haben sie mir beim Frühstücken auf einer Terrasse mein Obst geklaut. Sie sprangen wie aus dem Nichts auf den Tisch und schnappten sich, was sie kriegen konnten.

Eine andere schräge Erfahrung mit Affen habe ich auf dem Weg zum angeblich «heiligen Berg» Mount Abu in Rajasthan gemacht. Wir fahren Serpentinen hinauf, als ich plötzlich sehe, wie Jugendliche in einem Bus die Fenster öffnen und einige Packungen von Keksen aus dem Fenster werfen.

Es dauert keine Sekunde, bis Affen auf die Straße springen, sich die Kekse schnappen und das Plastik aufreißen. Unser Fahrer bremst. Dann poltert es – ein anderer Affe landet auf unserer Motorhaube, krallt sich dann an der Seite fest und schaut gierig durchs Beifahrerfenster. Ich habe mich ganz schön erschreckt und frage mich, wieso in aller Welt die Leute hier Affen füttern.

Eine Erklärung bekomme ich, als ich einen Tempel besuche, in dem zahlreiche Affen hausen. Sie werden von einigen Hindus gefüttert und äußerst geschätzt. Affen gehören wie Kühe zu den «heiligen Tieren» in Indien.

«Wenn wir sie füttern, dann tun wir etwas Gutes für unser Karma!», erklärt mir ein freundlicher, spindeldürrer Tempel-Aufseher. «Das hier», fährt er fort, «das ist der Tempel von Hanuman, dem Affengott! Er lebt in den Affen!»

Hanuman ist einer der beliebtesten indischen Götter. Ich erinnere mich, dass ich ihn schon öfter bei meinen Reisen als Statue gesehen habe – als riesigen Affen mit einem aufgerissenen Herzen, in dem zwei Gestalten stehen, Sita und Rama. Der

106

Affengott wird als Held des hinduistischen Epos «Ramayama» verehrt.

«Er kann fliegen, seine Größe und Gestalt ändern, Städte mit seinem Schwanz in Brand setzen und Berge ausreißen», erfahre ich weiter vom Tempel-Aufseher, der gar nicht mehr aufhören will, mir eine Geschichte nach der anderen zu erzählen. Der Affengott Hanuman gilt für ihn als perfekter Diener und Freund.

Als ich wieder zu Hause ankomme, frage ich meine indische Freundin Asha, was sie über die vielen Affen und den Affengott denkt. Sie ist schließlich eine gebildete Frau und stolze Hindu.

«Also, ich glaube nicht an eine Reinkarnation von Hanuman in Affen – das ist nur eine Geschichte. Weißt du, in China werden alle Tiere gegessen, auch Frösche und Hunde … Hier in Indien würden wir wohl auch alle Affen, Ratten und Kühe aufessen, wenn sie nicht heilig wären. Es ist eine Mischung aus Religion, Erziehung und Kultur. Der Pfau und der Tiger sind zum Beispiel unsere Nationaltiere, wer sie tötet, kommt ins Gefängnis. Wenn du damit aufwächst, dass du im nächsten Leben ein Tier werden könntest, behandelst du sie anders, man weiß ja nie …»

An dieser Stelle will ich noch etwas nachbohren und frage sie, welche Tiere man denn ihrer Meinung nach essen dürfe.

«Ich esse nur Tiere mit wenig Empfinden, also Fische, Garnelen und Krabben und so … und nur selten Hühnchen. Denn die haben mehr Neuronen und dadurch auch mehr Empfindung. Wir Menschen haben unheimlich viele Neuronen und Gefühlswahrnehmungen, und es gibt im Tierreich einige Arten, die viel fühlen, wie Affen und Kühe. Die esse ich nicht.»

Jetzt bin ich noch verwirrter als vorher und setze mich an den Computer. Schon nach kurzer Recherche wird mir klar: Die wissenschaftlichen Erkenntnisse zur Schmerzwahrnehmung der Tiere sind echt interessant! Demnach können Fische, Krabben und Oktopusse sehr wohl Schmerz empfinden,

Insekten aber vermutlich nicht. Das schrumpelige und unglaublich hässliche Tierchen Nacktmull ist offenbar extrem schmerzresistent und wird seit längerem untersucht, um Medikamente für die Schmerztherapie zu entwickeln.

Was gibt es doch für lustige Wesen auf dieser bunten Welt! Gott hat echt Fantasie. Und ich freue mich jetzt schon auf den Gesichtsausdruck meiner Freundin, wenn ich ihr morgen vorschlage, in Zukunft statt Fisch und Garnelen lieber Nacktmull und Insekten zu essen.

Ich gehe in die Küche und mache mir einen Salat. Ich bin Vegetarierin, aber nicht, weil ich an heilige Tiere glaube oder Angst habe, aus Versehen meine verstorbene Großmutter zu verspeisen. Während ich also das Gemüse schneide und mir Gedanken darüber mache, dass hier in Indien Tiere oft viel besser behandelt werden als Menschen, poltert es plötzlich an die Scheibe. Ich traue meinen Augen nicht: Es sind zwei Affen, ein kleiner und ein größerer, die beide hungrig durch das Fenster starren. Ich flüchte mit meinem Salat ins Wohnzimmer. Die Affen-Gang hat mein Zuhause gefunden …

Bad News

Egal ob in Indien oder in Deutschland, manchmal macht die Zeitungslektüre echt keine Freude. Ich lese von der Ermordung einer Frau vor sieben Jahren – und dass jetzt endlich das Urteil gesprochen wurde. Manche Fälle dauern sogar noch länger.

Maria erzählt mir, dass manche zwanzig Jahre auf das Urteil warten. «Nur wer Macht hat, bekommt geringe Strafen. Oder wer reich ist. Es ist nicht gerecht.»

Neben Berichten über vergewaltigte Obdachlose und Kinder in Frauenhäusern schockiert mich aber noch eine andere Geschichte: Bei meiner ersten Reise nach Indien war ich im

November letzten Jahres doch von kleinen Jungen begrabscht und mit obszönen Sätzen belästigt worden.

Nun lese ich in der Tageszeitung, dass in Delhi viele Kinder schon im Alter von nur zehn Jahren pornosüchtig sind. Sie werden von älteren «Freunden» dazu gebracht. Zuerst zahlen sie zehn Rupien. Dann verlangen die Pornobesitzer immer mehr Geld, und die Kinder betteln, um ihre Sucht zu befriedigen. Zehn Prozent der Straßenkinder sollen pornosüchtig sein. Ich kann das kaum glauben.

Was für eine schreckliche Kindheit ist das, wenn man eh schon auf der Straße lebt und dann noch zu solch einer Sucht gebracht wird. Es gibt also nicht nur «Klebstoff-Zuhälter» und «Bettelringe», die die kleinen Kinder benutzen, um an das Geld der Inder und ausländischen Touristen zu kommen.

Kalkutta: Zwischen Nonnen, Leid und Lebensfreude

Ich halte eigentlich nichts davon, einen Menschen heiligzusprechen. Und als Protestantin habe ich mit dem Katholizismus in manchen Bereichen Probleme. Aber das, was ich in Kalkutta erlebt habe, löste dermaßen viel in mir aus, dass ich mich im Anschluss mehr mit Mutter Teresas Werk und ihrem Leben beschäftigen wollte.

Wir sind gerade vor Ort, als ihre Heiligsprechung vollzogen und auch in Kalkutta gewürdigt wird – zu diesem Anlass wird eine Statue von ihr enthüllt, und einige Reden werden gehalten. Es gibt nicht viele Christen in dieser Gegend, vielleicht gerade mal ein Prozent der Bevölkerung.

Ich darf Markus zu einem Heim für psychisch kranke Frauen begleiten, das nur selten von Journalisten besucht werden darf. Uns begrüßt eine Nonne aus Deutschland: Schwester Benedikta, eine gebürtige Thüringerin, vom Orden der «Missionarinnen der Nächstenliebe». Ich habe selten so eine fröhliche, gütige und lustige Person getroffen. Sie strahlt einfach von innen, ohne sich ihrer Wirkung bewusst zu sein. Sie zeigt uns das Gebäude und wird immer wieder von Frauen und Mädchen umarmt, begrüßt und geneckt.

Ein Mädchen mit starken Angstpsychosen kommt im Nachthemd aus einem Raum und erblickt uns. Es dauert ganze fünf Sekunden, und sie steht vor mir, starrt mich mit offenem Mund an. Ihre weit aufgerissenen Augen machen mir etwas Sorge, aber gleichzeitig sehe ich eine Art von Begeisterung über unseren Besuch.

Sie nimmt meine Hand und lässt sie nicht mehr los. Nach einer Weile ist der Druck ihrer Hand so groß, dass ich meine kaum noch spüre. Sie läuft neben mir durch die Räume und redet immer wieder undeutliche Sätze, strahlt mich an, und als eine Betreuerin kommt, um sie zurück zu ihrem Klassenraum zu bringen, fängt sie furchtbar an zu schreien und sich auf den Boden zu werfen.

Ich sage, dass sie ruhig bei mir bleiben kann, wenn das okay ist.

Die Betreuerin lächelt. «In Ordnung, aber nachher gehst du wieder in den Unterricht.»

Das Mädchen springt auf, und bevor ich ihr die andere Hand geben kann, schnappt sie sich wieder die von zuvor …

Siebenhundert junge und alte Frauen leben hier. Manche von ihnen sind schwer traumatisiert, einige haben ihren Verstand verloren, weil ihnen zu viel menschliche Grausamkeit widerfahren ist.

«Der Hauptgrund, warum die meisten hier sind, ist Missbrauch, sexueller Missbrauch, körperliche Gewalt zu Hause oder auf der Straße», erklärt Schwester Benedikta.

Einige sind vergewaltigt und dann von der eigenen Familie aus dem Haus geworfen worden. Eine Frau ist voller Narben. Sie wurde vergewaltigt, von ihrer Familie geächtet und hat danach versucht, sich das Leben zu nehmen. Sie wollte sich verbrennen und hat doch überlebt. Fremde haben sie hier abgeliefert.

Immer wieder bringt auch die Polizei Frauen vorbei, die niemand mehr haben will, und Todkranke, die keinen Ort zum Sterben haben.

«Wir können nicht immer viel für sie tun. Aber sie können hier lernen, dass das Leben schön ist und dass sie schön sind und eine Würde haben. Dass sie sich und die anderen respektieren lernen – das versuchen wir ihnen beizubringen», berichtet Benedikta.

Wir gehen durch die Gänge. In einem Raum bastelt eine Gruppe mit alten Zeitungen, andere lernen Stricken und Nähen. So können sie sich vielleicht besser selbst versorgen und etwas Geld verdienen, wenn sie stark genug sind, um das Haus wieder zu verlassen.

In einem Flur wird Gymnastik zu Musik gemacht, in einem anderen wird gemalt. Drei junge Frauen sitzen um einen Tisch und machen ein Gesellschaftsspiel. Zwei von ihnen wissen nicht mal mehr ihren Namen. Sie haben alles vergessen.

Ich habe schon oft von Hindus gehört, dass Krankheit jedermanns eigenes Problem ist und Mitleid fehl am Platz – weil diese Leute selber die Schuld an ihrem Schicksal tragen. Karma, Sünden aus dem letzten Leben, gilt es zu bezahlen …

Wenn ich diese Frauen sehe, dreht sich mir bei dieser Vorstellung von Schuld und Sühne der Magen um.

Ein paar Studentinnen aus Südamerika laufen an uns vorbei in Richtung Küche. Sie sind für einige Monate hier, um zu helfen.

«Man kann einfach zum Hauptbüro in Kalkutta gehen und sagen, wie viel Zeit man hat und was man gerne tun würde. Es ist toll, hier zu sein. Es gibt ja nur sieben Nonnen und jede Menge Arbeit. Ständig werden Frauen hier abgegeben, und das Schlimme ist: Meist will sie niemand zurückhaben, und die Familien sagen das auch ganz offen und direkt, dass sie

111

sie nie wiedersehen wollen. Sie sind wohl eine Schande für die Familie oder so.»

Meine kleine «Freundin» taucht wieder auf und klammert sich mit einem lauten Freudenschrei an meine Hand. Ich lache und schaue in ihr Gesicht. Sie ist nicht schön, mit ihren kurzen Haaren, all den fehlenden Zähnen und den weit aufgerissenen Augen. Aber ich weiß, dass Gott sie liebhat und dass ich sie durch seine Augen sehen sollte.

Liebe für die Menschen, Liebe für den Nächsten. Hier hat das ein ganz anderes Gewicht als in meinem Alltag.

«Gibt es denn für manche der Frauen doch ein Zurück in ihre Familien oder in ihr altes Leben?», frage ich.

«Ab und zu», lautet die Antwort. «Aber leider ist dieses ‹ab und zu› sehr selten. Wir versuchen, Kontakt zu den Familien aufzunehmen und eine Brücke zu bauen. Aber es ist sehr schwer.»

Wenn die Liebe fehlt

Wir wollen sehen, wo alles angefangen hat – und wo Mutter Teresa sich in Kalkutta um die Kranken und Sterbenden kümmerte.

Wir betreten das Haus. Der Schlafsaal ist voller spindeldürrer kranker Männer. In einem anderen Raum verteilen Nonnen und freiwillige Helfer Essen an Obdachlose. Eine Nonne, die mit Mutter Teresa zusammengearbeitet hat, schließe ich besonders ins Herz. Sie hat ein rundes Gesicht, ein herzliches Lachen und mag es überhaupt nicht, fotografiert zu werden.

Sie führt uns durch die Häuser und beschreibt das Leben und Arbeiten hier. Ich schaue mir vom Dach aus die Umgebung an. Direkt nebenan ist ein hinduistischer Tempel. Bettler liegen auf den Straßen, viele von ihnen sind verkrüppelt. Es ist kein schöner Ort. Und mittendrin versuchen Menschen zu lieben. Nicht weil sie besser sind als andere, sondern weil sie einem Gott der Liebe dienen.

Hier hat alles angefangen.

Mutter Teresa hatte einen kleinen Raum zur Verfügung, in dem sie sich um die Leprakranken kümmern durfte, der Stadtrat hatte es ihr wohl erlaubt. Viele Hindus wollten sie nicht hier neben dem Tempel sehen, die Christin, die sich um die Seelen und Körper der Todkranken kümmerte. Also versammelte sich ein großer Mob und bedrohte die Schwestern. Durch den Aufruhr wurde die Polizei alarmiert, und auch der Bürgermeister kam. Dieser hörte sich den wütenden Mob an.

Dann soll er Folgendes erwidert haben: «Na gut, ihr wollt die Schwestern nicht. Dann sagt mir: Wer von euch will sich von nun an um diese Leprakranken kümmern? Wer von euch wird die eiternden Wunden auswaschen und diese Leute pflegen?»

Niemand. Die Antwort war simpel. Keiner wollte das. Also durfte sie bleiben.

Ich habe in den darauffolgenden Tagen oft darüber nachdenken müssen, was christliche Nächstenliebe eigentlich ist. Warum sie unser Markenzeichen sein sollte. Und warum es mir oft an Liebe fehlt. Nicht so sehr für meine Freunde und Familie, für sie würde ich fast alles tun. Aber für die Menschen im Allgemeinen empfinde ich öfter andere Gefühle als Liebe …

Ich bin Welten davon entfernt, wie Mutter Teresa sagen zu können, dass ich «ein Stift in der Hand Gottes bin, der einen Liebesbrief an die Menschen schreibt». Ich empfinde mich manchmal eher als ein «Wut-Kuli» – und ganz sicher nicht gefüllt mit der Tinte *heiligen* Zorns …

Manchmal könnte ich die ganze Welt umarmen und würde sofort ein Straßenkind adoptieren – und schon im nächsten Moment wünsche ich einem hupenden Mopedfahrer den

Tod. Meine Liebe ist eng verknüpft mit Umständen und eigenen Befindlichkeiten.

Ich verstehe nicht, wie Gott derart viel für uns empfinden kann. Menschen machen so viel kaputt in dieser Welt, tun sich dauernd weh, sind egoistisch und machthungrig.

Aber vielleicht liegt genau da mein «Problem»? Schaue ich zu sehr auf meine Liebes(un)fähigkeit und die Liebensunwürdigkeit der Menschen – statt mich auf die Liebe zu konzentrieren, die von Gott kommt und Kraft hat, Menschen zu verändern?

Für uns Christen ist es das wichtigste Gebot: Gott und die Menschen zu lieben. Ich frage mich selten, ob das, was ich tue, auch mit Liebe geschieht. Nach der Kalkutta-Reise nehme ich mir vor, jeden Tag dafür zu beten, dass die Liebe Gottes mir größer und bewusster wird. Ich brauche mehr davon im eigenen Herzen, damit ich selbst mehr lieben kann.

Übrigens habe ich beim Lesen von Mutter Teresas Zitaten auch eines gefunden, das mir als Stütze für den Alltag sinnvoll schien: «Friede beginnt mit einem Lächeln. Lächle fünfmal am Tag einem Menschen zu, dem du gar nicht zulächeln willst …»

Ich habe es versucht, wirklich! Aber ich kam mir dabei irgendwie seltsam vor, außerdem verstanden es Männer schnell falsch. Ich reduziere die Anzahl meiner täglichen «Anlächel-Einheiten» also auf drei Kinder oder Frauen. Bei hupenden Autofahrern kriege ich es aber noch nicht hin. Es ist wohl ein langer Weg, aber vielleicht kann man selbst Liebe üben. Mit Geduld kommt auch die Schnecke irgendwann an ihr Ziel …

Hochzeit im Nagaland

«Du fliegst alleine ins Nagaland? Da musst du aber aufpassen. Die Nagas essen alles – Hunde, Frösche, Schlangen, Spinnen, Bienennester …»

Die Liste, die nun folgt, ist lang, und ich muss lachen, denn meine Freundin Asha übertreibt bestimmt. Dass ich zu einer Hochzeit eingeladen werde, obwohl ich die Brautleute gar nicht kenne, irritiert mich etwas, aber in Indien ist das kein Einzelfall. Bei 1500 geladenen Gästen werde ich wohl eh nicht auffallen, es sei denn als Europäerin.

Zusammen mit dem Pastor unserer Gemeinde und seiner Frau Aleika fliege ich also via Kalkutta und Dimapur in den äußersten Nordosten Indiens. Er soll bei der Trauung einen Part übernehmen, das hat sich der Bräutigam gewünscht. Sie sind schon lange befreundet.

Während der Reise haben wir die Gelegenheit, uns besser kennen zu lernen, und ich gewinne die beiden echt lieb, sie sind sehr offen, humorvoll und tiefsinnig.

Es ist so anders hier – die Luft ist frisch, es ist hügelig, und die Natur erstrahlt ganz wie in meiner Heimat in saftigem Grün. Wir fahren stundenlang Serpentinen hinauf, bis mir schlecht wird. An den Straßenrändern verkaufen Einheimische allerlei Gemüse, aber auch Bienenstöcke, Wurzeln und Dinge, die ich nicht identifizieren kann.

Nach elf Stunden Reise kommen wir endlich an. Die Natur erinnert mich an Bhutan. Blumenkohl wächst aus den Mauern, und allerlei Vögel tummeln sich in den Bäumen.

Die Nagas sind sehr freundlich, die Frauen wirken viel gleichberechtigter und selbstbewusster als in anderen indischen Gegenden. Nagaland ist einer der wenigen Bundesstaaten Indiens, in denen überwiegend Christen leben.

Rund 88 Prozent der Bevölkerung sind Baptisten.

Wir übernachten in einem kleinen Ort. Die Mutter des Bräutigams empfängt uns und ist sichtlich nervös. So ein Fest ist nicht einfach zu organisieren, auch wenn die gesamte Verwandtschaft der Braut in Bereitschaft ist.

Die Sippe ist in diesem Teil Indiens besonders wichtig, der Zusammenhalt ist gewaltig. Alle helfen mit, bauen das Zelt für die Feier auf, stellen die Stühle bereit, machen Fahrdienste vom Flughafen und bereiten die Deko und das Essen für 1500 Gäste vor.

Das ist hier immer so – wenn jemand heiratet oder sonst irgendwas Wichtiges passiert, helfen alle tatkräftig mit. Für den Bräutigam ist das auch einer der Gründe, warum er unbedingt dazugehören will. Sumit ist ein Einzelkind und hat sich diese Art von Großfamilie immer gewünscht.

Er musste zehn Jahre warten, bis er seine Liebste heiraten durfte. Denn ihre Eltern waren zu Anfang nicht so begeistert, sie hätten lieber einen Schwiegersohn aus dem Nagaland bekommen und nicht einen Großstadt-Jungen aus Delhi. Sumit ist Christ geworden. Seine Mutter ist nicht so ganz begeistert, aber sie unterstützt ihn und schwitzt bei den Unsummen an Geld, die diese Hochzeit verschlingt. In Indien dauern Hochzeiten mehrere Tage, und sie sind sehr kostenintensiv.

Es gibt einige Rituale, die mir doch sehr fremd sind. So wird als Brauch vor der Hochzeit vom Familienclan ein riesiges Schwein erschossen. Anschließend trägt es der Bräutigam mit Unterstützung von Familienmitgliedern zu einem Platz. Stammesälteste kommen dorthin, um sich die Wirbelsäule des Tieres anzuschauen und darüber die Beschaffenheit und Qualität der Ehe vorauszusagen …

Das Schwein soll sehr teuer gewesen sein, «dafür haben wir 68.000 bezahlt! Ein Schwein symbolisiert Status und Wertschätzung!», sagt uns der Bräutigam. Das Fleisch wird schließlich in Stücke geschnitten, und Freunde kaufen es, bezahlen dafür einen guten Preis an die Braut. Ich traue mich nicht zu fragen, ob er von 68.000 Dollar oder Rupien spricht …

Die Hochzeit ist anders, als ich es von Deutschland gewohnt bin. Die Trauung in der Kirche ist unpersönlich und kurz. Die Braut trägt ein mega kitschiges Kleid, zeigt während der Zeremonie aber keinerlei Gefühle, nur Sumit verdrückt ein paar Tränen – kein Wunder, er hat ja auch zehn Jahre auf diesen Moment warten müssen.

Es ist schon interessant, wie viel Macht der Clan hier noch hat. Es ist nicht erwünscht, dass die Kinder jemanden heiraten, der nicht auch aus Nagaland kommt. Die Nagas wollen gerne unabhängig von Indien werden. Sie sind so anders und haben ihre eigene Kultur: Christen, die dennoch stark von irgendwelchen asiatischen Bräuchen geprägt sind.

Es soll im Nagaland, so höre ich von einem Hochzeitsgast, um die zwanzig Stämme geben. Ein ganz besonderes Highlight soll das Hornbill-Festival im Dezember sein, dann kommen aus allen Orten alle Stämme zusammen, und sie feiern zusammen eine Woche lang ihre Kultur.

Nach der Trauung in der Kirche gibt es ein getrenntes Programm. Da wir nicht zur Familie gehören, warten wir und vertreiben uns die Zeit. Im Dorf soll es die schärfste Chilischote der Welt geben, also lassen wir uns hinfahren und gehen einkaufen. Der Verkäufer erzählt mir, dass die Amerikaner diese Chilisorte benutzen sollen, um Gasbomben und Pfefferspray herzustellen.

Ich kaufe ein paar – nicht sicher, was ich damit anstellen werde, aber vielleicht werde ich in einem mutigen Moment ein kleines Eckchen davon als Gewürz verwenden, denn zu viel davon sollte man nicht essen, das kann lebensbedrohlich werden.

Während wir die Gegend erkunden, darf sich der Bräutigam eine Stunde lang eine Lektion darüber anhören, was einen guten Ehemann ausmacht – vom Stamm seiner Ehefrau. Das finde ich irgendwie lustig. Warum gibt es das bei uns nicht? Ich stelle mir gerade vor, wie sich Markus von meinen Brüdern, meinem Vater und meinen Verwandten beraten lässt … herrlicher Gedanke.

Sumit ist ziemlich aufgeregt – er bekommt endlich eine richtige Familie. Er ist ohne Vater aufgewachsen, ohne Geschwister. Jetzt ist er Teil einer starken Gemeinschaft. Ich finde einige Dinge zwar seltsam, aber der Zusammenhalt und die Treue hier sind bemerkenswert. Ich komme auch aus einer großen Familie, und ich bin sehr dankbar dafür. Man hat einfach eine andere Sicherheit und Rolle im Leben und kann sich aufeinander verlassen. Und ja, gerade jetzt vermisse ich meine Eltern und Geschwister, vor allem Debora und David.

Dann geht es ins Zelt, das mit Lichterketten geschmückt ist. Die Warteschlange am vegetarischen Buffet ist kurz – was mein Glück ist. Die fleischessenden Gäste warten länger. Mir wird empfohlen, Blut-Curry zu probieren, aber ich lehne dankend ab. Ich sitze neben Sumits Mutter und deren Schwester, die aus Assam kommt. Sie schenkt mir grünen Tee, weil sie mich lustig findet. So was habe ich auch noch nicht erlebt.

Ich erfahre, dass der beste (nämlich der erste) Tee-Schnitt noch immer zur Queen nach England geschickt wird. Die Leute in Assam bekommen nichts vom guten Tee ab, sie leben mit dem allerletzten Rest, das ist doch wirklich gemein. Überhaupt ist das Leben auf diesen Plantagen sicher nicht einfach. Man hört immer wieder von Ausbeutung.

Einen Tag später geht es zurück. Auf dem Weg kaufe ich Ananas, sie soll hier außergewöhnlich gut schmecken. An den kleinen Straßenständen kann man auch Bambus und Bienenstöcke erwerben. Der Verkäufer erklärt mir, dass man sie brät und sie wohl besonders knusprig schmecken … Ich sehe die noch lebenden Bienenlarven, und mich schüttelt es etwas.

Wir erreichen den absolut kleinsten Flughafen, den ich in Indien bisher gesehen habe. Es gibt keine Klimaanlage und auch keine Getränke zu kaufen. Wir lachen viel, genießen die smogfreie Luft, und wieder wandern meine Gedanken zu meinem «Clan» zu Hause. Es ist doch schön, eine Familie zu haben, in der alle zusammenhalten. Und es ist auch schön, eine

Gemeinde zu haben, die sich als solche versteht. Das ist wirklich kostbar, vor allem hier in Indien, wo ich keine Familie in Reichweite habe.

In Delhi angekommen, schlachte ich eine Ananas aus Nagaland. Sie hält, was man mir versprochen hat: Es ist die herrlichste Ananas-Erfahrung meines Lebens. Und deshalb esse ich gleich zwei am selben Abend …

Wenn man im Ausland lebt, hat der Abstand zur Heimat, zu Freunden und Familie den Vorteil, dass man sich neu sortieren und kennen lernen kann. Man trifft auf völlig neue Leute und macht neue Erfahrungen, und man kann seine bisherige Sicht und die bisherigen Verhaltensweisen ohne den gewohnten Kontext überprüfen. Tatsächlich lerne ich hier in Indien, so vieles anders zu bewerten, werde in manchen Dingen bestätigt und in anderen herausgefordert oder korrigiert. Und das tut gut. Andererseits fehlen mir Menschen, die ich liebhabe, die mich kennen und denen ich mich nicht erklären muss. Menschen, die meine Sprache sprechen, in mehrfacher Hinsicht.

Als ich die Nachricht bekomme, dass mein Cousin Andi gestorben ist, sind wir gerade in Delhi. Erst will ich es nicht glauben. Ich sperre mich ins Badezimmer ein und weine. Wer Andi kannte, weiß, wie schwer es ist, sich von ihm zu verabschieden. Er war eher ein Bruder als ein Cousin, er war lustig, hatte Jesus und die Menschen lieb und ein originelles, gütiges Wesen.

Ich kann nicht zur Beerdigung gehen und habe ein paar Tage später die Trauerpredigt dann als Audio-Aufnahme zugeschickt bekommen. Andi war genauso alt wie Markus. Der Gedanke daran, was wäre, wenn Markus am nächsten Morgen nicht mehr aufwachen würde, lässt mich nicht mehr los. Es gibt Dinge, die tun allein bei der Vorstellung schon allzu sehr weh.

Zu Gast im ärmsten Bundesstaat Indiens

Eines Nachts bin ich aufgeschreckt und habe geschrien.

«Es ging mal wieder um Leben und Tod», sagt Markus, den es sehr erschrocken haben muss, dass ich so viel Angst hatte.

Ich selbst kann mich an diesen Traum nicht erinnern.

Wir sind wieder auf dem Weg zum Flughafen. Ich wundere mich, warum die Straßen so leer sind. Der Taxifahrer erklärt, dass aufgrund des Feiertags vielleicht weniger los sei.

«Heute fasten die Ehefrauen für ihre Ehemänner – damit die Männer ein langes, gutes Leben haben!»

Was für eine lustige Idee. Ich frage, ob es auch einen Tag gibt, an dem die Männer für ihre Frauen fasten, aber das wehrt der Fahrer lachend ab. Er erklärt, dass auch nicht mehr alle Frauen für ihre Männer fasten – anscheinend sind es mehr die Hausfrauen und nicht so sehr die berufstätigen Frauen, die sich an diese Tradition halten. Ich schreibe mir das in mein Notizbuch. Wenn ich von dieser Reise zurückkomme, will ich mehr über diesen Brauch wissen und meine indischen Freundinnen fragen, was sie davon halten.

Unsere erste Station ist eine kleine Stadt namens Koderma, ein hässlicher, staubiger Ort. Touristen sieht man hier wohl eher selten, die Menschen starren uns auf eine sehr unangenehme Weise an. Wir steigen im gruseligsten «Hotel» ab, das ich je zu Gesicht bekommen habe.

Markus lacht sich schlapp, weil das Hochglanz-Foto im Internet wirklich gar nichts mit der Wirklichkeit gemeinsam hat. Die Gardinen riechen nach Urin und irgendeinem anderen undefinierbaren Zeug. Das Bett ist voller Flecken und kleiner Tierchen.

Ich kriege in dieser Nacht kaum ein Auge zu, der Gestank hält mich wach, es ist laut, und mir krabbeln mehrfach Spinnen über das Gesicht. Auch Markus kann vor Ekel kaum schlafen, was sonst selten vorkommt. Wir stehen also sehr früh auf und kämpfen beide mit übelsten Kopfschmerzen.

Kinder in Minen und Schimmer in unserem Gesicht

Die Dörfer hier in Ostindien sind bitterarm. Es gibt keine Arbeit. Manche versuchen es mit dem Anbau von Gemüse und leben von der Hand in den Mund.

Wir werden in ein Dorf gebracht, wo Kinderarbeit noch immer die Regel ist. Die Familie, die wir besuchen, ist sehr arm. Sie leben in einem Lehmhaus, das in der Regenzeit ganz schön gelitten hat. Das ganze Dorf scheint neugierig zusammenzukommen.

Einige Ziegen, Schweine und Hühner laufen um uns herum. Es fühlt sich an, als sei hier die Zeit seit vielen Jahren stehen geblieben. Ich spaziere durch den Ort. Einige Frauen entlausen ein kleines Kind, ein anderes wird mit Lehm eingerieben – anscheinend, um es vor irgendetwas zu schützen. Einige der Lehmhäuser werden ausgebessert, und eine Frau scheucht eine Horde Ziegen über die Wiesen. Die Häuser sind sehr klein, die Menschen auch.

Mir tun die Kinder sehr leid, die nicht zur Schule gehen können. Offiziell ist Kinderarbeit in Indien verboten. Aber wie so viele Familien hat auch diese kaum genug zum Leben und ist auf jede Hand in den Minen angewiesen – und sei sie noch so klein.

Wir spazieren mit dem Vater, der Mutter und ihren beiden Kindern in die Mine. Wir müssen vorsichtig sein. Denn die Minen sind offiziell stillgelegt, und die Arbeit hier ist illegal. Männer auf Motorrädern fahren an uns vorbei, halten uns an und stellen Fragen. Es scheint eine «Minen-Mafia» zu geben, und die wollen keine schlechte Presse.

Wir folgen der Familie über kleine Pfade durch den Wald, bis wir eine der Minen erreichen. Überall glitzert es. *Mica.*

Glimmer. Ein Mineral. Wenn es fertig verarbeitet ist, wird es in der Kosmetik – auch in der Naturkosmetik – eingesetzt, es sorgt für einen feinen Schimmer und UV-Schutz. Wahrscheinlich habe ich es selbst schon in Gesichtspuder, Lippenstiften, Nagellack oder Lidschatten getragen – ohne mir dessen bewusst zu sein. Aber *Mica* (es kann auch als Kürzel CI 77019 auftauchen) wird auch in Bremsbelägen, Reifen, Toastern oder Autolacken verarbeitet.

Das Kinderhilfswerk «Terre des Hommes» brachte im Jahr 2016 hierzu eine Studie heraus. Die Organisation schätzt, dass 20.000 Kinder in den Minen arbeiten, aber ganz exakt ist diese Zahl mit Sicherheit nicht, es lässt sich einfach schwer überprüfen.

Die Kinder sind flink, vor allem die kleinsten, die barfuß herumklettern und in kurzer Zeit eine Menge Glimmer zu ihren Eltern in ein Gefäß bringen. Pro Kilo bekommen sie zehn Rupien, und wenn die Woche gut läuft, sammeln sie als Familie hundert Kilo – sie verdienen im besten Fall also um die dreizehn Euro pro Woche.

Immer wieder sterben Menschen in den Minen, auch Kinder. Die Arbeit ist gefährlich, nicht nur in den tiefen Schächten. Das Mineral kann einigen Schaden in den Atemwegen, der Haut und im Blut anrichten. Schnittwunden passieren sehr schnell. Eine weitere Gefahr sind Schlangen und andere Tiere, die in den Wäldern und Minengebieten leben.

Das Schwierige an der ganzen Sache ist, dass es so viele Zwischenhändler und Verarbeitungsstätten gibt und man gar nicht an die «Schuldigen» rankommt. Die Großhändler verkaufen es dann weiter, und bis zur Endfertigung im Ausland gibt es auch noch einige Zwischenstationen. Die armen indischen Bundesstaaten Jharkhand und Bihar sollen rund ein Viertel des weltweiten Abbaus von *Mica* ausmachen. Und das, obwohl fast alle Minen illegal sind.

Auch viele deutsche Firmen sollen Glimmer verwenden. Einige Unternehmen wollen das Mineral durch synthetische Stoffe ersetzen. Es gibt verschiedene Versuche, die Verwendung und damit auch die Kinderarbeit zu stoppen. Aber ich finde das schwierig. Natürlich ist es ein nobler Zug. Aber wenn die Menschen dort nicht mehr nach *Mica* suchen, werden sie schlicht und ergreifend verhungern. Wenn man ihnen keine Alternative gibt und ihnen den einzigen Weg nimmt, ihren Lebensunterhalt zu verdienen, dann ist das ihr Ende.

Diese Kinder in den Minen machen mich nachdenklich und etwas beschämt. Ich hatte keine angenehme Zeit in der Schule. Ich bin nie gerne hingegangen. Und habe es immer auf die schlechten Lehrer, die fiesen Mitschüler oder meine Faulheit geschoben. Aber ich habe auch nie versucht, das Lernen als Privileg oder Geschenk zu sehen, sondern es immer nur als Bürde wahrgenommen. Vielleicht hätte ich als Zwölfjährige mal einen Tag hier in Jharkhand verbringen sollen …

Wir besuchen einige Orte mit interessanten Geschichten. So lernen wir auch eine Kleinstadt kennen, in der Telemedizin praktiziert wird, weil es vor Ort einfach keine Ärzte gibt. Hier kommen die Kranken aus dem Umland in einen kleinen Kellerraum und bezahlen etwas Geld, um über das Internet von einem Arzt eine Ferndiagnose und Anweisungen zu bekommen.

Anschließend fahren wir in das Dorf eines kranken Mannes. Etliche Tiere kommen uns entgegen und auch viele Kinder, von denen einige unbekleidet sind. Nach zwei Minuten bin ich umkreist von einer ganzen Gruppe Menschen. Manche Kinder sind fasziniert und erschrocken zugleich, sie kommen auf mich zu, und wenn ich sie anschaue und lächle, rennen sie weinend weg. Eine ältere zahnlose Frau mit den dünnsten Beinen, die ich je gesehen habe, sitzt auf dem Boden und bricht deswegen in schallendes Gelächter aus. Der kranke Mann tut mir sehr leid, es geht ihm extrem schlecht, und man kann wohl wenig für ihn tun.

Wir verbringen fast eine Woche in Bihar und Jharkhand. Bihar ist einer der ärmsten und rückständigsten Staaten Indiens. Jharkhand gehörte früher mal zu Bihar, ist aber mittlerweile ein selbständiger Bundesstaat. Jharkhand bedeutet Buschland, hier finden sich fast die Hälfte der Bodenschätze Indiens, aber leider profitieren davon nicht die Bürger. So leben vierzig Prozent der Menschen unter der Armutsgrenze, und zwanzig Prozent der Kinder sind unterernährt.

Hexenjagd

Es fällt mir schwer, nachvollziehen zu können, dass es wirklich noch Menschen gibt, die an Hexen glauben und diese jagen.

Wir besuchen ein Rehabilitationscenter für Hexen. Es ist ein seltsamer Ort, mitten in der Pampa. Um die zwanzig Frauen leben hier. Sie alle sind Opfer einer Form der Gewalt, die man sich kaum vorstellen kann – vor allem nicht im Jahr 2017.

Ich habe schon öfter bemerkt, dass in Indien noch viel Aberglaube in den Köpfen steckt. Selbst gebildete Freunde und Bekannte von mir glauben an Geister, Hexen und Zauberei – und fällen keine Lebensentscheidung, ohne ihren Guru in die Sterne schauen zu lassen.

Der Leiter des sogenannten Hexenrehabilitationscenters zeigt mir in seinem kleinen Kabuff Hunderte von Zeitungsartikeln und Bildern aus den letzten Jahren. Im Bundesstaat Jharkhand werden immer noch viele Frauen wegen angeblicher Hexerei gesteinigt oder mit Äxten getötet. So soll es in den letzten sechzehn Jahren um die 500 Fälle dieser Art gegeben haben. Oft sind die Ortsvorsteher und Medizinmänner die treibende Kraft. Wenn zum Beispiel im Dorf jemand stirbt oder es zu mehreren Krankheitsfällen kommt, braucht der Dorfrat nur ein paar Stimmen der Bewohner, die das Gerücht bestätigen, und schon ist eine Frau schuldiggesprochen und hat keine Chance, ihrem Schicksal zu entkommen.

Ich will gerade ein Foto von der Umgebung machen, da klopft mir eine dürre alte Frau mit buntem Sari sanft auf den Rücken. Ihre Geschichte ist unfassbar grausam, und ihre Augen haben diese tiefe Traurigkeit des Nicht-vergessen-Könnens:

Sie hatte einer Nachbarin Gesundheitstipps gegeben. Das kam bei Medizinmann und Dorfrat nicht gut an. Aber sie meint, dass Neid dahintersteckte. Ihr eigener Mann war an dem Verbrechen beteiligt, um sie loszuwerden und an ein Stück Land zu kommen, das ihr vererbt worden war. Sie wurde von mehreren Männern auf einen Platz gezogen, musste Kot essen und wurde so lange geprügelt, bis alle dachten, sie sei tot. Doch sie überlebte wie durch ein Wunder und floh. Nun hilft sie anderen Frauen, die Ähnliches durchgemacht haben. Sie ist nie wieder in ihr Dorf zurückgekehrt. Dabei hat sie dort eine Familie und zwei Söhne. Doch es gibt kein Zurück.

Wir erfahren von einem Dorf, nur wenige Kilometer von Ranchi (der Hauptstadt) entfernt, wo vor einem Jahr fünf Frauen wegen angeblicher Hexerei umgebracht wurden. Also machen wir uns auf den Weg dorthin.

Der Ort sieht aus, als sei niemand mehr hier – bis auf ein paar Frauen, die am Brunnen Wasser schöpfen, und einige Landwirte, die mit ihren Ochsen auf den Feldern arbeiten. Ich sehe kaum Männer, und man scheint uns aus dem Weg zu gehen.

Der Dorfplatz ist umsäumt von riesigen alten Bäumen, die ich in Indien so sehr mag. Ich schaue hinauf und bereue es sofort – denn über mir ist ein Meer aus Netzen, von riesigen Spinnen bewohnt. Ich beginne sie zu zählen, höre aber nach einer Weile auf, es sind einfach zu viele. Außerdem habe ich nun das Gefühl, dass es überall auf meinem Körper krabbelt. Einige von ihnen sind sehr giftig, erzählt man mir.

Ich verlasse den Platz unter dem schönen Baum und seinen kühlenden Schatten und spaziere durch das Dorf. Eine alte Frau kommt auf mich zu, sie geht an einem Stock, ihre Augen sind kalt und fast blind, und ihr Mund öffnet sich immer wieder, bleibt aber dann doch stumm. Sie starrt mich nur an, mit diesen hellen Augen, und zittert. Sie ist ein wenig unheimlich.

Dass kaum Männer im Dorf zu sehen sind, liegt daran, dass viele von ihnen im Gefängnis sitzen und auf den Prozess warten. Offenbar war das halbe Dorf an dem Mord an den fünf «Hexen» beteiligt.

Der Ehemann einer der Frauen lebt immer noch hier. Wie kann er das nur? Jeden Tag den Menschen begegnen, die vielleicht daran beteiligt waren, dass seine eigene Frau nachts aus dem Haus geschleppt, gefoltert und gesteinigt wurde? Ich kann mir das nicht vorstellen.

Aber für ihn gibt es wohl keine Alternative. Er hat sein kleines Haus, ein Feld, zwei Ochsen und ein paar Hühner. Und er muss ein kleines Kind versorgen. Seine Mutter wurde in der gleichen Nacht auch ermordet, weil seine Frau während der Folter gezwungen wurde, weitere Namen von «Hexen» zu verraten. Aus Verzweiflung nannte sie einige Namen, darunter den ihrer eigenen Mutter …

Wenn man die noch hier verbliebenen Dorfbewohner nach dem Geschehnis fragt, so weichen sie aus oder haben selbst nichts davon mitbekommen. Ich weiß nicht, wie das Gericht entscheiden wird. Es gibt zwar seit ein paar Jahren ein Gesetz, aber es scheint nicht wirklich zu helfen. Oft ist sogar die Polizei nicht Freund und Helfer, sondern glaubt selbst an Hexerei und schützt die Frauen nicht. Man kann anscheinend allein mit Gesetzen keine Ansichten aus den Köpfen herausholen oder das menschliche Herz ändern.

Während der Zeit in diesem Ort habe ich ein seltsames Gefühl. Obwohl es ein sonniger Tag ist und das Dorf jetzt sauber und idyllisch wirkt, erscheint es mir irgendwie dunkel. Es fühlt sich an, als hinge das Böse noch in der Luft, eine Schwere liegt auf allem, als könne das Dorf ohne Wahrheit und Befreiung von Schuld gar keinen Frieden finden.

Oben: Markus und ich sind oft an abgelegenen Orten unterwegs – wie hier in Bhutan
Unten: Darauf hatte ich mich vor der Reise so gefreut: Elefanten nah zu erleben

Oben: Erkundungstour in Delhi, hier vor einem Grabmal
Unten: Erst mal ungewohnt: Kühe mitten auf den Straßen

Oben: Die Affen sind los – auch in meinem Viertel ...
Unten: Der Transport sieht hier auch anders aus

Oben: Das indische Klo – immer
eine riesige Herausforderung! ...
Rechts: Ein Schlangen-
beschwörer in voller Aktion

Oben: Meine neuen Freunde, die
Streifenhörnchen
Rechts: Zu Mittag gibt es Dosa –
wie soll man das essen?

Oben: «Heilige Männer» (ich ziehe einen von ihnen unauffällig am Bart)
Mitte: Guten Tag, kleiner Elefant! Besuch in einem der Nationalparks Indiens
Unten: Freie Sicht auf den Taj Mahal nach einigen misslungenen Versuchen

Eine Frau und eine Kuh suchen nach etwas Essbarem oder Nutzbarem im Müll

Oben: Kurz vor der Verlobung im wenig später abstürzenden Heißluftballon
Unten: Ich kriege am Ende eine Urkunde für den Flug

Oben: In Sri Lanka sagen wir einander «Ja!» – mit Tuk-Tuk und Kokosnuss
Unten: Familie Bühne bei der Hochzeit in Deutschland

Eine Frau schleppt Steine zur Baustelle gegenüber von unserem Zuhause

Oben: Der Mann vor meinem Fenster (man sieht ihn rechts unter dem provisorischen Dach) bewacht den Schutthaufen und lebt auch dort
Unten: Frauen arbeiten hier oft härter als die Männer. Keine Ahnung, wie sie stundenlang solche Lasten auf ihrem Kopf balancieren können

Oben: Böse Geister sollen durch diesen Tanz vertrieben werden
Unten: Ein kleines Mädchen schaut dem Geschehen etwas besorgt zu

Oben: Ein kleiner Mönch denkt nach
Unten links: Zwei junge Mönche spielen mit Waffen
Rechts: Beim Joggen habe ich neue Freundinnen gewonnen!

Oben: Ein Mädchen präsentiert sich beim Kamelfest als Seiltänzerin
Unten: Die Optik zählt enorm: Jedes Festival ist auch eine Art «Brautschau»

Oben: Indische Frauen lieben bunte Saris und sind herrlich neugierig
Unten: Junge Frauen bei einer Tanzvorführung

Oben: Das Frühlingsfest Holi – sie nennen es «Das Fest der Farben»
Unten: Zu Gast bei einer Hochzeit in Nagaland mit über tausend Gästen – und
mit unserem Pastor und seiner Frau

Das Lichterfest Diwali ist den Hindus sehr wichtig; es dauert ein bis fünf Tage

Malen gegen den Schmerz – bei den «Missionarinnen der Nächstenliebe»

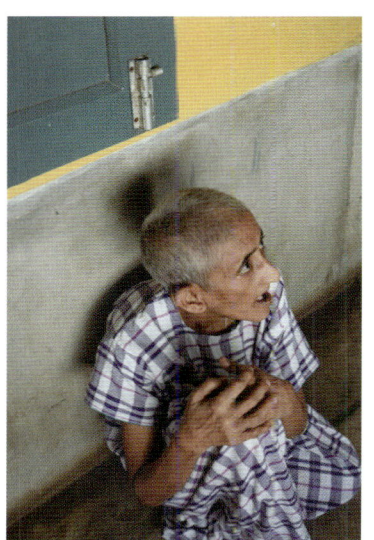

Oben: Klein, aber entschlossen – eine Boxschule für Ghettokinder. So lernen auch Mädchen, stärker zu werden und sich zu verteidigen

Unten links: Einige der Frauen haben unbeschreibliches Leid ertragen

Unten rechts: Meine «Lieblings-Nonne», die sich mit viel Freude um die Armen und Kranken kümmert

Oben: Ein kleines Kind arbeitet in einer Mine
Mitte: Hier müssen viele Kinder arbeiten, damit die Familie überlebt
Unten: Hexenverfolgung als Theaterstück zur Aufklärung in den Dörfern

Kapitel 4:

Jeder Tag
ein Riesenabenteuer

Fasten für den Ehemann – ein Experiment

Als wir nach der Reise in Delhi ankommen, will ich unbedingt mehr über diesen schrägen Feiertag namens «Karva Chauth» wissen, an dem die Ehefrauen für ihre Männer von Sonnenaufgang an auf Essen und Trinken verzichten, und zwar so lange, bis der Mond aufgeht. Es soll auch Verlobte geben, die für ihre zukünftigen Gatten fasten, sowie junge Verliebte, die es für ihren Traummann tun.

In ländlichen Gegenden sollen die fastenden Frauen an diesem Tag keine Hausarbeit verrichten. Sie fasten, beten für die Gesundheit und ein langes Leben ihrer Männer und treffen sich mit Freundinnen, um sich gegenseitig mit kosmetischen Behandlungen zu versorgen, ihre Hände mit Henna zu bemalen und miteinander zu singen. Außerdem, wie sollte es auch anders sein, geht es auch ums Shoppen: denn die Frauen kaufen ein paar Tage vorher Schmuck und Schalen. Manche Eltern schenken ihren Töchtern für diesen Tag etwas.

Mancherorts zieht man zu diesem Anlass jedes Jahr an diesem besonderen Tag auch wieder sein Brautkleid an. Das halte ich für eine gute Idee, wobei die Inderinnen mit dem Sari den Vorteil haben, dass er meist noch passt, weil er um den Körper gewickelt wird – während wir mit unseren Hochzeitskleidern vielleicht doch den Bauch arg einziehen müssten. Auf diese Weise ließe sich sicherstellen, dass man auch zwanzig Jahre später noch in Form ist. Eigentlich keine schlechte Idee.

Beendet wird das Fasten, wenn der Mond aufgeht, diesen soll die Frau durch ein Sieb anschauen und kann in das Gesicht ihres Mannes blicken, dann wird in seinem Beisein ein Glas Wasser getrunken, und man nimmt zusammen ein Mahl ein.

Meine Freundinnen, die arbeiten und ihr eigenes Geld verdienen, ziehen eine Lightversion vor oder verzichten ganz darauf. Es gibt nämlich keinen Feiertag, an dem die Männer für die Frauen fasten – und das ist doch ziemlich unfair. Es gibt aber auch ein paar «moderne Männer», die zusammen mit ihren Frauen fasten. Zwei meiner Fitnessfreundinnen tun es mit der ganzen Familie – so ist es auch deutlich einfacher.

Asha erzählt mir, dass dieser Fastentag die Familie stärkt, vor allem die Ehe. «Meine Schwiegereltern machen mit und mein Mann und ich; mein Sohn natürlich nicht, der ist noch zu klein. Früher war es ein Ritual, weil viele Männer in den Krieg zogen und die Frauen Angst hatten, allein zu sein, Witwe zu werden. Es waren nur Frauen, die gefastet haben. Aber es ist eine schöne Idee, also machen wir eine moderne Sache daraus.

Morgens kriege ich von meinen Schwiegereltern Süßigkeiten, die esse ich vor Sonnenaufgang mit meinem Mann. Wir fasten beide, er für mich und ich für ihn. Aber es ist schon eher ein Tag für den Mann, er soll sich besonders fühlen an diesem Tag. Wir Frauen gehen zur Pediküre, Maniküre, kaufen etwas Schönes zum Anziehen und machen uns ganz schick. Wir lassen uns die Haare frisieren, nehmen ein Bad, beten für das lange Leben unseres Mannes und um Gesundheit.

Ja, wir schmücken uns, machen uns richtig zurecht, so dass er sich über uns freut. Eigentlich trinken wir an diesem Tag nichts, nur am Nachmittag um vier Uhr trinken wir zusammen eine Tasse Tee oder Kaffee. Vorher beten wir füreinander.

Besonders schwer ist es abends. Denn dann koche ich was Schönes für meinen Mann. Zu kochen und nichts probieren zu dürfen ist problematisch, deshalb gehen viele Inder lieber aus und essen auswärts, lassen sich von ihrem Mann einladen. Aber ich finde es schön, für die Großfamilie zu kochen.

Eigentlich geht der Mond so um 20 Uhr auf, aber letztes Jahr wollte er einfach nicht vor 21 Uhr aufgehen. Das war was … Wenn der Mond aufgeht, bete ich durch ein Sieb zum Mond. Dann schaue ich meinen Mann an und trinke ein Glas Wasser auf sein Wohl. Danach essen wir zusammen.

Ich trage an diesem Tag etwas Rotes. Bei euch im Westen ist

die Farbe Weiß wichtig, wegen Hochzeit und Jungfrau und so, aber bei uns ist Weiß die Farbe der Witwen. An diesem Feiertag wollen wir für unsere Männer hübsch sein, und deshalb tragen wir auch schöne bunte Kleider. Natürlich muss man an diesem Tag auch Sex haben, das ist wichtig.

Der Feiertag ist gut, er zwingt uns, an unserer Beziehung zu arbeiten, schweißt uns als Paar und Familie zusammen. Wenn man lange verheiratet ist, geht das Romantische schnell im Alltag verloren. Aber so ein Tag sorgt dafür, dass es nicht einschläft. Es ist nicht so, dass danach alles wochenlang besser ist. Es ist auch nicht schlechter. Es verbindet uns nur stärker.»

Für den eigenen Mann einen Tag lang zu fasten klingt wenig emanzipiert und ganz schön rückständig. Zuerst hat sich in mir alles dagegen gesträubt. Vor allem, weil der Herr Gemahl ja nicht für mich fastet – als ich Markus vorschlug, es gemeinsam zu versuchen, lachte er nur und sagte: «Niemals!»

Nun gut, einen hungrigen Mann kann man genau wie einen kranken Mann eh kaum ertragen, ich bin also vielleicht gar nicht scharf darauf, das zu erleben, und mache es lieber alleine. Wir Frauen sind ja eh willensstärker und leidensfähiger … Also wage ich das Experiment – allerdings in einer veränderten «christlichen» Variante. Außerdem halte ich nichts von Flüssigkeitsentzug und werde Wasser und Tee trinken.

Mein Tag startet mit einer Stillen Zeit. Ich denke an alles, was wir zusammen schon geschafft haben, und bete ganz gezielt nur für unsere Ehe, für Markus' Gesundheit, für seine Arbeit und die Pläne in der Zukunft. Ich danke Gott, dass ich Markus geheiratet habe, und erinnere ihn und mich selbst daran, warum ich ihn so lieb habe. Ich denke an all die wundervollen Erfahrungen, die ich im letzten Jahr mit ihm gesammelt habe.

Ich muss an meine Angst denken, bevor ich ihn heiratete – ich war mir nicht ganz sicher, ob ich als so freiheitsliebende, impulsive Person überhaupt in einer Ehe funktioniere. Aber ich bin glücklicher und mehr ich selbst als je zuvor in meinem

Leben. Und seit ich hier in Indien gelernt habe, meinem Mann zu vertrauen, sind auch die Schmetterlinge da.

Ich gehe zum Sport, erzähle meinen Freundinnen von meiner Fastentag-Erfahrung und ernte Gelächter. Zumindest sehen es einige als gesundheitsfördernde Maßnahme, denn ein Fastentag ist schließlich reinigend und kann daher ja gar nicht schlecht sein.

Ab und zu komme ich mir etwas blöd vor mit dieser Aktion. Ich frage mich, ob Markus seinen Freunden oder Kollegen davon erzählt, das wäre mir peinlich. Aber es geht heute mal nicht um mich. Es geht um meine Liebe zu meinem Mann. Und was er damit macht, ist seine Sache.

Also schreibe ich, seit langer Zeit mal wieder, Markus einen Brief. Ich schreibe ihm alles, was mir einfällt, was ich an ihm mag und was für mich die schönsten Momente mit ihm im vergangenen Jahr waren. Ich wollte keinen anderen Mann haben, und ich weiß, dass ich ihm öfter zeigen müsste, wie wertvoll er mir ist. Mein Stolz verbietet es mir immer wieder. Aber heute habe ich ja eine gute Ausrede: mein Experiment.

Abends leiste ich mir statt Wasser eine Buttermilch. Ich fühle mich gut. Leicht und irgendwie altmodisch, aber auf eine gute Art. Und im Gegenzug zu meiner selbstlosen Fastenaktion schlage ich meiner besseren Hälfte vor, mich morgen gefälligst zum Essen einzuladen.

Freundschaft auf Indisch

Rani ist eine lustige Person, die sich oft durch die schwarzen Haare fährt und immer einen flotten Spruch auf den Lippen hat. Sie ist beruflich sehr «bunt» aufgestellt, hat schon als Lehrerin, Übersetzerin und Kommunikationstrainerin gearbeitet und verdient zurzeit ihr Geld als Tortendesignerin.

Sie isst wie ich vegetarisch, backt viel und liebt Schokolade, von daher war es klar, dass wir genug Gesprächsstoff haben würden. Was ich an Rani mag, ist ihre Direktheit und ihr Humor. Über die meisten indischen Männer fällt sie ein vernichtendes Urteil – die seien total verwöhnt und hätten schlechte Manieren. Sie bleibt lieber unverheiratet, als den falschen Kerl zu heiraten. Das finde ich sehr sympathisch.

Rani wohnt mit ihrer Schwester und ihren Eltern zusammen in einem Haus. Ihre Schwester Sonia ist als Sozialarbeiterin tätig und ist mir ebenfalls eine Freundin geworden.

Immer wenn ich etwas nicht verstehe oder mir Indien gerade auf den Keks geht, ist Rani meine erste Anlaufstelle. Wir haben zum Beispiel einen Filmabend organisiert, und einige Gäste haben zugesagt und sind trotzdem nicht aufgetaucht.

Rani erklärt es so: «In Indien sagt man nicht ‹Nein›, denn das ist unhöflich. Wenn man bei einer Einladung sagt: ‹Ich freue mich sehr und werde versuchen zu kommen›, heißt das: ‹Nein, ich werde es wohl leider nicht schaffen›.»

Wir haben uns heute zum Lunch getroffen und sind danach per Tuk-Tuk zu dem verrücktesten Markt gefahren, den ich je gesehen habe. Wir wollen ein paar Schnäppchen machen. Der Markt ist eine riesige Ansammlung von Läden und Ständen. Mitten auf der Straße stehen Tische mit Bergen von Klamotten. Immer wieder kommt die Polizei, dann müssen die Marktleute schnell ihre Sachen wieder in die Läden schaffen. Ein Gewusel ist das. Überall Klamotten, Marktschreier und solche, die Schmuck oder Gürtel zu verkaufen versuchen.

Schuhe liegen in Bergen auf dem Boden und warten auf kaufwillige Kundschaft. Ich habe ein T-Shirt für einen Euro gekauft sowie zwei Kleider für vier Euro. Ein Kleid ist etwas komisch auf einer Seite zusammengerafft, was mir nicht gefällt und ein bisschen wie ein Produktionsfehler aussieht. Ich weise den Verkäufer darauf hin.

Er nimmt das Kleid, schaut es sich kurz an und reißt mit Wucht den Stoff auseinander – die Raffung ist weg, er hat das

Problem also gelöst und lächelt stolz. Das einzige Problem ist, dass nun die Nähte gerissen sind, was er aber nicht zu bemerken scheint. Er ist ganz überrascht, dass ich das Kleid nun nicht kaufen will.

«Jugaad!», flüstert Rani. Ja, tatsächlich, das hier ist der Inbegriff der in Indien so weit verbreiteten Notlösung. Ich erzähle Rani von der Begebenheit, als unsere Toilette aus der Wand fiel und wir feststellten, dass man sie nur mit Kleber angebracht hatte. Aber Rani erklärt, warum diese Notlösungen durchaus Sinn machen und vor allem ungebildete Leute nur schnell und notdürftig reparieren.

«Oft lernen sie es ja nicht anders und haben die Mittel gar nicht, um etwas richtig zu machen. Wenn die Haushaltshilfen oder Handwerker Dinge nicht hinkriegen, liegt es oft daran, dass sie zu Hause keine Dusche, kein europäisches Klo und auch keine Klimaanlage haben und daher überfordert sind.»

Ich muss an die Tagelöhner vor meinem Haus denken. Höchstwahrscheinlich bauen sie Häuser, ohne jemals selbst in einem zu leben. Maria, unsere Maid, macht vielleicht auch viele Fehler, die mich stören, weil sie einfach selbst keine Waschmaschine besitzt und daher auch nicht weiß, worauf man achten muss, damit sie nicht kaputtgeht.

Auf dem Rückweg trennen sich unsere Wege. Allein zahle ich jetzt doppelt so viel wie auf dem Hinweg – manchmal hat es Nachteile, eine weiße Frau zu sein. Denn weiß zu sein scheint hier auch gleich zu bedeuten, dass man reich ist.

Luft und Liebe

Markus wird in ein paar Tagen für einen Fernsehbeitrag nach Pakistan fliegen, und ich werde in Delhi bleiben. Ausgerechnet an Diwali, dem Lichterfest und größten Feiertag in Indien. Da nimmt die ohnehin miserable Luft Dimensionen an, die wirklich abartig sind. Lebt man langfristig in Delhi, so zeigen Untersuchungen, dass einem mehr als sechs Jahre des Lebens durch den starken Smog verloren gehen.

Lange galt Peking als die Hauptstadt mit der schlimmsten Luftverschmutzung der Welt. Doch mittlerweile ist Delhis Luft die schlechteste, und in diesem Monat nimmt der Smog Werte an, die so hoch sind, dass sie von den Messgeräten nicht mal mehr angegeben werden können.

Ein Wert bis 50 gilt als gut, ab 101 wird es für bestimmte Personengruppen ungesund, ab 151 ist der Smog für alle Menschen ungesund. Kommt es zu einem Wert über 201, wird es sehr ungesund, und ab 300 aufwärts ist es gefährlich … Der Wert liegt zurzeit deutlich höher als 300. Und ich kann kaum beschreiben, wie sich das anfühlt.

Die Hälfte aller Kinder in Delhi haben irreparable Lungenschäden. Monatelanges Husten, Asthma und Allergien sind Folgen, mit denen sich viele Menschen herumschlagen. Einige unserer Bekannten haben Delhi wegen gesundheitlicher Probleme verlassen und sind zurück nach Europa gezogen.

Seltsam ist, dass kaum ein Mensch eine Maske trägt – und auch sonst in seinem Leben nicht wirklich etwas ändern will, um einen Beitrag für bessere Luft zu leisten. Das passiert auch in der Politik. Okay, die Schulen wurden zwar für einige Zeit geschlossen, und man empfiehlt den Mitbürgern, das Haus nicht zu verlassen.

Ein Kohlekraftwerk wurde für ein paar Tage angehalten, Dieselgeneratoren wurden für eine Zeitlang verboten und Straßen mit Wasser gereinigt.

Aber viel mehr passiert nicht.

Die Gründe für das Problem sind vielfältig. Es sind bei weitem zu viele Autos in Delhi, darunter viele Dieselfahrzeuge. Herbst und Winter können hier kalt und ungemütlich werden. Obdachlose verbrennen daher Müll, um nicht zu frieren. Reiche lassen Müll verbrennen, um ihn loszuwerden.

Kohlekraftwerke und Baustellen machen die Lage nicht besser, und dann gibt es ja auch noch die Bauern, die im Umland ihre abgeernteten Felder in Brand stecken, um die Fruchtbarkeit des Bodens im nächsten Jahr zu verbessern. Da es in diesen Monaten meist kalt und windstill ist, bleibt der ganze toxische Cocktail über der Stadt hängen.

Den traurigen Höhepunkt findet die Luftsituation nach dem Lichterfest Diwali, wenn Tausende Inder auch noch, ohne mit der Wimper zu zucken, tonnenweise Feuerwerkskörper in den neblig-grauen Himmel ballern. Ich weiß manchmal nicht, ob ich lachen oder weinen soll – weil ich nie geraucht habe und bewusst Orte zu meiden verstand, in denen irgendeine Form von dicker Luft vorhanden war.

Mein Alltag in Deutschland begann immer damit, dass ich morgens das Fenster weit aufriss und tief Luft holte. Ich habe mit Menschen geschimpft, die 500 Meter mit dem Auto fahren, um Brötchen zu holen, und rauchende Freunde zu bekehren versucht. Nun lebe ich in der Stadt mit der dreckigsten Luft, deren Wirkung mit einer Schachtel Zigaretten pro Tag gleichgesetzt wird. Wenn ich das jetzt nicht mit Humor nehme. Und zwar mit schwarzem …

Bevor Markus wegfliegt, gehen wir zusammen essen. Chinesisch. Es ist nicht besonders lecker, und es schmeckt auch nicht wirklich chinesisch. Aber egal, wir machen das Beste draus.

Als wir unsere Glückskekse kriegen, sagt Markus: «Na, da bin ich mal gespannt, ob was Schlaues auf meinem Zettel steht!»

Ich nicke. Natürlich ist das völliger Quatsch, aber dennoch eine nette Sache, diese Sprüche in Keksen. Ich habe mal gelesen, dass die Idee im 13. Jahrhundert entstand, als China von der Mongolei besetzt wurde und die Chinesen einen Aufstand planen wollten, ohne entdeckt zu werden. So soll in den Keksen eine Botschaft für das Volk versteckt worden sein, um sie über den Zeitpunkt und die Strategie zu informieren.

Doch dann hat mich ein Chinese eines Besseren belehrt und behauptet, all das sei einfach nur eine Marketingstrategie aus Amerika und habe nichts mit China zu tun.

Wie auch immer, ich breche meinen Keks auf und lese: «Wer den Himmel im Wasser sieht, sieht die Fische auf den Bäumen.»

Okay …

Ich schaue Markus an, um zu hören, was er für einen Spruch bekommen hat. Doch der ist gerade mal wieder ganz in Gedanken und hat zwischenzeitlich den ganzen Keks samt Papier verdrückt. Ich muss lachen; mein Mann ist manchmal schon etwas schräg. Langweilig wird es mit ihm auf jeden Fall nie.

Atemlos durchs Lichterfest

Es ist kurz vor Diwali, alle bereiten sich vor, kaufen Süßigkeiten und schmücken ihre Wohnung mit Lichtern. Auch auf dem Land haben sie ihre Häuser saubergemacht. An manchen Orten stehen außergewöhnlich viele Tagelöhner bereit – um von irgendwem engagiert zu werden, denn in dieser Zeit muss alles toll sein.

Ich habe im Fitnessstudio Asha getroffen, sie erzählt mir, dass die Woche vor Diwali ziemlich krass ist. «Man trifft sich abends, um Karten zu spielen (Poker) und Alkohol zu trinken. Das passiert zu Hause, weil es außerhalb illegal ist. Es gibt verschiedene Tische, an denen um verschieden hohe Beträge gespielt wird – und das geht dann bis drei oder vier Uhr am Morgen. Trinken und Spielen geht also jeden Abend weiter bis Sonntag – da ist Diwali. Dann wird gegessen, man befolgt religiöse Riten und feiert diesen Tag im Kreise der Familie.»

Ich habe Maria gefragt, ob ihre hinduistischen Bekannten diese Tradition kennen. Aber sie schüttelt energisch den Kopf. «Das machen nur die Reichen! Die spielen und trinken. Das soll Glück bringen, auch wenn man Geld verliert – weil dieser Gott auch Karten spielt.»

Ich muss lachen. Aber so ist Indien.

Ich liege in meinem Bett, die Luftfilter laufen auf Hochtouren, aber ich habe das Gefühl, meine Lunge platzt gleich. Das Atmen fällt unheimlich schwer, es fühlt sich an, als läge ein Haufen Steine auf meiner Brust. Draußen ist seit Tagen alles grau, aber heute ist es besonders schlimm und sind die Smogwerte so hoch wie noch nie.

Ich schreibe einer Freundin aus der Kirche, und sie antwortet, dass es ihr ähnlich geht. Ich stehe auf und gehe zum Kühlschrank, um etwas Wasser zu trinken. Und da sehe ich die Tagelöhner, wie sie dort auf der Baustelle liegen und schlafen. Keine Ahnung, wie sie das können. Sie tun mir leid. Vor allem die Kinder.

Am nächsten Tag bekomme ich von Asha im Fitnessstudio den Hinweis, es mal mit *jaggery* zu versuchen. Das soll gegen den Smog helfen – Masken dagegen ihrer Meinung nach nicht. «Ich kenne einige Läufer, die sagen: If the pollution doesn't kill you – the mask will …»

Asha hat Humor und nimmt es mit dem Smog nicht so wichtig – so wie die meisten Inder. Sie meint, dass der Smog meine Lungen sogar stärker machen würde. Ich solle ruhig draußen laufen gehen in Delhi – was nicht tötet, härtet schließlich ab, und wenn ich dann nach Deutschland zurückkehren würde, hätte ich bestimmt die stärksten Lungen der Welt …

In jedem anderen Land würden alle mit Masken herumlaufen, aber nicht in Indien.

Die Smogwerte sind so unglaublich hoch, aber es wird nicht ernsthaft etwas dagegen unternommen. Man versucht es mit abwechselnden Fahrverboten für gerade und ungerade Zahlen auf den Nummernschildern, aber dann kauft man sich eben ein zweites und tauscht die Schilder täglich. Eine verrückte Stadt …

Am Nachmittag schaue ich mir im Internet mal an, was *jaggery* genau ist. Es wird aus dem Saft von Zuckerrohr gewonnen und soll allerlei gesunde Nebenwirkungen haben: die Leber reinigen, gegen Verstopfung helfen, bei Infektionen Linderung schaffen und vieles mehr. Die Inder mischen es massenhaft in Desserts, ich probiere es von nun an in Maßen. Im Grunde ist es «reiner» Zucker.

Filmreife Erlebnisse

Unsere Maid Maria erzählt mir, dass sie das Verfahren gegen ihren Mann gestoppt hat. Es dauert einfach zu lange und kostet zu viel. Sie will den Fall wiederaufnehmen lassen, wenn ihre Tochter mit dem Studium fertig ist, weil sie das sonst nicht finanzieren kann.

Markus und ich haben den indischen Film «Pink» gesehen. Es geht um Gewalt gegen Frauen. Auch wenn das Ende etwas zu schön ist, sind einige Dinge sehr realistisch getroffen, vor allem, was die noch weit verbreitete indische Einstellung betrifft: Gute Frauen trinken nicht, lächeln nicht, flirten nicht, gehen nicht raus, wenn es dunkel ist – Männer dürfen das, aber Frauen, die so etwas tun, sind Schlampen. Wenn solche Mädchen vergewaltigt werden, ist das schon «okay».

Leider ist es nur so, dass in der Realität die Fälle meist nicht gut enden – wie es im Film passiert. Das ist Teil des indischen Problems: Indische Bollywood-Filme zeigen hin und wieder auch Teile der Realität – aber sie enden nicht realistisch.

Besonders schräg ist in Indien übrigens ein Kinobesuch. Bevor es losgeht, muss das Publikum aufstehen, denn es ertönt die indische Nationalhymne und auf der Leinwand weht stolz die Flagge. Ich trage immer Ohrstöpsel, weil es mir viel zu laut ist. Sexszenen werden aus Filmen rausgeschnitten. Gewalt dagegen ist offenbar völlig okay. Besonders lustig ist es, einen Film zu sehen, bei dem gerade Massen an Menschen umgebracht werden – aber dann «Smoking kills» eingeblendet wird, weil ein Darsteller raucht …

Heirate, und die Freiheit ist zu Ende

Als ich in die Umkleidekabine des Fitnessstudios gehe, treffe ich eine Angestellte, die immer sehr freundlich und lustig ist. Sie fragt mich, wie es mir so geht, und ich erzähle ihr von meiner letzten Reise.

Ich finde es immer wieder erfrischend, wie offen die Inder von ihrem Leben erzählen. Und wie gerne sie sich unterhalten. Also sitzen wir da, und sie gesteht mir, dass sie in drei Tagen aufhören wird, für dieses Gym zu arbeiten. Ich frage, warum – denn sie hat immer einen sehr zufriedenen und ambitionierten Eindruck auf mich gemacht.

«Ich weiß ja nicht, wie das bei euch so ist, aber hier in Indien haben Frauen andere Regeln. Ich habe erst vor kurzem geheiratet, und da hört für mich die Freiheit auf. Ich musste zu meinem Mann und seinen Eltern und zwei Brüdern ziehen. Die Schwägerinnen sind sehr hart zu mir, ich muss viele Hausarbeiten übernehmen, weil ich die Letzte war, die in die Familie eingeheiratet hat … Meine Familie wohnt nicht hier in Delhi, ich bin ganz alleine, habe auch keine Freunde mehr. Die Arbeit hier hat mir echt geholfen. Aber so läuft das eben.»

Ich schaue sie unsicher an, kann das nicht so ganz verstehen. Obwohl ich diese Art von Geschichten ja schon öfter gehört habe, ist es mir immer noch unbegreiflich, vor allem bei gebildeten Frauen.

«Ich weiß, was du denkst, es ist ja auch komisch. Ich habe zwar einen Uni-Abschluss, aber ich muss auf meinen Mann hören – und er will nicht, dass ich hier arbeite. Wegen der Arbeitszeiten. Nur Männer sollten nach 22 Uhr nach Hause kommen; verheiratete, ordentliche Frauen tun so was nicht. Er will, dass ich bis 18 Uhr zu Hause bin. Also muss ich kündigen.»

Ich spaziere nach Hause und spreche mit Maria darüber. Sie macht Tee und erzählt mir: «Als Kind musst du auf deine Eltern hören. Wenn du erwachsen bist, heiratest du und musst den Rat deines Mannes befolgen. Und wenn du dann irgendwann alt wirst, sagen dir deine Kinder, wo es langgeht. Das Leben einer Frau ist vergeudete Zeit. Es ist nichts wert.»

Ich merke, wie viel dankbarer ich sein müsste. Aber mein Herz ist irgendwie nicht dazu fähig. Im Kopf ist es mir sehr klar. Ich habe es so gut wie kaum ein Mensch auf der Welt.

Abends beim Essen bin ich recht wortkarg. Ich habe in vielerlei Hinsicht durch die Heirat mehr Freiheiten bekommen, weil Markus kein Freund von starren alten Rollenmodellen ist und mich mit meinen eigenwilligen Zügen mag. Aber den meisten Frauen in dieser Welt geht es ganz anders. Wie viel Gnade gibt es in meinem Leben. Wenn ich hier aufgewachsen wäre, würde mein Leben mit Sicherheit komplett anders aussehen.

Ab in die Wüste: Rajasthan!

Es gibt Orte, die üben eine besondere Wirkung aus. Bei mir sind es vor allem das Meer, aber auch die Berge und die Wüste. Dort erfasst mich ein kindliches Staunen. Hier werde ich gerne klein, weil die Schöpfung so überdeutlich groß ist.

Schon die Fahrt nach Rajasthan ist spannend. Es gibt hier deutlich mehr Turbane und die interessantesten Schnurrbärte zu sehen. Immer wieder sind auf den Straßen nicht nur Autos, sondern auch Kamele unterwegs, meist ziehen sie irgendwelche Güter.

Rajasthan ist geprägt von der Wüste und einem harten Leben. Nur 66 Prozent der Menschen können lesen und schreiben, und die Bewohner gehören zu den ärmsten Indiens. Viele versuchen mit dem Anbau von Baumwolle, Hirse und Weizen ihren Lebensunterhalt zu verdienen. Die indische Wüste, auch Thar genannt, liegt zu zwei Dritteln im Bundesstaat Rajasthan. Es handelt sich dabei um eine Sandwüste, und hier sind die Klimaunterschiede enorm.

Ich habe mir schon lange gewünscht, einmal in der Wüste zu übernachten. Es ist kalt und still, und am Himmel steht das Sternenmeer, so klar und hell. Ich würde mich am liebsten einfach in den Sand legen und nach oben schauen, aber die Kälte macht es schwer. Wir übernachten in Zelten, die weit komfortabler sind, als ich erwartet hatte.

Am nächsten Morgen stehe ich früh auf, um den Sonnenaufgang zu sehen. Zusammen mit Markus spaziere ich durch die Dünen und halte Ausschau. Und tatsächlich: Nach ein paar Kilometern sehen wir eine Kamelherde. Wir gehen zu ihnen, langsam und ruhig. Ich könnte jetzt stundenlang hier stehen und sie beobachten. Es sind ungefähr zwanzig Tiere, Menschen sehe ich keine.

Sie sind recht scheu, und als Markus vorschlägt, ich solle mal mit ihnen um die Wette laufen, gehe ich etwas näher. Aber sobald ich zu laufen beginne, rennen sie davon. Ich würde gerne länger bleiben, aber dafür bleibt leider keine Zeit.

Schnurrbärte, Brautschau und Krug-Wettrennen

Ich habe mich enorm auf diese Reise gefreut. Ein Kamelfest klingt nach Spaß. Kamele sind echt schräge Wesen. Wie drollig sie kauen, das ist einfach zu herrlich! Dass ein durstiges Kamel es in nur 15 Minuten schafft, 200 Liter Wasser zu trinken, ist doch unglaublich. Das Wasser wird mit Nährstoffen gespeichert und steht dem Tier bis zu vier Wochen lang zur Verfügung. Ihre Widerstandsfähigkeit und Genügsamkeit beeindrucken mich. Ich freue mich, dass ich endlich mal so viele auf einmal sehen kann – bei der sogenannten «Camel Fair».

Schon beim Erreichen der Stadt begegnen uns zahlreiche Pilger. Viele sind arm, tragen eine Tasche mit ihren Habseligkeiten auf dem Kopf und wollen in aller Frühe zum Pushkar-See wandern, um religiöse Waschungen vorzunehmen. Sie halten den See für einen heiligen Ort – und sein Wasser für genauso reinigend wie das des Ganges. Sie glauben einer Legende, der zufolge einer ihrer Götter (Brahma) hier einen Dämon mit seiner Lotusblumenwaffe getötet und dabei den See geschaffen haben soll.

Einmal im Jahr findet im gleichnamigen Ort Pushkar dieses Kamelfest statt und soll mehr als 200.000 Touristen zu den fünftägigen Feierlichkeiten anziehen. Üblicherweise wechseln hier Tausende von Kamelen, aber auch Pferde, Kühe und Ziegen den Besitzer. Bis zum letzten Jahr gab es wohl ein Kamelrennen, aber das wurde von Tierschützern angeprangert und in diesem Jahr verboten. Es gibt aber auch andere Attraktionen für die Besucher, die mittlerweile im Mittelpunkt des Geschehens stehen, weil der Verkauf der Tiere seit Jahren abnimmt.

In diesem Jahr läuft das Geschäft besonders schlecht, und als wir ankommen, ist nicht mehr viel los. Einige der Händler sagen, dass einfach niemand Geld hat – weil vor kurzem die indische Regierung über Nacht viele Banknoten entwerten ließ, um der Korruption Herr zu werden.

Danach folgte das Chaos, weil die Menschen ihr Geld umzutauschen versuchten, aber nicht genug Wechselgeld zur Verfügung stand. Die ärmere Bevölkerung verfügt nicht über ein Bankkonto und kann nur bar zahlen. So werden sie in diesem Jahr noch weniger Geschäfte machen als zuvor und sind dementsprechend unglücklich.

Es wird viel gebettelt, ein paar Jungen spielen Flöte, um etwas Geld zu verdienen. Einige Kamele liegen gelangweilt am Boden, Männer sitzen beisammen und trinken Tee. Bis zum späten Abend gibt es einige Attraktionen für die Familie. Dabei findet auch die Kür des beeindruckendsten Schnurrbarts statt und eine Wahl der bestgekleideten Bräute und Bräutigame.

Am Morgen wandern wir in einem Pulk von Menschen zum Festplatz. So große Mengen an Kindern, Erwachsenen und Alten auf einem Haufen habe ich selten gesehen. Es ist wie im Fußballstadion, nur größer, und es gibt keine moderne Tribüne. Die Reichen sitzen auf Stühlen unter einem Dach, die Massen sitzen in der Sonne, die Armen kauern sich unter den Holzzaun um den Platz herum, manche sitzen auch auf Bäumen und schauen zu.

Besonders schön anzuschauen ist eine bunte Tanzvorstellung von einer beeindruckenden Anzahl schick gekleideter und geschmückter junger Frauen, gefolgt von einer Reihe an Paraden. Männer auf Kamelen präsentieren ihre Schnurrbärte. Wild bemalte Gruppen präsentieren ihre Traditionen, und am Abend sieht man immer wieder kleine Mädchen als Seiltänzerinnen, dressierte Affen und geschmückte Kamele.

Besonders beliebt bei den Zuschauern sind Wettkämpfe wie das Krug-auf-dem-Kopf-Rennen und das Tauziehen.

Da ändert sich plötzlich die Lautstärke auf dem Platz, die Landsleute werden begeistert angefeuert. Ich werde überredet, auch an dem Tauziehen der Frauen teilzunehmen, allerdings werden auf der Seite der Inder ein paar junge Männer mit hineingemischt, da nicht viele Inderinnen antreten wollen. Indien gewinnt das Tauziehen, und der Jubel ist groß.

Es ist herrlich, wie begeisterungsfähig und gesellig die Menschen sind. Es war ein interessantes Spektakel, aber nach fast drei Tagen reicht es auch. Ich freue mich auf eine staubfreie Wohnung, eine kalte Dusche und etwas Leckeres zu essen, ohne herumschwirrende Fliegen.

Assam – zu Besuch in den Teeplantagen

Als Kind dachte ich, der Tee kommt aus Ostfriesland. Ganz ehrlich – ich hatte keine Ahnung davon, dass Darjeeling und Assam in Indien liegen. Vom Opiumkrieg, der Ostindien-Kompanie oder einer britischen Teekultur hatte ich noch nie gehört. Ich wusste nur, dass Tee gesund ist und die Erwachsenen manche Sorten mit Milch und Zucker trinken.

Mit manchen Tees (zum Beispiel Kamille) konnte man mich lange Zeit jagen. Andere fand ich ganz lecker, vor allem an kalten Wintertagen. Dass es etwas viel Besseres als Teebeutel in heißem Wasser gibt, habe ich erst hier in Indien kennen gelernt. Es ist unglaublich, wie viele köstliche, heilsame und verschiedene Arten des Teekochens es auf der Welt gibt.

Bei meinen Internetrecherchen und Gesprächen mit Teeverkäufern habe ich teilweise recht kuriose Fakten zu Kultur und Geschichte des Tees erfahren. So soll im 17. Jahrhundert der Import von chinesischem Tee begonnen haben. In England wurde früher Warmbier statt Tee zum Frühstück getrunken. Da die Königin Katharina von Braganza Tee liebte, wurde er zunehmend nach England importiert und entwickelte sich zum Getränk der feinen Kreise.

Da der grüne Tee auf den langen Transportwegen auf See schnell verdarb, unterzog man ihn einem Fermentationsprozess, um die Blätter haltbarer zu machen – und erfand so den schwarzen Tee.

Die ersten Teegärten öffneten, und der Besuch war auch Frauen «erlaubt». Bis dahin hatte es nur Kaffeehäuser gegeben in welchen Frauen der Zutritt verboten war. Durch die Teegärten begann auch die Geschichte des Tanztees.

Eine spannende Geschichte bietet die Ostindien-Kompanie welche für lange Zeit das Handelsmonopol für Tee behielt, sie war aber auch mal der größte Drogenhändler der Welt. Da ihre Mittel zum Kauf von chinesischen Produkten wie Tee, Seide und Porzellan knapp wurden, exportierte sie tonnenweise Opium von Indien nach China.

Um dem Devisenverlust ein Ende zu machen, begann Großbritannien im 19. Jahrhundert, Tee in seinen Kolonien anzubauen, und machte Indien zum großen Tee-Produzenten. Auch in Nordamerika wurde der Tee immer beliebter. Die drastische Erhöhung der Teesteuer soll eine der Krisen ausgelöst haben, die schließlich in den Amerikanischen Unabhängigkeitskrieg führten.

In Assam (es liegt im Nordosten Indiens) befindet sich das größte zusammenhängende Teeanbaugebiet der Welt. Leider sind die Arbeitsbedingungen oft schlecht – der Tagelohn eines Pflückers in Westbengalen (Indien) soll bei 123 Rupien liegen (das sind knapp 1,70 Euro). Für die Versorgung einer gewöhnlichen Familie benötigt man dort jedoch etwa 300 Rupien.

Das Leben der Menschen, die auf den Plantagen in Indien und Sri Lanka arbeiten, ist extrem hart. In Assam darf ich ein Dorf sehen, in dem fast alle vom Tee leben – aber so wenig verdienen, dass viele von ihnen Hunger leiden.

Als wir auftauchen, versammelt sich gleich eine große Menschenmenge und beobachtet uns. Vor allem die Kinder sind sehr neugierig und verfolgen mich auf Schritt und Tritt. Aber sie sind sehr freundlich dabei und gar nicht misstrauisch.

Wir gehen mit den Frauen zu den Plantagen, wo sie mit großen Körben auf dem Kopf ihre Arbeit aufnehmen. Doch es dauert nicht lange, bis ein «Aufseher» auftaucht und uns droht. Negative Berichterstattung ist eben schlecht fürs Geschäft.

Es geht zurück nach Delhi. In den nächsten Tagen sind wir beide sehr müde, die Nerven liegen blank. Es ist schon komisch, wenn wir viel unterwegs sind, geraten wir anschließend schnell in einen Streit – meist wegen irgendwelcher Kleinigkeiten. Also wollen wir eine neue Regel einführen: Streiten ist nach einer Reise ab sofort für drei bis vier Tage verboten.

Der Taj Mahal im Nebel – Besuch aus der Heimat

Meine Geschwister kommen und lernen meine Welt besser kennen. Für meinen Bruder David ist es das erste Mal, Debora war ja schon mal hier. Ich genieße es, sie bei mir zu haben. Sie fehlen mir so sehr. Debora kriegt leider vom indischen Essen schon nach wenigen Tagen heftige Bauchschmerzen, und so ist unser Besuch beim Taj Mahal und dem Roten Fort in Agra etwas überschattet.

Der Taj Mahal liegt mal wieder im Nebel. Ich muss an meine Verlobung und erste Reise nach Indien denken, wo ich ihn gar nicht sehen konnte. Und dann an den zweiten Versuch, als es auch so neblig war, dass man kaum etwas sehen konnte. Aber wir genießen die Zeit hier trotzdem, auch wenn ständig jemand kommt, der ein Selfie mit uns will.

Im Roten Fort rede ich viel mit David, und wir füttern die Streifenhörnchen, die hier in großer Zahl herumtollen und sogar auf die Hand springen, wenn man ihnen etwas zu essen anbietet. Wir verteilen also einen unserer Muffins an diese Tierchen – auch wenn das sicherlich nicht gesund ist für die Hörnchen. Naja, wenigstens sind sie selbstgebacken und ohne Zucker …

Debora bleibt im Auto, weil sie solch fiese Bauchkrämpfe hat. Wir ziehen sie auf der Rückfahrt etwas auf. Da man in Indien ausführlich über die Verdauung redet und wir das zu Hause nie gemacht haben, ist es irgendwie lustig.

In Delhi fahren wir auf den Gewürzmarkt, der immer einen Besuch wert ist, auch wenn man nach ein paar Stunden nassgeschwitzt und völlig gestresst ist. Denn es ist immer sehr laut, sehr voll und wuselig. Aber man kriegt auch nirgends so viele Reize für Augen, Ohren und Nase wie hier.

Am Abend gehen wir zusammen bowlen. Und dann kommt eine Nachricht, die vor allem Markus sehr betroffen macht:

Ein Freund von ihm, der auch hier in Delhi mit seiner Frau und drei Kindern lebt, ist an Krebs gestorben …

Wir sitzen in dem Pub, die Musik ist wie immer zu laut und der Laden rappelvoll, und wir reden über den Tod. Ich kann nur schwer über das Thema reden, ohne zu weinen, und kann das an mir nicht leiden. Warum bin ich nur so furchtbar sentimental?

Wir sprechen darüber, wie schwer es sein muss für die Kinder und die Frau und was man eigentlich alles machen müsste, um es den Liebsten leichter zu machen, wenn man fort ist. Ich habe kein Testament geschrieben – oh doch, ich habe mal eins geschrieben, als ich vierzehn Jahre alt war, aber das zählt wohl eher nicht. Meine Schwester Debora hat ihr Testament schon vor Jahren geschrieben.

Markus hat das Thema bisher gemieden. Er meint, dass dafür noch Zeit ist. Aber wir halten die Zeit nicht in unseren Händen. Sein Freund war nur wenige Jahre älter als er selbst, als er starb. David meint, noch wichtiger als das Schreiben seines Testaments sei es, all jenen einen Abschiedsbrief zu hinterlassen, die man liebhat. Man weiß ja schließlich nicht, wie man auseinandergeht, und macht den Abschied durch die Zeilen gegebenenfalls leichter. Das ist eine gute Idee, und ich nehme mir fest vor, dies bald zu tun.

Kapitel 5:

Herausforderungen
der ganz besonderen Art

Varanasi – eine Stadt lebt vom Tod

Ich hasse den Tod und versuche normalerweise, ihm so gut wie möglich aus dem Weg zu gehen. In Deutschland ging das immer ganz gut, da findet er im Alltag kaum Platz. Wir tun einfach so, als wären wir nicht vergänglich, ja wir sind wahre Weltmeister im Verdrängen unserer Endlichkeit. Doch in Indien springt einem der Tod tagtäglich ins Gesicht.

Allerdings gibt es hier einen besonderen Ort fürs Sterben. Er heißt Varanasi.

Dem Sensenmann ganz intensiv zu begegnen, macht alleine nicht so viel Spaß. Von daher bin ich sehr froh, dass ich zusammen mit meinen Geschwistern in die Stadt fliege, in der drei von vier Einwohnern ihr Geld mit dem Tod verdienen.

Auf dem langen Weg vom Flughafen zur «Stadt der Lichter» frage ich mich, ob es nicht komisch ist, hierherzukommen, um Menschen beim Sterben zuzusehen. Es fühlt sich falsch an. Abstoßend wie Gaffer, die bei einem Autounfall anhalten, um zuzusehen. Aber ich will Indien besser kennen lernen, und da geht kein Weg an der spirituellen Hauptstadt vorbei.

Es riecht nach Kot, Staub und Gewürzen. Die Gassen sind eng und dreckig und wirken nicht gerade einladend. Als der Taxifahrer uns auf einem lehmigen Hof absetzt, pinkelt ein Mann direkt vor uns an eine Hauswand. Eine kleine Blechhütte und eine Kuh warten auf der einen Seite, das Hotel auf der anderen.

Wir werden hier zwei Tage verbringen, um etwas über das Sterben zu lernen. Wie gesagt seltsam, da man in Deutschland doch alles dafür tut, um nicht an die ablaufende Sanduhr des Lebens erinnert zu werden. Doch hier ist alles aufs Sterben ausgerichtet. Die Einheimischen verdienen damit ihr Geld, Pilger reisen an, um sich einer Reinigung zu unterziehen, und Touristen wie wir sind auf der Jagd nach interessanten Erfahrungen.

Und dann gibt es noch die Toten und «Halbtoten», die hier sind, um Erlösung für ihre Seelen zu suchen. Denn wer sich hier am Flussufer des Ganges verbrennen lässt, der hat nach dem Glauben der Hindus die Chance, für immer von dem Kreislauf der Wiedergeburt befreit zu werden. Die Seele muss sich dann keinen neuen Körper mehr suchen und kann endlich dem ganzen «Elend des Lebens» entkommen. Das geht nur hier am Manikarnika Ghat – einem der wichtigsten Verbrennungsplätze von Varanasi.

Ein kleiner Mann mit dunklen, wachen Augen kommt auf uns zu. Sein Mund ist rot, er kaut Betelnuss, die Zähne sind schon halb verfault, und er faltet bedächtig die Hände vor seinem recht eindrucksvollen Bauch. Er erzählt uns, dass er zu den zehn einzigen Männern hier gehöre, die sich um die Toten kümmern, vor allem um die Armen. Er bietet an, uns ein paar Sachen zu erklären, wir brauchen ihm dafür auch gar kein Geld zu geben, denn er macht das seit sechs Jahren ausschließlich für sein Karma.

Wir sind einverstanden, und ich spreche ihn auf den «Kautabak» in seinem Mund an, der alles andere als gesund und asketisch ist. Er entschuldigt sich – das sei wirklich eine schlechte Gewohnheit – und lacht munter. Dann stapft er los, schiebt eine Kuh zur Seite, die sich gerade etwas zu essen sucht, genau wie ein paar Hunde, die nach Überresten buddeln. Wir folgen ihm.

Es riecht eigenartig, eine Reihe von Scheiterhaufen liegt qualmend da, Holzverkäufer und Hilfsarbeiter warten auf die nächsten Familien mit ihren Toten. Ein toter Hund liegt ein paar Meter weiter im dunklen Schlamm.

«Werden hier auch Tiere verbrannt?», fragen wir.

«Nein, natürlich nicht!», meint unser Guide. «Der ist wahrscheinlich hier angeschwemmt worden. Hier werden nur Leute verbrannt, die sich das Holz leisten können. Wie man stirbt, hängt von der Kaste ab, in der man steckt. Da unten, direkt am Fluss, sterben die Armen, darüber die Mittelklasse und da oben die Reichen. Wer nicht eines natürlichen Todes gestorben ist, wird auf der anderen Seite des Flusses da hinten verbrannt – sie kommen aber nicht sofort ins Nirwana. Und dann gibt es noch Menschen, die nach ihrem Tod nicht brennen müssen, weil sie keine Sünden haben – das sind schwangere Frauen, Leute, die von einer Schlange gebissen wurden, und Kinder unter zehn Jahren sowie die Priester. Sie werden im Ganges versenkt und kommen direkt in den Himmel.»

Ich sehe nur Männer an den Verbrennungsstellen. Frauen sind hier nicht erlaubt.

«Die müssen zu Hause bleiben, weil sie oft hysterisch sind und weinen – und wir nicht wollen, dass sie sich zu ihren gestorbenen Ehemännern oder Söhnen in den Scheiterhaufen werfen. Das ist früher öfter passiert!»

Unser «Freund» spuckt in den Schlamm. «Wenn jemand stirbt, wird er von seiner Familie gewaschen, es folgen einige Rituale zu Hause, und die Leiche wird mit Ghee, Joghurt und Gewürzen eingerieben und in ein Tuch gehüllt. Vier Männer tragen die Leiche auf einer Bahre hierher, und dann brauchen sie viel Holz. Das Holz ist teuer, und viele Arme haben nicht das Geld für das spezielle Holz. Aber nur damit kann man hier verbrannt und erlöst werden. Wollt ihr nicht für die Armen Geld geben, damit ihre Seele Erlösung finden kann?»

Er sieht mich an, appelliert an mein Mitgefühl und meinen Geldbeutel, aber ich schüttle so höflich wie möglich den Kopf.

«Es tut mir leid», versuche ich zu erklären, «ich möchte mich lieber um die Lebenden kümmern.» Ich würde ihm gern sagen, dass der Gott, den ich kenne, keinen Unterschied zwischen Reichen und Armen macht und ihm auch nicht wichtig ist, wo jemand stirbt, sondern was zu Lebzeiten in seinem Herzen war.

Aber so weit komme ich nicht, weil er sich nun direkt an meine Geschwister wendet, um von ihnen Geld zu bekommen. Aber auch sie wollen lieber den noch lebenden Krüppeln und Armen helfen, die es in Varanasi überall gibt.

Ich drücke ihm etwas Geld für seine «Führung» in die Hand, das er widerwillig annimmt (da er ja eigentlich nur für sein Karma hier hilft …). Sein Gesichtsausdruck hat sich in Sekunden verwandelt. Mit kalten, gierigen Augen geht er davon. Später erfahren wir von einem Bootsmann, dass er zu den vielen Betrügern hier gehört, die sich mit dieser Masche persönlich bereichern.

Wir suchen einen Weg raus aus dem matschigen, qualmenden Ort und spazieren zurück. Eine Familie kommt uns entgegen, vier junge Männer legen die eingewickelte und mit orangefarbenen Blumengirlanden geschmückte Leiche ab.

Es wird kaum geweint und nur wenig geklagt. Alles wird für die Verbrennung vorbereitet: Die Knochen müssen zerbrochen werden, vor allem die des Schädels. Es dauert um die drei Stunden, bis der ganze Körper verbrannt ist – je nachdem, wie trocken das Holz ist. Dann werden Asche und sonstige Reste in den Fluss geworfen.

Der Tod steht hier mitten im Leben: zwischen herumtollenden Hundewelpen und wiederkäuenden Kühen, spielenden Kindern und waschenden Frauen, die ihre nassen Laken nur wenige Meter weiter zum Trocknen auf die Treppenstufen legen. Jungen lassen Drachen steigen. Ein paar Jugendliche spielen Cricket. Mein Bruder verfängt sich in einer herumliegenden Drachenschnur.

Überall will uns jemand etwas verkaufen: Unzählige Bootsbesitzer warten mit einem Angebot, Priester wollen uns für Geld Mantras singen, bekiffte Sadhus («heilige Männer») mit angemalten Gesichtern, langen Haaren und orangefarbenen Kleidern bieten sich als Fotomotiv an, Mädchen versuchen es mit Blumen in Opferschalen, die Glück bringen sollen. Mit dem Tod wird hier offensichtlich ein großes Geschäft gemacht.

Am Abend steigen wir in das kleine Ruderboot eines freundlichen Inders namens Ashok. Er bekommt im Durchschnitt einen Euro pro Person für eine Stunde Rudern. Er hat nie eine Schule besucht, sondern schon mit zwölf Jahren angefangen zu arbeiten. Er glaubt, dass er schon bald seine eigenen Eltern hier am Ufer des Flusses verbrennen muss, denn sie sind schon sehr alt.

Nicht weit von uns entfernt schwimmt eine tote Kuh im Wasser. Aber es stinkt nicht, obwohl sie schon länger hier herumschwimmt. Die Hunde am Flussufer würden sich gern bedienen, aber es ist ihnen zu kalt.

Ich schaue in das dreckige Wasser des «heiligen Flusses». Viele Pilger und Einheimische kommen jeden Tag schon vor Sonnenaufgang hierher, um sich in der ekligen Brühe zu waschen – in der Hoffnung, dadurch auch ihre Sünden loszuwerden.

Ich habe gelesen, dass sich im Ganges, der in Indien als Inbegriff der Reinheit gilt, 10.000 Mal mehr fäkale Bakterien befinden, als die WHO als Obergrenze für sicheres Baden empfiehlt. Ich würde für kein Geld dieser Welt auch nur einen Fuß hineinstecken, und die Inder springen hinein, als wäre es ein klarer Gebirgssee. Interessant, was der Glaube bewirkt.

Zurück im Hotel sehen wir uns das Treiben von der Dachterrasse aus an. Im Ashram nebenan sonnen sich ein paar Sadhus auf dem Flachdach, machen Yoga oder rauchen Joints. Auf der Straße suchen Hippies nach einem Café, Kühe blockieren den Straßenverkehr, und eine Frau schmeißt ihren Abfall durch ein Fenster auf die Straße. Affen streiten sich um eine leere Plastiktüte, Kinder winken und lachen.

Ich fühle mich wohl und unwohl zugleich in dieser dreckigen alten Stadt. Sie zeigt mir, dass der Tod zum Leben gehört und es wichtig ist, sich ihm zu stellen, weil man ihn nicht verhindern kann. Wann meine Tage gezählt sind, das weiß ich nicht. Aber ich bin vorbereitet und möchte jeden Tag bewusster angehen.

Ein Vers aus der Bibel fällt mir dazu ein, den ich als Kind nicht mochte: «Gott, lehre mich bedenken, dass ich sterben muss, so dass ich klug werde» (vgl. Psalm 90,12). Als Christ brauche ich keine Angst vorm Ende zu haben, denn ich bin schon jetzt durch Gnade erlöst. Ich vergesse zu oft, wie groß dieses Geschenk ist. Es ist einzigartig. *Danke, Jesus. Du hast den Stachel des Todes persönlich gezogen. Meine Zeit steht in deinen Händen. Hilf, dass ich sie sinnvoll nutze.*

Offenbar sind nicht nur die Straßen in Varanasi dreckig – wir leiden alle drei seit unserer Reise an schlimmen Bauchschmerzen und Magen-Darm-Problemen. Wir müssen also ein Restaurant erwischt haben, das es mit der Hygiene nicht so ernst nimmt. Das ist ziemlich gemein, weil wir gerne und viel essen. Aber wir nehmen es mit Humor. In Deutschland ist man bei diesen Themen eher zurückhaltend, aber in Indien redet man gerne über alles, was mit der Verdauung und den damit verbundenen Problemen zu tun hat – und so üben wir mit ungewohnter Offenheit Gespräche ganz neuer Art …

Die Zeit vergeht viel zu schnell. Meine Geschwister fliegen zurück nach Deutschland.

Wir verabschieden uns am Flughafen vor einer Elefantenskulptur. Ich hoffe, sie kommen bald wieder.

Viele Träume und kleine Krisen

Ich bin irgendwo im Ausland, es ist chaotisch, und ich habe die Orientierung verloren. Markus sagt mir, dass er mich verlässt …

Ich schrecke auf, schaue zur Seite. Er liegt neben mir. Ich atme beruhigt aus. Der Traum hat sich so real angefühlt. Furchtbar. So was habe ich noch nie geträumt.

Markus ist von meinem Traum auch aufgewacht und fragt, ob alles okay ist.

Ich nehme seine Hand. Und bin einfach nur froh. Ich erzähle ihm, dass er mich im Traum alleine ließ und ich furchtbare Angst hatte, dass er mich nicht mehr liebhaben könnte.

Markus nimmt mich in den Arm und sagt im Halbschlaf: «Das ist völlig unmöglich», und schläft wieder ein.

Ich liege noch länger wach. Der Gedanke, dass ich irgendwann ohne Markus leben müsste, macht mich unendlich traurig. Wir sind noch gar nicht lange verheiratet, aber ich habe mich so an ihn gewöhnt und ihn so lieb, dass ich mir nicht mehr vorstellen will und kann, ohne ihn zu sein. Wie schön, dass wir uns haben. Das ist ein Geschenk.

Ich ärgere mich, dass ich immer noch oft Alpträume habe. Warum habe ich noch so viele Kämpfe, obwohl ich mit dem Kopf doch schon so vieles verstanden habe? Kommt mein Herz nicht hinterher? *Wo bist du, Gott? Ich will dich doch mehr erleben* … Ich bete lange in dieser Nacht. Und bitte Gott, dass er doch auch meinem Herzen Frieden schenkt und ich endlich lerne, ihm ganz und gar zu vertrauen.

Rishikesh: Eine Woche im «Yoga-Ashram»

«Bist du dir sicher, dass das eine gute Idee ist?» Meine Eltern und konservativ eingestellte Freunde reagieren etwas irritiert, als ich ihnen am Telefon von meinem Plan erzähle.

Aber ich bin absolut sicher, dass ich nach Rishikesh fliegen soll. Keine Ahnung, warum. Aber irgendwie habe ich von Gott das «Go!», und das, obwohl ich weder Yoga mag, noch gerne mit vielen Hippies meine Zeit bei Lach-Meditation oder ayurvedischen Säuberungspraktiken verbringe. Aber ich will nach Rishikesh – an den Ort, wo vor fast fünfzig Jahren die Beatles in einem Ashram lebten, bevor sie, enttäuscht von ihrem gierigen Guru Maharishi Mahesh Yogi, abreisten. Das hat Millionen von anderen Sinnsuchenden nicht davon abgehalten, hierherzukommen.

Markus und ich fahren zusammen zum Flughafen, er wird dienstlich verreisen, und ich fliege nach Rishikesh – eine Pilgerstadt am Fuße des Himalayas. Dabei handelt es sich um die Stadt, wo kürzlich der nackte Tourist für Aufsehen gesorgt hat.

Es ist meine erste Reise ganz alleine in Indien. Nach Kaschmir war ich ja mit meiner Schwester und nach Nagaland mit zwei Freunden geflogen. Jetzt stehe ich mit meinem Rucksack am Terminal und sage meinem Mann Adieu. Es ist ein herzlicher Abschied, vielleicht weil die letzten Wochen eher schwierig waren. Markus musste viel arbeiten, und ich kämpfe immer wieder mit meiner Rolle in dem neuen Land und in der Ehe.

Ich merke mehr und mehr, dass ich eigene Abenteuer und Herausforderungen brauche, sonst gehe ich ein wie eine Pflanze, die nicht für ein Leben im Haus geschaffen ist. Ich muss öfter an die frische Luft, die ich in Delhi leider nicht habe. Und ein Yoga-Retreat hört sich nach einem Abenteuer an.

Der Weg vom Flughafen nach Rishikesh ist mal wieder viel länger als angegeben. Nach einer langen ruckeligen Reise komme ich in dem von Touristen überlaufenen Ort an. Es ist dreckig, dauernd hupt es, und allerlei Kartenverkäufer und sonstige Geschäftsleute versuchen, Kundschaft zu finden.

Der Ort ist ganz schön runtergekommen, aber er lebt immer noch vom Tourismus. Neben Yoga und Ayurveda-Schulen gibt es viele Wassersport-Angebote. Der Ganges ist hier überraschend sauber, und die Berge und Wälder laden zum Wandern und Joggen ein.

Ich werde mit allem Gepäck von einem Mopedfahrer in das Hostel der Yoga-Schule gefahren, der Fahrer hat ein Tempo und einen Fahrstil drauf, als wären wir auf der Flucht.

Meine Unterkunft ist eine heruntergekommene Yoga-Schule. Hier leben um die zwanzig Studenten, die größtenteils mehrere Wochen hier verbringen. Manche, weil sie in England oder Amerika Yoga-Lehrer werden wollen. Andere suchen Erlösung, wissen nur nicht genau, von was.

Ein kleiner dünner Mann, der auch Hausmeister und Wachpersonal ist, zeigt mir meinen Raum. Er ist kalt und ungemütlich. Durch das undichte Fenster pfeift der Wind, und auf dem Boden krabbeln ein paar Insekten herum. Es kann also noch heiter werden hier.

Unter Hippies und Yogis

Das Abendessen findet auf der Dachterrasse statt. Viele junge Leute aus allen möglichen Ecken der Welt versammeln sich hier nach und nach, schnappen sich ein Blech-Tablett und einen Löffel und nehmen sich mit einer Kelle aus zwei Töpfen Reis und Linsen, dazu Chapati (eine Art dünnes Fladenbrot). Um uns herum schwirren jede Menge Fliegen.

Ich nehme mir auch etwas zu essen und sehe mich um. Es ist recht spartanisch hier, aber es gibt ein paar Kissen. Wir sitzen also auf dem Boden, vor uns die Blech-Tabletts. Abgewaschen werden diese hinterher per Hand mit kaltem, nicht gerade sauber aussehendem Wasser aus dem Hahn.

Die anderen Yoga-Schüler sind sehr nett, eine Mischung aus Hippies, reiselustigen Ökos und unschlüssigen Anfang-20-Jährigen. Ich sitze mit einem lustigen Italiener, einer etwas traurig aussehenden Niederländerin und einer hochmotivierten Amerikanerin zusammen. Sie machen hier eine Ausbildung und wollen nach Abschluss des Kurses als Allererstes einen Burger essen, natürlich einen vegetarischen. Sie fragen mich, was ich hier mache. Ich erzähle ihnen, dass ich in Indien lebe und versuche, das Land und die Leute kennen zu lernen.

Der Ashram-Yoga-Meister und Guru kommt dazu. Er hat einen Bart, grinst viel und trägt orangefarbene Kleidung. Seine

Tochter buhlt um Aufmerksamkeit. Der Guru schickt sie nach wenigen Sekunden weg, ruft eine Nanny, die das Kind auf den Arm nimmt und den Raum verlässt.

Der Guru begrüßt mich. Sein Lächeln wirkt etwas aufgesetzt. Er erklärt mir amüsiert, dass seine Frau weit weg in einem Dorf lebt. Er hat ihr das Kind weggenommen und es mit sich hierhergebracht. Er sagt, dass Frauen sehr anstrengend sind und nie genug bekommen. Das macht ihn mir nicht gerade sympathischer.

Zeremonie zum Glücklichwerden

Es ist schon bemerkenswert, wie unterschiedlich hier Tag und Nacht sind. Tagsüber wird es richtig heiß – und nachts dermaßen kalt, dass man kaum seine Füße und Hände spürt. Die erste Nacht ist laut und schlaflos, die Yoga-Schüler, der kalte Wind und jaulende Hunde halten mich wach.

Zwischendurch stehe ich auf und gehe zum Empfang, wo der Hauswächter tagsüber an einer Art Schreibtisch sitzt. Ich brauche dringend eine zweite Decke. Doch der Typ schläft auf dem Boden hinter dem Schreibtisch. Tagsüber arbeitet er, nachts schläft er hier und bewacht anscheinend das Haus. Ich schleiche mich frierend zurück in mein Zimmer.

Am nächsten Morgen stehe ich früh auf und gehe eine Runde laufen. Auf dem Weg zum Ganges begegnen mir massenhaft Kühe und Affen sowie zahlreiche Menschen. Auch hier in Rishikesh wird gehupt, was das Zeug hält – selbst am frühen Morgen. Der Ganges hier ist sauber, türkisfarben und wirklich schön, ganz anders, als ich ihn an anderen Orten gesehen habe. Hier kommt das Wasser direkt von den Bergen und ist noch nicht zugemüllt. Nur am Ufer findet man Plastik.

Um zehn Uhr stehe ich in einem Gymnastikraum. An einer Wand steht ein Schrein mit dem elefantenköpfigen Gott Ganesha und einigen Opfergaben und Räucherstäbchen. In der Mitte des Raumes hat man für uns eine Art Willkommenszeremonie vorbereitet. Wir sind nur drei Leute: eine Mutter mit ihrer Tochter aus Dubai und ich. Die beiden mag ich sofort sehr gern.

Die Tochter erzählt, dass sie eine Woche Auszeit brauche wegen all dem Stress in ihrem Job. Sie sind in Nepal geboren, leben aber schon lange nicht mehr dort. Unsere Unterhaltung endet, denn der Guru betritt den Raum.

Er heißt uns willkommen und sagt, wir sollen nun still sein und in uns hineinhören. Wir schweigen. Leider klingelt sein Handy andauernd … Es ist also nicht leicht, in sich hineinzuhören, aber ich versuche es.

Er fängt an zu erklären, dass Yoga ein Lebensstil ist. Dass unser Körper jetzt anwesend, aber unser Geist noch nicht hier sei. Es folgen Gebete und Reinigungsrituale, wir sollen Kräuter, Butter und Zucker ins Feuer werfen, denn das soll uns läutern.

«Ihr sollt euch verbrennen, damit ihr mehr scheint!», sagt der Guru voller Inbrunst. Dann wird Wasser auf Mund, Nase, Augen, Ohren, Kopf und Schultern gesprenkelt. Und ein langes «Oooooohm» ertönt aus seinem Mund.

Ich bete stattdessen für Markus, meine Mutter und meinen Vater, natürlich leise und ohne die anderen zu stören.

Im Hintergrund spielt ein Rekorder eine Musik, die sich ständig wiederholt. Wir kriegen einen roten Punkt auf die Stirn, dann eine Tüte mit einem Notizbuch, einem Zungenreiniger, Nasenspüler und eine Plastik-Trinkflasche sowie einen orangefarbenen Blumenkranz um den Hals.

Ich weiß, dass diese Blumen von den Hindus zum Schmücken und Opfern verwendet werden. Ich mag das Feuer in unserer Mitte, nur hätte ich jetzt lieber ein Stockbrot und ein paar Freunde mit Gitarre an meiner Seite …

Es soll uns bald besser gehen, sagt der Guru, wir sollen frei und schön und glücklich werden – deshalb streut er Blumen auf unser Haupt. Dann folgt eine Pause.

Wir gehen zum Mittagessen. Eine Studentin fragt uns, warum wir hier sind. Das Mädel aus Dubai berichtet, was sie mir bereits erzählt hat – dass sie eine Auszeit brauche, um sich wieder zu finden.

Und ich sage, dass ich mich nicht mehr finden muss, aber neugierig bin.

«Ah!», sagt sie nur und lächelt.

Genau in diesem Moment kommt ein Affe auf den Tisch gesprungen und klaut meine Banane. Aber er schnappt sich auch die von meiner Tischnachbarin.

Nach dem Essen gehe ich spazieren, setze mich für eine Weile auf eine Mauer. Von hier aus kann ich den Ganges und die Berge betrachten. Rotzende Männer kommen vorbei, aber ich versuche sie zu ignorieren. Auf dem Fluss sind einige Leute beim Water-Rafting zu sehen. Gleich gibt es noch eine Yoga-Stunde, anschließend Meditation und dann das Abendessen. Bin mal gespannt, wie das wird …

Leiden lernen für Anfänger

Die Yoga-Stunde ist anders, als ich es bisher kennen gelernt habe. Die Trainerin macht nur wenige Übungen, doch diese sollen wir sehr lange halten. Es erinnert an Pilates und ist extrem anstrengend. Nach einer Stunde kriegen wir einen Tee und treffen uns anschließend zur Meditation mit den restlichen Studenten.

Wir sitzen mit etwa dreizehn Leuten in dem langgezogenen Raum. Eine Meditationstrainerin sitzt am oberen Ende. Der Guru zeigt mir, wie ich sitzen soll. Eine Art Schneidersitz, Rücken kerzengerade und die Hände zusammen – Daumen und Zeigefinger berühren sich. Es ist nicht gerade bequem.

«Es geht bei allem um das Leiden», sagt er und setzt sich ebenfalls hin.

Tatsächlich tut diese Form der Meditation körperlich weh. Wir sollen uns nicht bewegen. Eine Stunde geht es so. Irgendwann fange ich an, wortlos zu beten.

Da ertönt seine Stimme: «Denkt nur an euch selbst. Nur an euch selbst. Betet für euch selbst, nicht für andere. Fühlt in euch. Ihr seid nicht euer Körper. Ihr seid nicht euer Geist.»

Es folgt ein eintöniger Gesang, wir sollen ein Wort minutenlang singend wiederholen, um uns an uns selbst zu erinnern. Ich habe Schmerzen und muss an die Worte anderer Studenten beim Abendessen gestern denken, die über starke Knie- und Rückenprobleme klagten.

Ist dieses Yoga eine Ersatzreligion?, frage ich mich und versuche den Schmerz auszuhalten.

Wir wiederholen das Ooooooohm so lange wie möglich.

Nach einer Stunde Meditation in der Dunkelheit höre ich knackende Körperteile der anderen Kursteilnehmer. Dann erzählt der Guru, warum das Yogi-Dasein Leiden heißt. Dass wir alle von Krishna lernen sollen, was Yogi-Sein genau bedeutet.

Der Guru erzählt uns von seinem großen Vorbild Krishna. Im Knast geboren, als Kind ein Dieb – er stahl Milch und Käse. Später hat er Frauen, die Milch und Käse an einen Herrscher verkauften, mit Steinen beworfen.

«Aber er hat ja nicht wirklich geklaut! Er hat nur so gerne Milch und Käse gemocht und sich halt etwas davon genommen … Als die Besitzerinnen der Milch zu seiner Mutter gingen, um sich zu beschweren, waren sie von seiner Schönheit so beeindruckt, dass sie nicht mehr böse waren!», wirft die Meditationslehrerin ein.

Der Guru wackelt mit dem Kopf und fährt fort, dass es viel um Liebe geht.

«Krishna war verheiratet, aber dann traf er eine andere Frau, und die Liebe zwischen ihnen war zu stark. Alle liebten Krishna, er hatte Tausende von Groupies!», lacht der Guru und wirft sich das lange Haar auf den Rücken.

Ich weiß nicht genau, was ich denken soll.

«Darf ich was fragen?», melde ich mich zu Wort.

Der Guru nickt.

«Woher weiß man das alles über Krishna? Zu den ersten schriftlichen Berichten über ihn kam es doch erst tausend Jahre später.»

Der Guru sagt, der Wert der mündlichen Überlieferung sei viel größer als der aller Schriften. Dann kommt er plötzlich auf Jesus zu sprechen.

«Wie Jesus die andere Wange hinzuhalten, kann ja manchmal gut sein, aber manchmal muss man eben auch kämpfen. Jesus war übrigens von Krishna inspiriert! Die Bibel ist ein großes Buch der Liebe, und Jesus ist ja auch hier in Indien aufgetaucht …»

So viel Unsinn macht mich echt nervös, aber ich versuche ganz entspannt zu bleiben.

«Wie kommst du darauf, dass Jesus von Krishna inspiriert wurde?», will ich wissen.

Der Guru findet es ganz einfach: «Na, Jesus ging doch auch auf einen Berg, um zu beten. Genau wie Krishna!»

Ich muss innerlich lachen. Die anderen Studenten grinsen, schweigen aber während des Gesprächs, sie scheinen abwesend zu sein und dem Guru nicht wirklich zuzuhören.

Später beim Abendessen kommt eine Britin auf mich zu. Wir schöpfen uns gerade beide etwas Reis und Linsen auf den Teller, und sie sagt leise: «Es lohnt sich nicht, mit dem Guru zu diskutieren. Da sprichst du mit einer Wand. Glaub mir.»

Sie ist schon seit ein paar Wochen hier.

«Ich nehme den Blödsinn hin und stelle meine Ohren einfach auf taub, wenn er seine langen spirituellen Monologe hält.»

Ich weiß nicht, ob ich das kann oder will, aber es wäre vielleicht die einfachste Art, mit ihm umzugehen.

Tempelbesuch im Morgengrauen

Es ist fünf Uhr am Morgen, und ich sitze zusammenge-
quetscht mit mehreren Studenten in einem Jeep. Wir fahren
als Kolonne in die Berge hinauf. Nach einer Stunde und vielen
Serpentinen kommen wir am Ziel an und laufen eine Menge
Treppenstufen hoch zu einem Tempel. Hier soll es eine besondere «Energie» geben, die wir alle brauchen.

Die Sonne geht auf. Wir sollen nacheinander Yoga-Übungen
auf unseren Matten vorführen, die dann alle anderen mit-
bzw. nachmachen sollen.

Mich zieht es nach zwanzig Minuten weg von der Yoga-Ak-
tion, hin zu den Bergen, die uns umgeben. Da ich meine Matte
am Rand habe, fällt es niemandem auf, dass ich mich weg-
schleiche. Ich gehe auf die andere Seite des Tempels und setze
mich auf eine Mauer. Offensichtlich bin ich nicht die Einzige:
Unweit entfernt sitzen andere Studenten und sonnen sich. Um
den Tempel herum liegen Müllberge.

Tolle Energie!, denke ich wütend, *wenn dieser Ort so heilig
ist, warum schmeißen dann alle ihr Zeug achtlos weg?*

Als Mittagessen bekommen wir eine Banane und etwas
Toast. Die Rückfahrt verbringe ich mit einer Russin, einem
Amerikaner und einer Japanerin. Außerdem lerne ich Sarah
kennen, die neben mir sitzt. Sarah lebt in London und ist eine
sehr erfolgreiche Investmentbankerin. Wir lachen viel und un-
terhalten uns angeregt über alles Mögliche, bis eine andere
Studentin plötzlich die Wagentür aufstößt und sich wegen der
Serpentinen übergeben muss.

Ein Yoga-Student mit langen Haaren und einem ausgepräg-
ten Hang zur Selbstdarstellung teilt uns mit, dass er bald
Heavy-Metal-Yoga anbieten will – in einem dunklen Raum
mit schwarzen Kerzen und so weiter. Er meint, dadurch könne
man seine Aggressivität besser loswerden. Ein paar Studenten
halten das für eine grandiose Geschäfts-Idee.

Sarah und ich verabreden uns um 13 Uhr zum Mittagessen, denn wir können das pampige Einerlei der Kantine nicht mehr sehen.

Auf den Spuren der Beatles

Wir haben ein tolles «Beatles-Café» gefunden, essen und reden hier stundenlang. Sarah ist 35 Jahre alt, Single, hat einen Hund und hätte dazu gern noch einen Mann. Aber bisher hat sie nicht den Richtigen getroffen, vielmehr eine Menge von Falschen. Sie ist katholisch. War dann aber in einer charismatischen Gemeinde, wo sie sehr schlechte Erfahrungen gemacht hat. Sie hat spontan ihren Job geschmissen, will nicht mehr nur für ihre Arbeit leben. Also kam sie nach Indien – um irgendwie neu anzufangen, einen neuen Plan zu bekommen für ihr Leben.

Sie liebt wie ich das Laufen, hat auch einige Triathlons absolviert und versucht es nun mit einem vierwöchigen Yoga-Kurs. Den Hinduismus und die Geschichten des Gurus findet sie genauso schwierig und unverdaulich wie ich. Wir müssen beide lachen, weil sie ausgerechnet in Rishikesh einer waschechten Christin gegenübersitzt.

«Damit habe ich echt nicht gerechnet!», sagt sie lachend.

«Gott hat Humor,» erwidere ich nur und trinke meinen Lassi, ein Joghurtgetränk.

Später erzählt mir Sarah, dass sie ein Reinigungsritual machen mussten, das sprichwörtlich zum Kotzen war.

«Man schluckt ein Tuch runter und würgt es dann wieder aus. Ganz ehrlich, wenn die Menschen hier in Indien nicht so dreckig wären und alles um sich herum verschmutzten, müssten sie diese extremen Reinigungssachen gar nicht machen!»

Ich muss herzhaft lachen, denselben Gedanken hatte ich auch schon beim Ayurveda-Kurs. Was ich an Sarah mag, ist ihre ironische Art, dass sie auch gerne diskutiert und viel lacht.

Atmen, bis die Luft ausgeht

«Es gibt achtzehn Sorten von Yoga, aber vielleicht auch mehr!›, sagt man uns, bevor uns am frühen Morgen eine weitere Art beigebracht wird.

Ich habe wieder wenig geschlafen, denn die Hunde und der Wind waren nachts wieder sehr aktiv. Nach dem Yoga kommt der nächste Kurs: Atemübungen.

«Der Mensch kann ohne Luft, Licht und Liebe nicht leben. Und schon Einstein hat gesagt, dass jede Aktion zu einer Reaktion führt!»

Der Guru gibt uns erst mal wieder eine sehr ausgiebige Lehrstunde und mischt dabei wieder kräftig im Topf seines Wissens und dessen, was er mal irgendwo gehört und aufgeschnappt hat. Er erklärt, es gebe 150.000 Energie-Kräfte, aber da sei er nicht so sicher, vielleicht seien es auch 200.000.

«Ihr wisst ja, wie das ist – jedes Buch sagt was anderes …»

Das Zuhören fällt mir schwer. Nach zwanzig Minuten wird es immer wirrer, und er fragt alle dreißig Sekunden, nach einer kleinen Pause: «You understand?»

Ich kann den Guru trotz aller Bemühungen einfach nicht so richtig ernstnehmen.

Die Frau aus Dubai sitzt neben mir und bekommt langsam Krämpfe wegen der Sitzhaltung, die wir immer dann einnehmen sollen, wenn wir eine Lektion erhalten. Eine Stunde so durchzuhalten wird für mich fast zur Quälerei. Aber vielleicht, sage ich mir, ist es mal ganz gut, anders zu sitzen als im Alltag.

Im Anschluss lernen wir drei Atemtechniken. Eine erinnert an ein Krokodil. Die zweite ist ein ruckartiges Ausatmen aus der Nase wie mit einem Blasebalg, der Bauch bewegt sich dabei. Herzkranke sollten diese Version laut dem Guru nicht anwenden.

Wir atmen zwanzigmal schnell aus und machen das dreimal. Die dritte Übung ist sehr angenehm: Wir halten uns ein

Nasenloch zu und atmen durch das andere ein und aus. Dann wechseln wir das Nasenloch.

«Das linke Nasenloch muss immer freier sein als das rechte – das zeigt, dass man entspannt ist!», erklärt der Guru und korrigiert erneut unsere Sitzhaltung.

Am Nachmittag rufe ich Markus in einer Pause an. Es ist schön, ihm alles zu erzählen und dass wir gleichzeitig so viel erleben – an zwei völlig verschiedenen Orten. Ich merke, dass es mir schwerfiele, wenn er immer unterwegs wäre und etwas zu erzählen hätte und ich stets zu Hause bliebe. Ich war nie gut im Alltäglichen.

Wie soll das nur werden, wenn wir vielleicht mal Kinder haben? Ich schiebe den Gedanken weit weg und mache einen Spaziergang. Leider ist man auch hier nie alleine. Es sei denn, man liefe in den Wald, welcher Rishikeshs Berge umgibt …

Da wir noch eine Stunde frei zur Verfügung haben, gehe ich also laufen. Es ist herrlich und für mich die weit bessere Meditation und Atemübung. Ich finde einen Weg, der in die Berge führt, und folge ihm. Mir begegnet kein Mensch. Nur einige riesige Spinnen in gigantischen Spinnennetzen, Vögel und Kriechtiere.

Beim Abendessen sitze ich neben einer Studentin, die wegen Bauchschmerzen kaum einen Bissen runterkriegt. Sie tut mir leid. Ich esse dankbar das Reis- und Linsengericht.

Fieberattacken und Glückslektionen

Um drei Uhr nachts wache ich mit Fieber und schrecklichen Magenkrämpfen auf. Ich muss mich übergeben – was für mich äußerst ungewöhnlich ist. Ich glaube, das habe ich nur einmal als kleines Kind erlebt. Ich verbringe die restlichen Stunden bis zum Morgen auf dem Klo.

Um acht Uhr fühle ich mich besser und gehe zum Yoga. Ich

warne meinen Yoga-Lehrer, aber der verspricht, dass mir die Übungen helfen werden, weil sie den Körper entkrampfen.

Er fragt, ob wir auch mal eine im Westen beliebtere Version des Yoga lernen wollen. Wir sind einverstanden, und ich merke, dass mir diese Art wirklich mehr liegt – man springt in die Positionen und kommt richtig ins Schwitzen, die Übungen gehen mehr auf den Oberkörper. Anschließend geht es weiter mit Streckübungen und speziellen Yoga-Gurten.

Ich muss sagen, dass ich einige Übungen vom Yoga wirklich gut und hilfreich finde, da meine Muskulatur doch ziemlich verkürzt ist und ich mich zu selten dehne. Wäre dieser «Sport» nur nicht in weiten Teilen so extrem mit der hinduistischen Weltanschauung durchdrungen …

Zu Mittag esse ich lieber nichts und trinke nur Tee und Wasser mit Flohsamen. Es soll gegen alle Arten von Magen- und Darmproblemen helfen. Bei der Essenspause stelle ich fest, dass außer mir noch einige andere nur Tee trinken.

Am Nachmittag folgen wieder Lernstunden beim Guru. Nachdem wir den korrekten Meditationssitz eigenommen haben, verkündet er mit voller Überzeugung:

«Ich kann sehen, dass ihr heute alle glücklich seid und es euch sehr gut geht!»

Ich muss schmunzeln. Wenn er wüsste … Ich bleibe stumm und versuche meinen Bauch zu beruhigen. Diesmal geht unser Guru ausschweifend auf die Rolle der fünf Elemente in unserem Leben ein. Und auf die Körpersprache.

«Was meint ihr, wie geht es mir?», fragt er mit breitem Lächeln.

Schlecht, du hast eine Erkältung und trübe Augen, deine Nase ist zu, denke ich – sage aber lieber nichts, denn ich ahne, dass es ihm seiner Meinung nach ganz wunderbar geht und er sowieso nie krank ist.

«Ich bin sehr gesund, und es ist sehr wichtig, mit seinem Körper happy zu sein!», sagt er und putzt sich kurz darauf die

Nase. Dann redet der Guru über Menschen, die sich selber schlagen, und wieder darüber, wie wichtig es ist, die Yoga-Sitzposition richtig einzunehmen. Dann geht es um die richtige Handhaltung beim Atmen und Meditieren.

Nach dem Vortrag machen wir wieder Atemübungen und sollen uns danach freier fühlen. Abends gibt es eine Tanzmeditation. Fünfzehn Minuten Ausschütteln des Körpers, fünfzehn Minuten Tanzen im Dunkeln und fünfzehn Minuten Sitzen, abschließend fünfzehn Minuten schweigendes Liegen.

Ich höre immer mehr von kranken Studenten. Mir geht es zum Glück schon wieder besser.

Erst mal eine Runde lachen

Am nächsten Tag steht vormittags eine Wildwasser-Bootsfahrt auf dem Programm. Es ist herrlich, mitten in der Natur, mit den hohen Wellen und dem Kampf auf dem Wasser. Nach einer Stunde kommen wir durchnässt und kalt, aber glücklich zurück zur Schule.

Der Guru hört von meinen Magenproblemen und weist das Küchenteam an, mir ein besonderes Gericht zuzubereiten, das Linderung schaffen soll. Ich finde das sehr lieb, aber leider verbringe ich anschließend wieder eine halbe Stunde auf dem Klo.

Abends gibt es wieder Kurse. Lach-Yoga ist eine weitere neue Erfahrung für mich. Damit hatte ich es bisher nur einmal zu tun – und zwar bei meinem ersten Besuch in Indien, als ich mit Markus in einem Park joggen ging und mich plötzlich erschreckte, weil eine ganze Gruppe von Meditierenden hysterisch zu lachen begann.

Die Yoga-Lehrerin dieses Kurses rät uns, jeden Morgen direkt nach dem Aufstehen erst mal dreißig Sekunden lang zu lachen. Dann würde der Tag von ganz alleine gut werden.

Ich stelle mir vor, wie ich das nur mal so zum Spaß in Delhi mache – Markus würde wahrscheinlich denken, ich hätte den Verstand verloren.

Nach der Meditation wird gesungen. Wir erhalten dazu ein Blatt mit den Versen, dessen Inhalt wir nicht verstehen – aber das mache nichts, versichert die Lehrerin, wir würden auch ohne Verständnis der Zeilen gesegnet. Abends esse ich nur noch einen geriebenen Apfel und gehe früh zu Bett.

Tu die Pilze weg!

Die Fieberattacken sind weniger geworden, aber so richtig fit fühle ich mich nicht wirklich. Nach dem Yoga am Morgen folgt eine Philosophiestunde. Darin erfahren wir unter anderem, dass man nicht mehr als drei Stunden Schlaf brauche – jedenfalls als Yogi nicht.

«Man hat sowieso nur drei Stunden Tiefschlafphase, und den Rest der Zeit verbringt man nur mit schlechten Träumen, also lieber nur drei, höchstens vier Stunden schlafen, das reicht und ist besser.» Was wirklich im Leben zähle, sei seiner Meinung nach harte Disziplin. Er berichtet, dass er nie Alkohol trinkt, dass er natürlich kein Fleisch isst und auch Zwiebeln, Knoblauch und Pilzen aus dem Weg geht, da ihr Effekt auf den Körper genau dem von Fleisch gleiche und ihm schaden würde.

Wir erfahren, dass er schon als Kind von seinem Vater auserwählt wurde, ein spiritueller Lehrer zu werden. Er sagt mir, dass ich aufhören solle, mich zu bedanken. Als Yogi würde man nicht Danke sagen.

Weiter geht es mit der Achtung vor Älteren und dass es zwei Sorten Kühe gibt (warum, habe ich nicht verstanden), am Ende geht's auch noch um die Sensibilität des Menschen.

Nach den Kursen sollen wir ein Grab in den Felsen besichtgen, das eine wichtige Energie verströmen und ein äußerst spiritueller Ort zum Meditieren sein soll. Zwei Leute haben sich hier wohl gar zu Tode gefastet bzw. ins Nirwana meditiert.

Mich macht die Höhle eher traurig, denn Hoffnung sehe ich hier nicht. Ich setze mich anschließend an den Ganges und schreibe Tagebuch.

Ein kleiner Junge klettert mit einem Korb in der Hand über die Steine zu mir hin. Er will mir kleine Blumen-Opfer in Schalen verkaufen, die man auf den Ganges legt, um das eigene Glück zu fördern.

Das Mittagessen lasse ich ausfallen. Ich habe immer noch Schmerzen.

Der letzte Kurs am Abend ist wieder bei der Meditationslehrerin vom Abend zuvor. Sie erklärt, dass es eine ganze Reihe an Meditationen gibt: Lach-Meditationen, Wein-Meditationen, Spring-Meditationen und Tanz-Meditationen – oder Rauch-Meditationen.

Ich hätte zu gerne gewusst, was letztere genau beinhaltet, aber die Lehrerin wechselt das Thema und berichtet aus ihrem Leben. Dass sie wenig zu essen bekam als Kind und keine ausgewogene Ernährung.

«Aber es ging mir gut. Ich war nicht davon betroffen. Das hier ist mein Körper, aber ich bin nicht mein Körper. Richtiges Atmen kann alle Probleme lösen und ist die Brücke zwischen Körper und Geist!»

Ein Abstecher zum Beatles-Ashram

Am nächsten Tag machen wir Meditationen mit vier Schritten und allerlei Atemübungen, die ich kaum erklären kann. Anschließend folgen Reinigungsrituale. Wir lernen, wie man eine Nasendusche benutzt, und die Lehrer sind ganz erstaunt, dass ich längst eine habe und sie in Deutschland vor allem im Winter fleißig nutze. Sie dachten, die Yogis hätten das erfunden und im Westen gebe es das gar nicht.

Nachmittags wandere ich mit Sarah zum Beatles-Ashram, also zu dem Ort, wo die berühmten vier Pilzköpfe 1968 nach Erleuchtung gesucht haben. Ein toller Park, nur leider sehr teuer für einen zerfallenen Ashram, der anscheinend seit Jahren nicht restauriert wurde.

Die vielen Gebäude sind wirklich schön. Es gibt etliche Gemälde und einiges zu erkunden, und wir haben einen treuen Hund an der Seite, der uns nicht mehr verlassen will. Auf dem Rückweg merken wir, dass er unseren Schutz sucht, weil er ständig von anderen Straßenhunden angefallen wird.

Sarah und ich unterhalten uns noch lange, vor allem über Männer, über die Schwierigkeit, den richtigen Platz im Leben zu finden, und über Gott.

«Meine Eltern wissen noch gar nicht, dass ich meinen Job geschmissen habe. Ich habe viel Geld verdient, viel zu viel. Wusstest du, dass in meiner Branche viele Marathon laufen? Alles in dem Business geht um Willenskraft und Leistung. Wenn man keinen leistungsfähigen Körper hat, ist man in der Branche nicht glaubwürdig. Ich liebte das Laufen, wollte aber mit Yoga raus aus dem Leistungsdenken.»

Sarah weiß im Moment nicht, wie es weitergeht. Sie hat keine Ahnung mehr, an was sie glaubt, ist auf der Suche nach Antworten, neuen Wegen, einem anderen Leben.

«Rishikesh – willkommen im Zirkus!», lacht sie, als wir einigen bekifften Touristen begegnen. Fast alle noch sehr jung und auf der Suche nach Identität – Richtung, Wegweisung, Weisheit, Heilung, Hoffnung, Liebe, Seligkeit … Es ist schön, dass sie suchen und nicht so tun, als hätten sie keine Seele. Denn wir haben eine, und die bleibt nicht still.

Sarah seufzt. «Das ist schon schräg. Da laufe ich vor Gott davon nach Indien und werde ausgerechnet am hinduistischen Pilgerort von einer Christin eingeholt.»

Ich muss auch schmunzeln. Vielleicht war ich deshalb von Anfang an so sicher, dass ich hierherkommen sollte, hierher in die Yoga-Hauptstadt der Welt – um Sarah zu zeigen, dass Jesus sie nicht loslassen wird.

Ich habe in diesem Moment viel Freude im Herzen. Denn ich weiß, ich fühle, ich bin sicher, dass ich gerade am richtigen Ort bin. Das habe ich selten. Ich höre offenbar im Alltag nicht oft darauf, wo Gott mich haben will.

Ist Gott alles oder nichts oder in allen von uns?

Die letzte Nacht ist wieder kurz, denn draußen gibt es irgendein Fest auf den Straßen. Der Lärm hält bis Mitternacht an. Später kommt dann wie jede Nacht der beißende Wind dazu, der durch die Ritzen der Fenster pfeift.

Am letzten Tag warte ich auf die Abschlusszeremonie. Aber von den Studenten und vom Guru fehlt jede Spur. Seit gestern Abend frage ich mich die ganze Zeit, was ich tun soll, wenn er mich fragt, wie ich diese Woche fand. Ich will ihm gegenüber nicht unhöflich sein, aber lügen will ich auch nicht. Also, was sagen? Mir fallen keine richtigen Worte ein. Entweder sie klingen zu hart oder zu seltsam.

Plötzlich geht die Tür auf, und im Eingangsbereich der Yoga-Schule steht der Guru. Auch die anderen Studenten, die ihren Abschlusstag haben, tauchen nacheinander auf. Muskelkater hinderte sie wohl daran, früher aus dem Bett zu kommen.

Wir setzen uns hin, und es gibt eine letzte Zeremonie. Dann redet der Guru von der Symbolik der Götter. Dass Gott nichts und alles ist und in allem ist, auch in allen von uns, dass es nicht den einen Gott gibt, sondern Gott überall drin ist. Er würde empfehlen, zu Gurus zu beten, weil sie auch etwas Göttliches haben. Wir sollten den Gurus blind vertrauen, nur so würden wir vorwärtskommen, und nur so gebe es Erkenntnisse.

Es klingt fast so, als sollten wir zu *ihm* beten.

Eine der Frauen aus Dubai fragt ihn daraufhin: «Zu welchem Gott betest *du* denn?»

Seine Antwort: «Die Antwort ist Nein. Ich bete nicht zu einem Gott. Gott ist ja in uns allen … und vielleicht seid ihr sogar eine Reinkarnation Gottes, wie es Krishna und andere waren!»

Ich sage freundlich und etwas belustigt: «Also, ich kann euch versichern, dass ich ganz sicher keine Reinkarnation Gottes bin.»

Dann kommt es natürlich zu der Frage, die kommen musste: «Und, Tabitha, wie hat dir die Woche gefallen?»

Ich frage ihn, ob er eine ehrliche oder eine höfliche Antwort haben möchte (das hat meine Mutter früher immer gemacht und mich damit, um ehrlich zu sein, immer tierisch auf die Palme getrieben). Aber ich weiß in diesem Moment wirklich nicht, wie ich antworten soll.

Er bittet um eine ehrliche Version.

Also sage ich ihm und den anderen Studenten, dass vieles durchaus interessant war, dass ich wegen des Essens krank geworden bin und das nicht so erfreulich fand, dass ich die Natur hier sehr genossen habe und die Menschen vor Ort sehr freundlich fand. Und dann sage ich, dass ich als glücklicherer Christ nach Hause fahre, ja, dass ich glücklicher bin als je zuvor.

Er sieht mich neugierig an und fragt, wie das käme.

Ich habe diesmal überhaupt keine Angst, frei und fröhlich über meinen Gott zu reden – was mir sonst schwerfällt. Aber hier, in diesem Moment, möchte ich die Freude und den Frieden teilen, der in dieser Woche mein Herz völlig neu bewohnt hat.

Also erzähle ich von Jesus, dass ich ihn jetzt noch mehr zu schätzen weiß, weil er ein Gott ist, der uns Menschen dermaßen liebt, dass er auf diese Welt kam, um unser Leid auf sich zu nehmen und uns von eigener und fremder Schuld zu erlösen.

Es geht noch ein bisschen hin und her, der Guru fragt Dinge, und ich kann ganz ruhig antworten.

«Ich habe einen Gott, der mich liebhat. Und ich selbst habe in dieser Woche mehr Liebe für Gott und die Menschen bekommen, und dafür bin ich sehr dankbar», beende ich mein Feedback.

Der Guru sieht mich nachdenklich, freundlich und etwas irritiert an und sagt: «Das ist gut, ja, das ist sehr gut, wenn du mehr Liebe hast …»

Ich gehe etwas unsicher aus dem Raum. Ich habe Angst, dass ich vielleicht belehrend klang, weil ich das selber überhaupt nicht mag, wenn man mich belehrt.

Wir ziehen uns gerade im Flur die Schuhe an, als die beiden Damen aus Dubai zu mir kommen.

Die Ältere, eine Buddhistin, drückt mich und sagt fast flüsternd: «Ich finde es so interessant, was du gesagt hast und was du denkst … Du bist ein toller Mensch!»

Ich habe damit überhaupt nicht gerechnet und freue mich sehr. Ich bin froh, dass ich die Chance hatte, das mit den anderen zu teilen, was mir wahr und kostbar ist. Es war viel leichter, als ich erwartet hatte.

Kapitel 6:

Wenn das Herz leuchtet

Endlich angekommen

Ich habe in dieser Woche im Ashram viele interessante Sachen gehört und gelernt. Als selbstkritischer und zweifelnder Mensch war es für mich eine unheimliche Befreiung zu merken, dass das Christentum wirklich völlig anders und für mich tatsächlich alternativlos ist.

Als ich am Flughafen sitze und die letzten Tage an mir vorbeiziehen lasse, leuchtet mein Herz. Ja, ich fühle Freude und Frieden von den Zehen bis zur Kopfhaut. Dass ich Jesus ausgerechnet in einem Yoga-Retreat so lieb gewinne … unglaublich.

Gleichzeitig bin ich froh und erleichtert, dass ich es hinter mir habe – denn es war durchaus auch eine anstrengende Woche mit all dem Erbrechen, dem Durchfall, Fieber, Schüttelfrost und den vielen Lektionen.

Ich muss lachen, dass ich unter lauter Suchenden und im Gespräch mit dem eifrigen Guru die Gewissheit erlangen durfte, dass ich schon alles gefunden habe und tatsächlich auch mit jedem Tag mehr Frieden verspüre. Ich kann gar nicht beschreiben, wie glücklich ich bin.

Mit einem großen Hauruck wurde mir im Herzen klar, dass es einfach nichts als Jesus gibt. Dass es ein riesiges Geschenk ist, ihn zu kennen. Ich freue mich auf Delhi, auf ein sauberes Bett, aufs gewohnte Essen, auf meinen lieben Mann und vor allem, ja, über die Maßen freue ich mich über diese neue geistliche Sicherheit, diese totale Überzeugung und einen ungewohnten Frieden in der Brust.

Und zum ersten Mal in meinem Leben zeichnet die überwältigende Gnade Gottes eine Spur in meinem Herzen. Er hat mich erlöst. Ich muss nicht leiden. Er gab sein Leben für mich. Ich bin sein Kind. Dinge, die ich Millionen Mal gehört und gelesen habe, werden in ihrer ganzen Größe und Macht plötzlich deutlich.

Wenn man erkennt, wie bedeutsam das ist, was man sein Leben lang gehört hat, aber doch nicht ganz persönlich fühlte. Wenn die Freiheit und die Wahrheit alles erhellt. Das ist Glückseligkeit. Keine Erleuchtung, aber so viel Licht in Kopf und Herzen.

Als ich in Delhi lande, ist die Luft so schlecht wie immer, aber der Smog ist mir diesmal egal. Zum ersten Mal steige ich fröhlich in ein Taxi, weil es nach Hause geht. Das hier ist mein Zuhause – die viel zu vollen Straßen, die dazu führen, dass man statt zwanzig Minuten eine ganze Stunde im Taxi hängt, das ständige sinnlose Gehupe, obwohl alle Autos stehen oder sich nur im Schneckentempo bewegen können, weil die Straßen verstopft sind …

Ausgerechnet nach dieser schrägen, schwierigen und interessanten Woche habe ich das erste Mal dieses herrliche Gefühl im Bauch, nach Hause zu kommen und Delhi wirklich zu mögen. Ich bin angekommen!

Die Frauenkonferenz und die Sache mit dem Kreuz

Ich stehe in der Empfangshalle eines großen Luxushotels und muss schmunzeln. Denn dass ich jetzt hier bin und einen Vortrag halten soll, war für mich vor einem Jahr noch undenkbar. Nicht, dass ich nicht gerne rede, aber auf Englisch vor einem Publikum zu sprechen macht mir etwas Angst. Doch ich habe mich überreden lassen von der Organisatorin, die nicht nur eine überzeugte Hindu ist, sondern auch mit einem Millionär verheiratet, der diese ganze Frauenbewegung finanziell unterstützt.

Wir haben uns vor einem Jahr kennen gelernt – Markus hatte einen kleinen Fernsehbericht über das Frauen-Wirtschafts-Forum produziert, die beiden waren ins Gespräch gekommen, und wir haben uns zum Mittagessen verabredet.

Das wiederum artete in einen langen Vortrag über die Vorzüge des Hinduismus aus.

Ich mag Sarala aber wirklich gerne, und wir haben uns trotz ihrer völlig anderen Lebenseinstellung gegenseitig schnell ins Herz geschlossen. Sie feiert ihre Weiblichkeit und trägt immer schöne Kleider, das finde ich irgendwie toll und habe ihr auch gesagt, dass sie mich mit ihrer Art motiviert, mich auch mal etwas femininer zu kleiden.

Wenige Tage danach hat sie mir ein indisches Kleid schicken lassen, bunt und mit viel edelmetallischem Blingbling.

Nun stehe ich also hier und soll ein Seminar darüber halten, wie man erfolgreich abnimmt, und am nächsten Morgen soll noch ein Kurzvortrag über das Thema «Gesundheit und Motivation» folgen.

Ich bin schon etwas aufgeregt und bringe meine Klamotten ins Hotelzimmer. Es ist sehr edel und komfortabel. Leider bin ich alleine hier, weil Markus arbeitet.

Beim Frühstück treffe ich den Botschafter von Tunesien. Er setzt sich zu mir, und wir unterhalten uns über Deutschland, die Inder und das Leben in Delhi und müssen dabei ständig lachen. Er ist ein lustiger Kerl. Er lädt Markus und mich ein, ihn zu besuchen. Er will etwas Tunesisches kochen lassen.

Ich bin froh, aber auch nervös, dass Markus heute für meinen Kurzvortrag vorbeikommt. Als ich den Aufzug nehme, um zum großen Konferenzsaal zu gehen, leisten mir zwei Inderinnen Gesellschaft.

Die ältere sieht meine Kette, an der ein Kreuz hängt, und sagt: «Oh, Sie sind Christ?»

«Ja!», sage ich erfreut – denn manchmal habe ich den Eindruck, dass mein Hinweis auf Jesus nicht so wahrgenommen wird. Ich trage meine Kreuzkette so gut wie immer, wenn ich irgendwo in der Öffentlichkeit bin.

Die Frau ist ganz begeistert und sagt: «Wir lieben Jesus auch! Er ist einer von unseren Lieblingsgöttern!»

Ich weiß nicht genau, was ich sagen soll; da erreichen wir auch schon die Lounge, und die Menschen strömen in den Aufzug. Ich fand das sehr süß von den beiden, andererseits ist genau das in Indien irgendwie schwierig: diese Menge an Göttern ...

Ich lerne die Frau des Hotel-Managers kennen, wir verstehen uns prächtig. Sie ist eine quirlige Französin und liebt Wein und gutes Essen. Wir plaudern, bis ich zu meinem Vortrag muss, und wider Erwarten läuft alles gut.

Markus sagt, man habe mir meine Angst gar nicht angemerkt, aber ich habe ganz schön gezittert am Pult.

Die große Überraschung kommt aber nach dem Plenum – da werde ich doch tatsächlich aufgerufen und bekomme zum ersten Mal in meinem Leben einen Award, der nichts mit Laufen zu tun hat. Besonders schräg ist aber das, was auf der Tafel eingraviert ist: «All Ladies League and WEF confers on Tabitha Bühne the Award of Iconic Women creating a better world for all» ... Ich werde also von allen hier versammelten Frauen als Ikone gefeiert, als Mitschöpferin einer besseren Welt. Das muss ich unbedingt in meinen Lebenslauf einpflegen ...

Mizoram: Zu Besuch bei ehemaligen Kopfjägern

Ich habe Angst. Das Flugzeug, in dem ich sitze, scheint Probleme zu haben. Die kleine Maschine ruckelt gewaltig.

Plötzlich sacken wir ab, und die Stewardess fällt beim Ausschenken der Getränke hin. Tabletts und Becher sind auf dem Gang verteilt, der Inhalt teilweise auf den Hosen einiger Passagiere. Es fühlt sich an, als würde ein Sturm die kleine Maschine durchschütteln.

Die junge Flugbegleiterin versucht, sich nichts anmerken zu lassen. Sie rennt zum Hörer, der mit der Pilotenkanzel verbunden ist, schaut immer wieder zu den Tragflächen. Dann beginnt sie Ordnung zu schaffen und setzt sich danach mir gegenüber hin. Ich sitze gerne auf dem Notfallsitz – aber jetzt ist es irgendwie unangenehm.

«Sind das normale Turbulenzen in dieser Gegend?», frage ich sie.

Sie schüttelt den Kopf.

Ich schaue aus dem Fenster. Hügel, Wälder, Wind – all das weckt Heimatgefühle. Dabei sind wir auf dem Weg nach Mizoram – einem Bundesstaat im Nordosten Indiens, von dem ich bis vor kurzem noch nie gehört hatte. Dabei war ich ja schon einmal ganz in der Nähe, bei der Hochzeit in Nagaland.

Der Flieger landet, und wir kommen erleichtert und unbeschadet an. Der Pilot tritt etwas bleichgesichtig aus dem Cockpit. Beim Aussteigen sehe ich ein Kreuz. Das habe ich noch nie auf einem Flughafen gesehen. Auch während der Fahrt nach Aizawl (der Hauptstadt) stehen hie und da Schilder mit Bibelversen. Das ist ungewohnt, vor allem in Indien.

Neben Nagaland und Meghalaya gehört auch Mizoram zu den drei Bundesstaaten Indiens mit christlicher Bevölkerungsmehrheit. Es grenzt an die Bundesstaaten Assam, Tripura und Manipur sowie an Bangladesch und Myanmar. Mizoram hat die zweithöchste Alphabetisierungsquote in Indien. Die Menschen hier gehören zum größten Teil zu den Stämmen der Mizos.

Fast neunzig Prozent der Bevölkerung sind Christen. Sonntags haben die Geschäfte zu, und die Kirchen sind voll. Auch der Premierminister geht zum Gottesdienst. Bevor er Christ wurde, war er ein Freiheitskämpfer. Glauben ist hier eine ganz normale Sache, und viele Menschen tragen ihre Bibel offen in der Hand. Sie singen viel und gerne, sind sehr musikalisch und treffen sich mehrfach in der Woche.

Sehr bekannt in Mizoram ist die YMO (Young Mizo Association). Diese Jugendorganisation ist sehr in die Sozialhilfe involviert. Sie helfen bei Beerdigungen, haben schon mehr als

250 Büchereien eröffnet und über 2500 öffentliche Toiletten errichtet, die sie auch sauber halten.

Die jungen Menschen wollen ihre Freizeit sinnvoll nutzen, Traditionen pflegen, den Schwachen helfen und christliche Werte in Ehren halten. Interessant fand ich auch diese «10 Gebote», die sich die Mitglieder selbst erteilt haben. Ich habe sie mal frei übersetzt:

- Selbstdisziplin und Gerechtigkeit
- Die Familie gut behandeln
- Ehrlichkeit
- Toleranz
- Höflichkeit
- Ritterliche Tugend
- Soziales Engagement
- Respekt für Religion
- Kultur bewahren
- Alkohol und Drogen meiden

Neben der Natur erinnert mich vor allem die Fußballbegeisterung an meine Heimat. Während in den meisten Staaten vor allem Cricket beliebt ist, wird hier gebolzt, was das Zeug hält.

Ich sehe keinen Müll in den Dörfern und Städten, außerdem wird nicht auf Straßen oder an Hauswände gepinkelt – wie ich es in anderen Orten Indiens leider andauernd erlebe. Keiner starrt mich an, die Männer behandeln mich ganz normal.

Die Mizos tragen westliche Klamotten, rauchen leider recht viel und mögen koreanische Serien. Die Frauen sind gleichberechtigt und tragen viel Verantwortung.

Eine von ihnen, Emmy, lerne ich während meiner Zeit hier besser kennen. Sie ist 29 Jahre alt, Reporterin und eine starke Persönlichkeit. Schnell finden wir etwas, das uns verbindet: sechs Geschwister und ein ausgeprägter Wille. Sie ist sehr stolz, eine Mizo zu sein. Sie hat einige Jahre in anderen Ecken

Indiens gelebt und wurde dort oft belästigt und beschimpft. Besonders schlimm war es in Delhi, wo ich lebe.

«Sie behandelten mich, als wäre ich billig und weniger wert, nannten mich Schlitzauge und belästigten mich. Das war schlimm. So was kenne ich hier nicht. Die Mizo-Männer gaffen nicht. Wir Frauen sind genauso viel wert wie Männer, und es gibt auch kein Kastendenken. Wenn ich wieder nach Hause komme, merke ich immer, wie toll es ist, solche Werte zu haben: dass alle Menschen gleichwertig sind, dass wir uns gegenseitig helfen und lieben. Das war nicht immer so. Früher waren wir berühmte Kopfjäger, wir waren brutale Krieger. Wir hatten kein gutes Leben und auch keine Hoffnung. Aber dann kamen die britischen Missionare. Ihnen verdanken wir alles! Unsere Bildung, unsere Werte und dass wir Frieden und Freude haben!»

Ich habe, glaube ich, noch nie so eine Begeisterung über Missionare erlebt. Hier sind sie Helden. Die Mizos leiten ihre Kirchen seit langer Zeit selbst und haben auch noch einige alte Stammes-Feste und Rituale behalten.

Ich habe mir das «Chapchar Kut» angeschaut – ein Frühjahrsfest, das die Mizos jedes Jahr im März feiern. 2000 Mitglieder der YMA zeigen «Cheraw»- und Bambus-Tänze, es werden Volkslieder gesungen und volkstümliche Spiele gespielt.

«Auf dem gleichen Platz», erklärt mir Emmy, «wurde früher getanzt und gefeiert, wenn ein Feind besiegt worden war.»

Natürlich sind wir hier nicht im Paradies, und es gibt Probleme – wie der hohe Konsum von Alkohol und den Drogen, die von Myanmar eingeschleust werden. Auch die Schönheitsideale sind grenzwertig. So benutzen viele Mädchen Bleichcremes und -pillen, ohne die gesundheitlichen Folgen zu bedenken. Das ist allerdings ein Phänomen, das sich überall in Indien feststellen lässt.

Auf dem Weg zur «größten Familie der Welt», die zwei Stumden von Aizawl entfernt lebt, kommen wir auf dem Feldweg durch die Hügellandschaft nur mühsam voran.

Als wir das Dorf erreichen, wo die größte Familie der Welt leben soll, seufzt Emmy. Sie hat schon ein paar Mal mit diesem Sektierer geredet, der 39 Frauen hat und seine Sippe durch strenges Regiment und Abschottung zusammenhält. Er hält sich selbst für einen «Gottgesandten».

Es ist skurril, hier leben fast 200 Menschen in einem Haus, es gibt eine Farm mit mehr als 900 Schweinen, eine eigene Schule und ein Stadion, wo die Kinder gerade Fußball spielen.

Ich habe keine Ahnung, wie man sich freiwillig mit 38 anderen Frauen einen Mann teilen und jeden Morgen um 4.30 Uhr aufstehen kann, um das Frühstück vorzubereiten. Die Frauen sind unheimlich nett, gastfreundlich – und doch sehr ängstlich. Sie dürfen kein Interview geben, der «Chef» hat es den Frauen verboten. Nur der Enkel darf das, allerdings redet er nur mit der Übersetzerin und behandelt uns sehr kühl.

Es ist schon komisch, dass so eine Gemeinschaft überhaupt erlaubt ist.

Auf dem Weg in die Stadt redet Emmy ohne Unterlass über ihre Eltern und Geschwister. Wir kommen beide aus Großfamilien und sind nach diesem Tag noch dankbarer für dieses Geschenk.

Der Rückflug wird besser, auch wenn es wieder Turbulenzen gibt. Diesmal bittet mich ein junger Steward, auf einem Flugbegleitersitz Platz zu nehmen, weil ich meinen Sitz gerade nicht erreichen kann, da Essen ausgeteilt wird. Ich frage ihn, ob er manchmal Angst hat, wenn es so ruckelt.

Er lächelt und meint lakonisch: «Nein. Irgendwann müssen wir ja alle sterben, also ist das schon okay!»

So kann man es auch sehen.

Ich schaue aus dem Fenster. Es gibt keine Hügel und Wälder mehr, nur noch eine graue Suppe – den Smog über Delhi. Ich werde Mizoram ein bisschen vermissen. Und sollte meine

Flugangst sich in Luft auflösen, komme ich wieder. Außerdem nehme ich mir vor, mich mal mehr mit der Geschichte des CVJM auseinanderzusetzen. Sich für die Gesellschaft zu engagieren, kann so viel bewegen – das hat mir die Zeit in diesem abgeschiedenen Bundesstaat gezeigt.

Nach der Expansion der britischen Kolonialmacht, den Raubzügen der kriegerischen Stämme Mizorams ins tiefer gelegene Flachland und der Unterwerfung durch die Briten gehörte Mizoram ab 1895 offiziell zu Britisch-Indien. Die englischen Missionare kamen nach Mizoram, und die Einheimischen wandten sich von der animistischen Religion, dem Sammeln von Köpfen verfeindeter Menschen und anderen brutalen Ritualen ab.

Nach der Unabhängigkeit Indiens (1947) wurde Mizoram dann Teil des Bundesstaats Assam. Nach einer Hungersnot kam es zu einer politischen Bewegung der Mizos, die vollständige Unabhängigkeit anstrebten. Es gab 1966 einen bewaffneten Aufstand, der 1972 zur Ausgliederung führte, aber der Widerstand hielt an. 1987 wurde Mizoram ein eigenständiger Bundesstaat. Am liebsten würden die Mizos unabhängig von Indien sein, aber das bleibt wohl ein Traum.

Holi – die farbenfrohe Schlammschlacht

Ich gehe nichtsahnend zum Fitnessstudio, als plötzlich ein Motorrad an mir vorbeisaust und jemand laut lacht. Es knallt, mich trifft etwas, und ich spüre, wie es mir kalt den Rücken hinunterläuft. Das Motorrad ist längst hinter einer Kurve verschwunden, und ich stehe etwas bedröppelt da, sehe die Reste einer pinken Wasserbombe an meinen Klamotten und auf dem Boden. Heute ist Holi – eines der ältesten Feste Indiens, das man auch in Deutschland kennt. Im Feiern sind die Inder weltmeisterlich.

Wie meine Freundin Asha humorvoll zu sagen pflegt: «Deshalb kommen die meisten zu nichts und sind dauernd pleite, weil es ständig etwas zu feiern gibt. Alle Kohle wird in Feste gesteckt.»

Beim farbenfrohen Frühlingsfest wird kastenübergreifend gefeiert. Man besprengt sich gegenseitig mit gefärbtem Pulver und gefärbtem Wasser. Nur Witwen dürfen nicht mitfeiern – ihnen sind nach hinduistischer Lehre generell irdische Freuden nicht erlaubt. Oft werden die Farben vorher auf einem Altar geweiht, und die Menschen überbringen Segenswünsche. Aber davon haben wir nichts gesehen.

Wir sind schon auf dem Weg zu einer Holi-Party mit gefärbten Wasserbomben beschmissen worden, und ich war nur froh, dass ich alte Klamotten anhatte, denn die Farben sind nicht mehr aus Wurzeln und Blättern und Kräutern (die früher eingesetzt wurden, um die Frühjahrskrankheiten zu heilen oder fernzuhalten), sondern aus reiner Chemie, und man kriegt sie kaum noch aus Haut und Haaren.

Ich war einen Tag vor Holi bei meiner Friseurin, und sie erzählte mir, dass ich bitte massenhaft Kokosöl in meine Haare schmieren solle – denn sie habe in den letzten Jahren einige Kunden vor sich sitzen gehabt, deren Haare nach dem Holi-Fest völlig ruiniert waren. Die Farbe bleibt über viele Monate in den Haaren, und nicht jeder steht auf pink-grün-rote Strähnen … Aber ich war schon als Kind immer für eine Wasserschlacht zu haben, und es hat durchaus Spaß gemacht, mit Farben um sich zu schmeißen, zu trommeln und zu tanzen.

Wie bei den meisten indischen Festen dauert auch dieses regelmäßig länger als einen Tag – mancherorts sogar zehn Tage. Am ersten Tag zündet man nachts ein Feuer an und verbrennt eine Figur aus Stroh. Ich weiß noch, dass mich das ziemlich irritiert hat, als ich es das erste Mal sah – mitten auf einer Straße.

Mir wurde dann erklärt, dass die Figur für die Dämonin

Holika steht und man durch Holi die Vernichtung des Bösen feiert.

Es gibt so viele Mythen, dass man nicht immer ganz durchblickt; auch den Indern fällt es offenbar schwer, denn von vier Leuten höre ich vier divergierende Geschichten zum Hintergrund des Festes. Die Bedeutung ist vielschichtig. Und jeder kann für sich daraus machen, was er will. Den Sieg des Frühlings über den Winter oder den Triumph des Guten über das Böse. Man soll an diesem Tag Streitigkeiten begraben, und häufig gehört Bhang zu diesem Tag – ein Rauschmittel. Es wird auch vermehrt Alkohol getrunken, vor allem in den Städten, was zu einem Anstieg von Gewalt führt. – Nach meiner ersten Bhang-Dröhnung halte ich mich jedenfalls davon fern!

Es gibt bei der Art des Festes auch einige regionale Unterschiede und eigene Traditionen. So soll es in der Stadt Rajkot wilder zugehen – da beschimpft man sich auf der Straße, auch wenn man sich gar nicht kennt. Auf diese Weise sollen Probleme beseitigt und Dampf abgelassen werden. Das ist anscheinend ein jahrhundertealter Brauch.

In einem anderen indischen Ort findet an Holi eine Gemüseschlacht statt.

Hochzeitstag im Flugzeug

Markus und ich haben unseren ersten Hochzeitstag im Flugzeug erlebt – das ist doch irgendwie bezeichnend für unser erstes Jahr als Ehepaar. Der kurze Heimaturlaub war schön, ich habe Zeit mit meinen Eltern zugebracht und ein paar Freunde getroffen.

Mein Highlight war eine alte Tradition: mit meinem Vater ins Schwimmbad zu fahren, wo wir schon in meiner Kindheit jede Woche einmal zusammen mit meinem kleinen Bruder waren. Nach dem Schwimmen essen wir zum Abschluss eine dicke Portion Pommes (was ich sonst nie tue) und erzählen uns, was in letzter Zeit so passiert ist. Diese Zeit mit meinem Vater ist für mich sehr kostbar.

Er ist trotz seines Alters immer noch viel unterwegs, arbeitet, reist durch die Welt, um Christen zu helfen, und seit dem Tod seines Neffen Andi muss er auch im Buchladen wieder viel helfen. Manchmal mache ich mir Sorgen, dass er nicht genug Auszeiten nimmt, aber eigentlich bin ich stolz auf meine Eltern, die beide nicht rasten und rosten, sondern aktiver sind als viele junge Leute.

Zurück in Delhi vermisse ich meine Freundin Asha im Fitnessstudio, sie ist mit ihrer Mutter seit drei Wochen in einem Krankenhaus in einer Stadt Südindiens. Ist schon bewundernswert, dass das für sie selbstverständlich ist. Das gefällt mir hier echt besser als in Deutschland – die Familie geht vor, und man kümmert sich umeinander, wenn irgendetwas passiert.

In Indien passieren immer wieder mal Dinge, die mir in Deutschland nie untergekommen sind. Zum Beispiel habe ich einer Bekannten im Fitnessstudio erzählt, dass ich mich schlapp fühle und überlege, ob es mir an Eisen fehlt.

«Weißt du, wo man in Delhi einen guten Bluttest machen lassen kann?», frage ich sie deshalb.

Sie erwidert: «Setz dich mal hin, ich schau mal nach!»

Also setze ich mich auf die Umkleidebank, ein paar Frauen kommen herein und legen ihre Taschen in die Spinde. Meine Bekannte nimmt mein Gesicht in ihre Hände und sagt, ich soll die Zunge rausstrecken, dann schaut sie sich meinen unteren Augenbereich an, indem sie die Haut etwas nach oben zieht.

«Sie sind etwas rötlich; wenn sie blass wären, würde das zeigen, dass ein Eisenmangel vorhanden ist. Nein, du bist nicht anämisch. Aber wenn du magst, kann ich morgen früh vor der Arbeit mit meinem Mann bei dir vorbeikommen, und er nimmt dir Blut ab. Du wohnst doch hier in der Nähe, oder?»

Interessierte Dorfbewohner – sie haben vielleicht noch nie eine Weiße gesehen

Oben: In der «Geisterstadt» Kuldhara erzählt mir ein Mann Spukgeschichten
Unten: Wetteifern der Schnurrbärte beim Kamelfest in Pushkar

Oben: Der Kamelhandel lahmt, Verkäufer warten auf Kundschaft
Unten: Die Genügsamkeit der Kamele beeindruckt mich immer wieder

Oben: Mein Bruder und ich in Varanasi auf dem Ganges
Unten: Bis zu dreihundert Leichen werden hier am Tag verbrannt

Oben: Yoga-Erfahrungen der besonderen Art
Unten: Im «Beatles»-Ashram mit einem Straßenhund

Oben: Ich lerne eine «Kumari» kennen – eine Kindergöttin
Unten: Gefährliche Arbeit: Der Honigjäger wurde von etwa 500 Bienen gestochen

Oben: Eine Kumari ist eine Göttin auf Zeit – mit der Pubertät wird sie abgesetzt
Unten: Kathmandu und ein Junge mit großen Träumen

Oben: Ein Mann schmeißt sich während der Zeremonie auf den Boden
Unten: Gleich geht's los: Ein junger Mann wartet oben auf dem Götterwagen

Oben: Beim Wagenfest mit 800.000 Menschen trifft man interessante Gesellen ...
Unten: Auf den Wagen befinden sich die Priester, deren Söhne und Helfer ...

Oben: Eine bewegende Begegnung in einem Slum von Delhi
Unten: Zu Besuch bei einer Mutter und ihrem Neugeborenen

Oben: Gerade bei sehr armer Familien habe ich viel Gastfreundschaft erfahren
Mitte: In einem Slum in Mumbai – Toiletten sind hier Fehlanzeige
Unten: Familienbild ohne Vater – er sitzt wegen Mord im Gefängnis

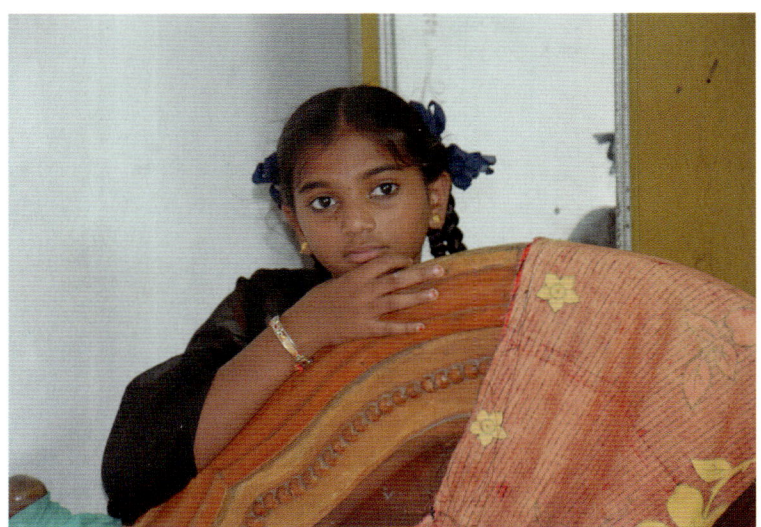

Oben: Ohne Vater aufzuwachsen ist nicht leicht – er verbüßt eine 14-jährige Haftstrafe
Unten: Pallepu mit seiner Großmutter und Tante. Seine Mutter sitzt im Gefängnis – sie soll seinen Vater ermordet haben

Oben: Kommt jemand zu Besuch, gibt es sofort
eine «Vollversammlung»!
Mitte: Sind die Eltern im Knast, drohen Armut und
Hunger – und Verachtung im Dorf
Unten: Najuk wächst bei seiner Großmutter auf,
der Vater ist hinter Gittern

Oben: Nein, das ist nicht die Schweiz! Kleine Joggingeinheit in Kaschmir
Mitte: Laufen und Staunen in Hampi, zwischen Felsen und Tempeln im Morgengrauen
Unten: In der Wüste mit den Kamelen um die Wette rennen? Ich habe es versucht …

MARATHON UND LAUFENDE GLÜCKSGEFÜHLE

Oben: Härtetest für die Lunge beim höchsten Marathon der Welt in Leh
Unten: Trainer des Fitnessstudios in Delhi feiern meine gute Platzierung

Das Dasara-Fest in Mysore endet mit einer beeindruckenden Prozession

Oben: Großer Höhepunkt ist jedes Jahr die Elefantenparade
Unten: Im Gespräch über die Wichtigkeit von Festen mit einem Schauspieler

Bei einer internationalen Konferenz halte ich Vorträge zum Thema Fitness

Ich werde beim WEF 2017 als «Ikone und Mitschöpferin einer besseren Welt» ausgezeichnet. (Womit ich das verdient habe? Ganz ehrlich, ich weiß es selbst nicht so genau! ...)

Oben: Endlich gute Luft und gute Sicht – Wandern im Himalaya
Darunter: Freiheit in den Bergen mit Sicht auf das Himalaya-Hochgebirge
Darunter: Der Smog macht das Atmen schwer und sorgt bei mir für Heimweh
Unten: Manchmal sieht man selbst von Flugzeugen nur noch die Umrisse …

Ich nicke. «Ist euch das nicht zu stressig?»

«Nein, kein Problem, das dauert ja nur fünf Minuten, und er kann es dann im Labor abgeben und auswerten lassen.»

Ich nenne ihr meinen Block und die Hausnummer und bin gespannt.

Und tatsächlich – am nächsten Tag um sieben Uhr stehen sie auf der Matte. Ihr Mann trägt eine Brille und einen Turban und ist ein großer Fan von einem deutschen Arzt, der international sehr gefragt ist (den ich leider nicht kenne), und dann nimmt er mir Blut ab. Geld wollen sie keines haben. Derart liebe Leute, ich finde das echt erstaunlich.

Einen Tag später habe ich ihnen dann selbstgebackene Muffins vorbeigebracht, um mich irgendwie zu bedanken. Leider habe ich auf das Ergebnis lange warten müssen, weil er auf Reisen war und dann vergessen hat, sich zu melden. Aber nach zwei Wochen habe ich dann erfahren, dass mit mir alles okay ist.

Ein Jahr Indien – gemischte Gefühle

Seit zwölf Monaten lebe ich nun hier, und es kommt mir so vor, als sei ich gerade erst eingezogen. Andererseits fühlt es sich an, als sei ich schon Jahre hier – weil so wahnsinnig viel passiert und wir so viel unterwegs sind. Ich habe im letzten Jahr so viele verrückte Dinge erlebt, dass es mir kaum fassbar scheint.

Auf der Baustelle gegenüber gehen die Arbeiten voran. Mittlerweile leben wir auf Augenhöhe – sie stellen den letzten Stock fertig, und daher können wir uns im Alltag beobachten. Ich fühle mich damit nicht wirklich wohl. Zum einen, weil die jungen Männer oft sehr neugierig sind und herüberstarren und uns beobachten. Aber an den ganz heißen Tagen, wenn es fast an die 50 Grad hat, fühle ich mich schlecht, weil es mir so viel besser geht als ihnen. Wie soll man denn unter solchen Umständen die Klimaanlage guten Gewissens genießen? Sie schuften jeden Tag von Sonnenaufgang bis zum Abend, dann kochen sie etwas auf einem kleinen Feuer und schlafen auf dem Boden in einem Raum. Und ich habe Freiheit, Liebe und Luxus.

Ich hatte gedacht, dass ich in Indien lernen würde, dankbarer zu sein. Doch ich bin leider immer noch ein undankbarer Zweifüßler. Aber warum ist das so? Zuweilen ärgere ich mich sogar über die Armen, weil sie mir ein schlechtes Gewissen machen. Ich bin weder imstande, ihre Lage zu ändern, noch dazu, meine eigene wertzuschätzen.

Ich schimpfe über die Reichen, weil sie nichts tun gegen das Elend – und bin wütend auf mich selbst. Ich schaffe den Spagat nicht zwischen «helfen, wo ich helfen kann» und «loslassen, wo ich ohnmächtig bin».

Oft fühle ich mich überfordert. Ich weiß einfach nicht, wie ich leben, fühlen und denken soll. Es ist unmöglich, die perfekte Lösung zu finden – die ich aber bräuchte, um mich selbst wohlzufühlen. Ich bete und danke mehr, ich sehe viel klarer, wie gut ich es habe – aber durch das Wissen allein werde ich kein besserer Mensch, kein dankbarerer Christ und kein fröhlicherer Weltenbummler.

Das Teilen mit denen, die weniger haben, macht zwar tatsächlich glücklicher, aber es ist nur der sprichwörtliche Tropfen auf den heißen Stein.

Ich sehe mehr denn je, dass die meisten meiner Gedanken reiner Egoismus sind. Dass mir Demut und Liebe fehlen. Und so kommt es, dass ich nach zwölf Monaten in Indien lerne, wieder Kind zu sein. Ich, die immer denkt, alles irgendwie schaffen zu können. Die Schwäche nicht ausstehen kann und ungern aufgibt. Doch ich schaffe das hier nicht. Ich weiß nicht, was ich tun soll, bin schwach und klein. Ich brauche Hilfe von meinem Vater im Himmel.

So beginnt nun das zweite Jahr dieser Abenteuerreise. Ich bin ein Haus, das selbst weit davon entfernt ist, fertig zu sein. Natürlich darf und soll ich anderen helfen, wo ich kann. Aber ich bin nicht der Bauleiter.

Am Abend lese ich ein Zitat meines Lieblingsautors Dostojewski, das mich sehr bewegt: «Liebevolle Demut ist eine gewaltige Macht, die stärkste von allen, und es gibt keine andere, die ihr gleichkäme.»

Kann man Angst verlernen?

Ich habe das schon oft erlebt, dass ich «gezwungen» wurde, mich einem Thema zu stellen, das mich schon lange beschäftigt. Als ich gebeten werde, einen Blog über Angst zu schreiben, weiß ich, dass das kein Zufall ist. Ich sage zu.

Alle denken, ich sei ein mutiger Mensch. Vielleicht weil ich Bungee springe, alleine im Dunkeln lange Strecken laufe – oder weil ich nach Indien gezogen bin. Aber in Wirklichkeit bin ich ein ängstlicher Mensch. Ich habe es bisher nur vorgezogen, meine Ängste für mich zu behalten. Ich habe sie verdrängt, gegen sie angekämpft und bin vor ihnen davongerannt. Ihnen offen ins Gesicht zu schauen, war schwer, aber es war der erste Schritt in eine neue Freiheit. Ich will nicht mein Leben lang Angst haben, dafür ist es zu wertvoll …

Jeder Mensch hat Angst. Früher fürchteten sich Menschen vor Seuchen und Naturgewalten. Heutzutage haben wir mehr Angst vorm Alleinsein, vor Terror und politischer Unsicherheit. Angst zu versagen, nicht wirklich geliebt zu werden. Existenzangst. Angst vor Spinnen oder Schlangen. Eine Freundin von mir fürchtet sich vor Maulwürfen und Clowns! Mancher hat Angst vor Nähe. Fast jeder kennt die Angst vor Endgültigkeit, Krankheit und vorm Tod.

Manche Ängste kommen ganz plötzlich in unser Leben. Bei

mir war es erst vor wenigen Monaten die Angst vorm Fliegen. Seit meiner Reise über die ostindische Berglandschaft mit akuten Triebwerkproblemen fängt mein Herz an zu rasen, und mir wird schlecht, sobald Turbulenzen kommen – und das, obwohl ich viel fliege und vom Kopf her weiß, dass es eigentlich sicher ist. Aber *eine* schlechte Erfahrung – und der Kontrollverlust ist komplett.

Wenn die Angst einmal eingezogen ist in unser Leben, ist es schwer, sie wieder loszuwerden. Sie kriecht in Kopf und Herz, bremst uns aus und erschwert unsere Beziehungen, unseren Glauben und den Blick auf uns selbst. Dabei ist ein Leben ohne Angst gar nicht möglich. Wir brauchen die Angstgefühle als Warnsystem, um auf gefährliche Situationen reagieren und uns schützen zu können. Wenn die Angst aber übermäßig wird und uns lähmt, zu Aggression oder Panik führt, dann tut sie nichts Gutes. Dann wird sie selbst zur Gefahr.

Es gibt verschiedene Strategien, mit Angst fertigzuwerden. Manche verdrängen sie, andere isolieren sich, wieder andere treten die Flucht nach vorne an. Zu diesem Typ gehöre ich. Als eine Freundin von mir umgebracht wurde, fing ich als Teenager an, abends im Dunkeln alleine im Wald zu joggen. Ich wollte meine Angst besiegen. Ich dachte, so kriege ich sie klein. Noch heute passiert es, dass ich den Ellenbogen ausfahre, wenn mich jemand plötzlich von hinten anfasst.

Mein Mann kann gar nicht verstehen, dass eine so selbstbewusste Frau dermaßen schreckhaft sein kann. Dabei hatte ich schon als Kind einige Ängste. Ich glaube, sie haben sich mit den Jahren wie Unkraut vermehrt. Als ich klein war, hatte ich Angst vor bösen Träumen und vor zwei Schulkameraden, die mich jeden Tag hänselten. Ich habe nie jemandem davon erzählt, weil ich zu Hause als selbstbewusstes Mädchen galt. Aber in der Schule war ich ängstlich und schüchtern: das perfekte Opfer.

Als Teenager wuchs die Angst, unverstanden und nicht liebenswert zu sein. Mich durchzog Angst vor Zurückweisung.

Angst zu versagen – was mir in der Schulzeit regelmäßig gelang. Als Achtzehnjährige suchte ich mir einen Freund, nur um mir zu beweisen, dass ich liebenswert bin. Ich tat alles, um im Gegensatz zur Schulzeit jetzt wenigstens in der Uni gute Ergebnisse zu erreichen.

Ich jobbte als Model und Schauspielerin, um mich endlich schön und wertvoll zu fühlen. Die Höhenangst versuchte ich durch Bungee- und Tandemsprünge sowie Alpenläufe zu kurieren. Ich habe viel unternommen, um die Angst abzuschütteln. Aber ich habe nie versucht, dahinterzuschauen und sie zu verstehen. Dafür hatte ich zu viel Angst vor meiner Angst ...

Eigentlich ist es einfach: Ich habe Angst vor Schmerz – egal ob körperlich oder seelisch. Das Gehirn macht da ohnehin keinen Unterschied. Egal ob Liebeskummer, Geldsorgen oder Ablehnung, im Kopf werden dabei dieselben Schaltungen aktiv wie bei körperlichen Schmerzen.

Meine Familie und Freunde hätten nie gedacht, dass mir ständig Angst im Nacken sitzt. Ich haute lieber schnell um mich, als das Risiko einzugehen, dass mir jemand weh tut. Das war natürlich nicht so richtig hilfreich.

Als ich merkte, dass hinter meiner Wut Angst steckt, war ich erst nicht sicher, wie ich damit umgehen soll. Denn viele unserer Reaktionen sind Muster.

Angst wird dann zum Problem, wenn wir darin verharren und uns immer mehr von ihr beherrschen lassen. Ich habe meine Hauptängste in drei Bereichen gefunden und sie dann nach Einfluss bewertet – in der Weise, wie sie meine Beziehungen, den Job und die Verbindung zu Gott beschweren. Das hat mir geholfen, etwas klarer zu sehen.

Bei Menschen habe ich Angst vor Ablehnung; Angst, nicht genug zu sein. Kontrollverlust. Bei Gott habe ich Angst, dass er mich nicht sieht. Dass er mir Menschen wegnimmt, die ich liebhabe. Im Job habe ich Angst zu versagen, mittelmäßig zu sein. Angst davor, abhängig zu sein.

Gerade in Großstädten sind viele Menschen zunehmend mit ihrer Angst alleine. Weil es immer weniger heile Familien gibt. Weil Beziehungen oft zerbrechen. Weil viele sich selbst nicht mehr trauen und auch an keinen Gott mehr glauben, der diese Welt und uns alle in seinen Händen hält.

Ich glaube, dass die Art von Angst, die wir haben, von unseren Erfahrungen mit Menschen, mit der Welt und mit Gott abhängt. Dass wir weniger Angst haben müssen als je zuvor und doch mehr Angst haben als die Menschen früher, zeigt doch: Wir können weniger gut mit Angst umgehen. Wir stellen Gott, uns selbst und unsere Liebsten in Frage und fühlen uns nicht sicher.

Aber was, wenn die Angst *uns* eine Frage stellt? Was, wenn es Zeit wird, dass *wir* mal eine Antwort geben?

Für einen Menschen ohne Gott gibt es keinen sicheren Ort auf dieser Welt. Wir haben einfach zu wenig in unserer eigenen Hand und unter Kontrolle. Aber wenn *ich* doch an einen Gott glaube, warum fühle ich mich nicht sicher? Als ich merkte, dass ich Gott nicht wirklich vertraue, dass ich eben nicht von Herzen überzeugt bin, dass er keine Fehler macht und mich liebhat, wurde ich herausgefordert, meinen Vater im Himmel besser kennen zu lernen. Ein nicht-allmächtiger und nicht-liebender Gott macht eben auch Angst.

Im Gegensatz zu allen Religionen haben wir in Jesus einen Gott, der viele Ängste körperlich und seelisch selbst erlebt hat. Es gibt keine Angst, die er nicht kennt! Er weiß, wie es sich anfühlt, von Gott und Menschen verlassen zu sein. Er hat die totale Einsamkeit, Ablehnung und den Tod für uns ertragen und besiegt.

Ja, ich habe immer noch Angst. Es gibt kein Leben ohne Ängste. Aber ich will vertrauen lernen, dass keine Angst größer ist als mein Heiland. Dass er mein Leben in seiner Hand hält und keine Fehler macht. Ihm die Zügel zu überlassen, übe ich jetzt Tag für Tag.

Manchmal helfen jene Zeilen von Dietrich Bonhoeffer, die er im furchtbaren Leid schrieb: «Von guten Mächten wunderbar geborgen, erwarten wir getrost, was kommen mag. Gott ist mit uns am Abend und am Morgen und ganz gewiss an jedem neuen Tag ... Wir wissen es, dein Licht scheint in der Nacht ...»

Ich habe mich entschieden, meine Angst ab sofort nicht mehr zu füttern. Sie ist jetzt auf Diät.

Nepal: Eine Göttin auf Zeit

Wir sind für einige Zeit in Nepal, und eine Station auf unserer Reise ist eine der hiesigen Königsstädte: Bahktapur.

Ich hatte keine Ahnung, dass man hier junge Mädchen als Göttinnen verehrt – als Reinkarnationen der furchterregenden Göttin Taleju.

Es ist das erste Mal, dass ich einer Kumari begegne. Jibika ist sieben Jahre alt, sehr schüchtern und wurde erst vor kurzem gekürt, daher kennt man sie auch noch nicht in der Umgebung. Zusammen mit anderen Mädchen musste sie verschiedene Tests durchstehen und hat beim Auswahlverfahren überzeugt.

Sie wurde zum Beispiel von Priestern mit einem Puder eingerieben. Im Gegensatz zu den anderen Mädchen wurde sie nicht krank, was als eine Bestätigung für ihre Gottheit gewertet wurde. 32 Merkmale muss eine Kumari erfüllen. Sie darf zum Beispiel keine Narben haben, die Stirn muss hoch sein, das Gesicht strahlen, und die Füße müssen eine bestimmte Form aufweisen.

Ich habe gehört, dass die meisten Kumaris nicht den Boden berühren dürfen und immer getragen werden. Und dass sie nicht zu Hause wohnen, sondern in einem Tempel. Aber die Kumari, die vor mir steht, läuft noch ganz normal herum, geht zur Schule und spielt mit den Kindern. Das ist wohl nicht für alle Göttinnen möglich – früher wurde ihnen sogar eine Schulbildung verwehrt, weil man sie für allwissend hielt.

Dass das Leben einer Kindsgöttin nicht unbedingt aufregend ist, liegt auch daran, dass sie vorsichtig sein muss. Wenn sie sich beim Spielen verletzt oder zufällig schneidet, ist ihre Zeit als Göttin vorbei, denn Götter bluten nicht.

Anscheinend sind die Regeln von Region zu Region unterschiedlich. Denn die bekannteste Kumari in Kathmandu soll sich an ein gewisses Redeverbot halten, ihre Füße (die als heilig gelten) dürfen nie den Boden berühren. Daher wird sie auf einer Sänfte getragen, wenn sie den Tempel verlässt. Einmal im Jahr begegnet sie dem Volk bei einem großen Fest, zu diesem Anlass kommt auch der König, um ihr die Füße zu küssen.

Eine Kumari ist eine Göttin auf Zeit. Mit dem Eintritt der Periode wird sie umgehend wieder eine ganz normale Person und muss sich im Alltag zurechtfinden. Das ist offenbar nicht einfach, wenn man die Geschichten von «Ex-Göttinnen» hört.

Eine von ihnen haben wir getroffen. Sie fand es schön, etwas Besonderes zu sein und verehrt zu werden. Den Wechsel hat sie geschafft und auch einen Mann gefunden – was nicht immer gelingt, denn es soll Unglück bringen, eine Kindsgöttin zu heiraten.

Wir warten einige Stunden, während Jibika auf die Zeremonie vorbereitet, geschminkt und angekleidet wird. Sie wirkt auf mich wie ein ganz normales Mädchen. Gläubige haben Opfergaben mitgebracht. Lehnt sie das Obst ab, droht Armut. Weint sie, drohen Krankheit oder Tod. Auch eine ehemalige Kumari kommt – um sich segnen zu lassen.

Man bringt der Kleinen Opfer, und sie sitzt da auf ihrem kleinen Thron und bohrt in der Nase. Auch die Eltern kommen, um sich ihren Segen abzuholen. Fühlt sich das nicht komisch an, als Eltern oder Bruder vor ihr niederzuknien und sie anzubeten?

Es ist doch interessant, dass sich viele Menschen sehr nach

einem Gott sehnen, den sie anfassen und sehen können. Einen, der auf ihre Wünsche reagiert, den sie selber aussuchen und verehren können, schmücken und durch die Stadt tragen dürfen. Und den sie austauschen können, wenn er nicht mehr «funktioniert».

Nach der Zeremonie spazieren wir gemeinsam in die Altstadt. Ich gehe neben dem Mädchen und seiner Mutter durch die von einem Erdbeben zerstörte Stadt. Ein Junge mit bunten Luftballons läuft durch die grauen Ruinen. Aber keiner will ihm etwas abkaufen. Die Kindsgöttin muss niesen, und ich muss lachen – ich wünschte, Jibika könnte eine richtige Kindheit haben und einen Gott kennen lernen, der nicht aufhört, göttlich zu sein, wenn er blutet. Im Gegenteil.

Ich setze mich auf die Steine einer der Ruinen und sortiere meine Gedanken.

Wie anders wäre mein Leben, wenn Jesus nicht sein Blut vergossen hätte?

Zu Besuch bei den Honigjägern

Es ist ein weiter Weg zu den Honigjägern. Wir fliegen nach Kathmandu, und von Nepals Hauptstadt aus ist es noch mal eine Tagesreise. Zunächst fahren wir im Jeep über Wege, die für meinen Geschmack gar keine sein dürften und teilweise zu gefährlich sind, und später, als das Weiterfahren unmöglich wird, marschieren wir zu Fuß weiter in die Berge hinauf.

Der Dorfvorsteher holt uns ab und geht voran. Er ist alt, von zierlicher Statur und läuft fit und munter barfuß die kleinen Pfade hinauf. Die Luft wird dünner. Unter uns windet sich ein türkisfarbener Fluss durch die malerische Landschaft. Ziegen klettern wenige Meter über uns in den Felsen herum.

Wir nähern uns dem Dorf. Ein Mann pflügt mit zwei Ochsen kleine Feldabschnitte. Frauen tragen große Holzkörbe, die mit einem Riemen an der Stirn befestigt sind. Ich fühle mich wie in einem alten Film, einer längst vergangenen Zeit.

Die Kinder empfangen uns neugierig. Die Erwachsenen reagieren überwiegend freundlich, manche etwas kritisch – wahrscheinlich haben sie noch nie eine Weiße im Dorf gesehen.

Ganz oben steht eine Schule. Es gibt keinen Arzt, nur eine Art Priester. Ein Junge schnüffelt an meinem Arm. Es ist sehr ärmlich hier. Eine Dusche oder Toilette sehe ich nirgends. Man wäscht sich mit dem Wasser aus dem Schlauch, der von der Quelle in den Bergen alle Häuser in Teilabschnitten versorgt.

Das Ehepaar, bei dem wir wohnen, ist alt, aber fit. Mit einem interessanten Nasenschmuck und weißem Zopf sitzt die Großmutter still vorm Haus. Sie ist 92 Jahre alt, ungefähr, denn so ganz genau weiß sie es nicht. Eine Unmenge Fliegen setzt sich immer wieder auf ihre Füße und in ihr Gesicht.

Das Haus, in dem wir übernachten werden, ist aus Lehm und Holz. Die Ziegen wohnen links, ein junger Hund tollt umher, und eine Schar von Hühnern und Küken läuft herum, auch ins Haus hinein und bald darauf wieder hinaus, weil die Dame des Hauses zum Wasserschlauch rennt und sie verscheucht.

Sie wäscht die Blechschalen und den Topf mit dem kalten Wasser. Dann kocht sie Reis, Linsen und ein spinatähnliches Gemüse auf einem Feuer. Die Milch, die sie uns anbietet, schmeckt lecker, sie kommt von ihrer Kuh.

Immer mehr Menschen versammeln sich. Einige der Männer basteln aus Schilf und dem Tau, das wir mitgebracht haben, eine Leiter. Die alte haben sie beim Erdbeben verloren. Das war vor zwei Jahren. 25 Dorfbewohner starben. Die lange Leiter wird eingeweicht. Morgen wird man sie brauchen, um für den Honig die hundert Meter tiefe Felswand hinunterzuklettern. Ich kann mir wirklich nicht vorstellen, wie das gehen soll …

In dieser Jahreszeit wird der wilde Honig zur Herstellung

von Medikamenten verkauft, im Herbst verwendet man die Ernte als Nahrungsmittel.

«Ein Löffel davon ist gute Medizin, mehr bitte nicht essen, sonst wirst du sehr krank und kannst sogar sterben!», erklärt mir ein älterer Herr.

Abends trifft der Honigjäger ein. Er sieht genauso aus, wie ich ihn mir vorgestellt habe: drahtig, klein und mit einem derben Gesichtsausdruck. Er ist um die fünfzig Jahre alt, hat sechs Kinder und muss diesen Job machen, um sie zu versorgen. Einer seiner Söhne ist mitgekommen, er sitzt still auf dem Boden.

«Dass ich diesen Job machen muss, ist die Strafe für meine Sünden im letzten Leben», sagt der Mann und verscheucht einige Fliegen. Er weiß nicht, was er falsch gemacht hat. Es sei sein Karma. Sein Vater war auch ein Honigjäger. Er hofft, dass seine Kinder etwas anderes tun können.

Es gibt in der Region nur noch ihn – zwei andere Honigjäger sind ums Leben gekommen, und er leidet unter Angstattacken. Er wollte eigentlich auch nicht kommen – aber die Aussicht auf zwei Flaschen Likör hat ihn überzeugt.

Sterne funkeln am Himmel, hell und groß. Hier lenkt nichts ab. Die Sterne haben mich schon immer zum Staunen gebracht, sie waren für mich immer Gottes stille Zeugen. Seit ich in einer versmogten Großstadt wohne, fehlen sie mir.

Glühwürmchen schwirren herum. Ich bin müde, obwohl es noch gar nicht so spät ist. Hier endet das Tagewerk mit dem Sonnenuntergang. Ich putze mir die Zähne am Wasserschlauch und gehe dann mit dem Handy als Taschenlampe in den Wald hinter dem Haus, um meine «Waldtoilette» aufzusuchen.

Unsere netten Gastgeber stellen uns ihr bestes Zimmer zur Verfügung: eine kleine Dachkammer. Es ist furchtbar dreckig und allerlei Zeug liegt hier herum – manche Dinge, von denen ich lieber nicht wissen will, was sie sind. Es gibt kein Licht und man muss sich sehr ducken, um durch die kleine Tür zu gehen.

Markus, mein Mann, fragt sich, wie wir beide auf dieser Art Pritsche aus Holz Platz finden sollen. Wir sind viel größer als die Menschen in Nepal. Mir macht eher das blutverschmierte gelbe Laken Angst – und die Käfer, die darüberlaufen. Mücken und Motten tanzen um eine kleine Lampe herum. Mit der Zeit wird es immer wärmer, und es riecht stark nach Rauch, der vom Feuer hochsteigt.

Ich kann nicht schlafen, setze mich auf den kleinen Fenstersims und schaue in die Nacht. Die Sterne stehen hoch und hell am Himmel, der kleine Hund rennt umher, und jemand schnarcht wie verrückt. Ich sitze da, hänge meinen Gedanken nach. Plötzlich muss ich an ein altes Abendlied denken, aber mir fallen die Zeilen nicht mehr ein.

Um vier Uhr sehe ich zu, wie das kleine Dorf in den Bergen erwacht. Eine Frau tritt aus ihrem Häuschen und wäscht sich am Wasserschlauch, andere Frauen bringen Krüge und füllen Wasser hinein. Der Hahn kräht, und ein Mann geht mit einer Sichel in Richtung Wald.

Um sieben Uhr machen wir uns mit einer Truppe von voll bepackten Männern auf den Weg. Sie tragen Stroh, die Leiter und lange Holzstangen, die wie eine Mischung aus Paddel und Lanze aussehen. Unser Gastgeber trägt ein Huhn. Ich frage mich, wozu man das beim Honigjagen braucht …

Wir laufen hinunter aus dem Dorf, hinaus bis zur Klippe. Dort angekommen, beginnt die «Pooja» – eine religiöse Zeremonie. Die Götter sollen besänftigt und der Honigjäger geistig gestärkt werden. Er hat gestern Abend gesagt, dass man keine besonderen Fähigkeiten braucht, um die steilen Wände runterzuklettern und sich den Bienen auszusetzen. «Man braucht nur die richtige Unterstützung der Götter …»

Ich weiß nicht genau, was ich bei der Zeremonie fühlen soll. Sehe zu, wie der Dorfpriester einen kleinen Baum pflanzt, ihn dann mit Reis und anderen Sachen segnet. Er fängt an, etwas zu murmeln. Er dreht sich weg und fährt im Singsang fort, der

Oberkörper wackelt hin und her, die Hände sind bittend nach oben geöffnet.

Dann geht es auf einmal ganz schnell. Der Priester packt das Huhn und dreht ihm den Hals um. Das Tier zuckt und wehrt sich. Blut spritzt aus dem Stumpf. Ein Junge nimmt es dem Priester ab und pult darin herum. Er holt das kleine Herz heraus, spießt es auf einen dünnen Stock und röstet es über einem Feuer. Dann wird es samt Asche auf den Boden des frisch gepflanzten Baums gelegt.

Obwohl es früh am Morgen ist, wird mir heiß und schlecht. Ich frage einen der Männer, warum das Huhn geopfert wird.

Die Antwort: «Tradition.»

Plötzlich fällt mir auf, dass bei dem ganzen Spektakel außer mir nur Männer anwesend sind.

Jetzt wird die Leiter an der Felswand hintergelassen, Büsche und Bäume verdecken die Sicht. Außerdem geht es direkt senkrecht hinunter, es ist zu gefährlich, und ich wandere lieber auf die andere Seite der Klippe.

Von hier aus kann ich die steile Felswand und die beiden Männer gut sehen, die ungesichert auf einen Vorsprung runterklettern und einen Korb, die Stäbe und einige andere Hilfsmittel ablegen.

Der Sohn des Honigjägers klettert unweit von mir auf einen Baum und beobachtet mit starrem Gesicht seinen Vater. Der Honigjäger wartet. Rauch steigt auf, ein Feuer am Fuß des Felsens soll möglichst viele Bienen verjagen. Nach und nach werden die Stöcke immer heller, die Bienen, die sie verdunkelt haben, fliehen. Ein Mann rät mir, Arme und Gesicht zu bedecken, weil die panischen Bienen nicht ungefährlich sind.

Diese Bienen sind viel größer als alle, die ich bisher gesehen habe. Einige der Männer haben belaubte Zweige abgerissen, um sich gegen die Tiere zu wehren.

Jetzt geht es los: Der Honigjäger klettert die lange Leiter bis zu den Bienenstöcken hinunter und bekommt über ein Seil die Werkzeuge. Mir wird übel bei dem Gedanken, wie tief er fallen kann, wenn etwas schiefgeht. Er schneidet einige der Stöcke ab, doch er kann sie nicht mit dem Korb auffangen, sie stürzen in die Tiefe.

Um ihn herum schwirren die wütenden Bienen, sie stechen auf ihn ein. Er klettert hinauf zu dem Vorsprung und setzt sich erschöpft hin. Die Leiter wird von oben an eine andere Stelle gehängt, wo sich weitere Bienenstöcke befinden. Wieder raucht das Feuer. Aber nichts passiert.

Der Honigjäger bewegt sich nicht mehr.

Er sitzt einfach nur da, unbeweglich.

Nach einer Weile kommt ein Dorfbewohner angerannt. «Er kann nicht mehr! Es geht ihm sehr schlecht!»

Wir laufen zurück zur Klippe und warten. Einige Bienen greifen uns an. Der Honigjäger erreicht die Wiese und bricht zusammen. Er ist unheimlich bleich und bittet um Wasser. Sein Sohn zeigt erst keinerlei Reaktion, aber ein paar Minuten später holt er mit einem Kanister Wasser aus einer Quelle. Der Mann müsste in ein Krankenhaus. Er wird immer schwächer. Was ist da unten am Fels passiert?

Der Honigjäger sagt mit schwacher Stimme, dass die Pooja schlecht war und er deshalb krank geworden ist, der Priester habe etwas falsch gemacht und sei schuld. Ein paar Männer nicken.

Der Priester kommt zurück. Er macht irgendwelche Zeichen mit seinen Händen und summt dazu. Wir fragen ihn, was schiefgelaufen ist.

Er sagt, seine Pooja sei völlig in Ordnung gewesen. Vielleicht war was mit dem Huhn nicht in Ordnung?

Der Dorfvorsteher, der das Huhn zum Opfer beigesteuert hat, meint, dass sicher mehr als 500 Bienen den Jäger angegriffen haben. Er sei sozusagen vergiftet worden.

Es gibt dieses Jahr keine Honigernte. Alles ist in den Abgrund gefallen und unbrauchbar. Die gefundenen Bienenstockreste werden verteilt. Die Leute werden sie in ihr Haus legen – um Schlangen fernzuhalten, die sollen Angst vor den «giftigen Bienen» haben.

Man sieht den Menschen keine Verzweiflung oder Traurigkeit an. Sie nehmen es gleichmütig hin. Die Dorfbewohner werden den Honigjäger zu einem lokalen Medizinmann bringen. Wie wird er nun seine Familie versorgen?

Wir verlassen das Dorf und wandern los. Es ist heiß, ich fühle mich dreckig und schlapp, aber gleichzeitig total aufgedreht.

Zehn Stunden später sitze ich in einem Hotel in Kathmandu. Die Dusche hat so gutgetan wie noch nie, und ich freue mich wie ein kleines Kind über ein sauberes Bett und eine Pizza.

Die Geschichte mit den Honigjägern kommt mir plötzlich vor wie ein krasser Traum oder eine Zeitreise. War ich wirklich gerade dort? Ich sehe das Gewusel der Stadt, Backpacker vor den Geschäften, Rikscha-Fahrer auf der Suche nach Kundschaft. Es hupt, und der Smog sticht in der Nase. Man sieht die Sterne nicht mehr. Aber ich weiß, sie sind da.

Viele Gedanken bestürmen Kopf und Seele. Ich habe die Menschen in Nepal liebgewonnen. Ich wünschte, sie wüssten, dass Gott sie auch liebt. Dass es Gnade gibt, Erlösung und Freiheit. Dass Gott selbst auf diese Erde gekommen ist, um «das Huhn zu sein» – um uns vom «Karma», von der eigenen und fremden Schuld, zu befreien. Ich möchte so gerne, dass seine Liebe und Gnade mehr Platz in meinem Herzen bekommen. Wir sollen doch Lichter in dieser Welt sein, die oft viel zu dunkel ist.

Noch einmal werfe ich einen Blick ins nächtliche Geschehen. Da kommen mir die Zeilen in den Sinn, die ich letzte Nacht in den Bergen vergeblich suchte:

«Weißt du, wie viel Sternlein stehen
an dem blauen Himmelszelt?
Weißt du, wie viel Wolken gehen
weithin über alle Welt?
Gott, der Herr, hat sie gezählet,
dass ihm auch nicht eines fehlet
an der ganzen großen Zahl,
an der ganzen großen Zahl.
...
(Er) kennt auch dich und hat dich lieb,
kennt auch dich und hat dich lieb ...»

Lied von Wilhelm Hey

Es stimmt mich traurig, dass der Honigjäger nichts von diesem Lied und seiner wunderbaren Bedeutung weiß. Was für eine Freiheit und Freude liegt darin, zu wissen, dass es einen Gott gibt, der uns kennt und liebt.

Wenn es krabbelt

Montagmorgens war ich beim Sport, und Asha ist an Montagen immer etwas anders drauf als sonst. Als ich sie frage, wie ihr Wochenende so war, sagt sie, dass sie Sonntage nicht mag. Meist flüchtet sie dann in ihr Restaurant. Sie mag ihre Arbeit und ist einfach nicht gerne zu Hause an Sonntagen, weil dann ihr Mann und ihr Sohn zum Golfspielen fahren, allerdings nicht gemeinsam, sondern der Sohn spielt mit einer Gruppe und ihr Mann mit einem Kumpel. Anschließend kümmert er sich dann um seine Mutter.

Asha fühlt sich an Sonntagen überflüssig und nicht so richtig wohl zu Hause. Ich kann es mir echt nicht vorstellen, bei meinen Schwiegereltern zu leben und mit ihnen meinen Mann zu teilen ...

Asha meint immer wieder, dass es in arrangierten Ehen meist keine Liebe gibt und man zwar keine Aussicht auf Scheidung hat, aber sich nebenher mit Affären vergnügt. Vor allem, wenn die Kinder aus dem Haus sind.

Ich erlebe die Regenzeit in ihrer ganzen feuchten Fülle – und stehe dreißig Minuten im Eingangsbereich des Fitnessstudios, weil es dermaßen schüttet, dass man schon nach wenigen Sekunden klitschnass wird.

Das Wasser steht so hoch auf den Straßen, dass die Autofahrer nicht mehr zurechtkommen. Mir reicht es fast bis zu den Knien – aber ich kann froh sein, dass ich in Delhi und nicht in anderen Städten Indiens lebe, wo es teilweise so schlimm wird, dass Menschen ertrinken und Häuser einstürzen.

Als ich endlich nach Hause komme, hat mir Rani eine besorgniserregende Nachricht hinterlassen: in ihrem Zuhause treibt eine Masse von Termiten ihr Unwesen. Es ist so schlimm, dass sie Schränke und Bücher wegschmeißen müssen und der Kammerjäger kommen muss. Die Arme … Hoffentlich passiert mir das nicht.

Wir telefonieren, und ich setze mich an den Computer, um einige E-Mails zu beantworten und an einem Kinderbuch zu arbeiten, in dem es darum geht, gute Freunde zu finden und selbst ein guter Freund zu sein. Das Thema liegt mir sehr am Herzen. Ich glaube, dass Freundschaften ein Leben verändern können.

Ich schreibe also vor mich hin, als ich plötzlich ein komisches Viech neben mir an der Gardine hochkrabbeln sehe. Plötzlich juckt mein Bein. Ich kratze mich. Zwei seltsame schwarze Tiere fallen auf den Boden. Auf einmal sehe ich, dass sie überall ihr Unwesen treiben – nicht nur auf den Pflanzen, Gardinen und meinen Beinen. Selbst in der Sporttasche am anderen Ende des Raumes finde ich welche. Sie sehen aus wie eine Mischung aus Tausendfüßlern und Fliegen. Es ist echt seltsam. Ich schreibe Rani. Sie findet das alles urkomisch.

Offensichtlich ist die Regenzeit daran schuld, dass die Tiere Wege ins Trockene suchen. Und ich muss froh sein, dass es nur ein paar Besucher und nicht eine ganze Horde Termiten sind, die bei uns Zuflucht gesucht haben. Ich verbringe also den Tag damit, diese Tiere loszuwerden. Selbst jetzt krabbelt es wieder, wenn ich nur daran denke ...

Männerkurs

Das ist mal eine gute Idee: Nicht so weit von Delhi entfernt findet ein Kurs für Männer statt. Das will ich mir anschauen. Sie sollen lernen, Frauen respektvoll zu behandeln. Organisiert wird die Veranstaltung von «World Vision», und das ganze Team gibt sich viel Mühe, damit die Männer überhaupt mitmachen. Es gibt leckeres Essen und einen schönen Ausflug hinterher.

Rund fünfzig Männer sind aus den Slums von Delhi gekommen und nehmen auf den Stühlen Platz. Man sieht ihnen gar nicht an, dass sie in Armutsvierteln leben. Sie sind aber etwas nervös oder zumindest angespannt.

Zuerst gibt es eine herzliche Begrüßung, dann ein paar kleine Vorträge, Rollenspiele und Gruppenarbeiten. Es geht darum, dass Frauen gleich viel wert sind wie Männer. Welche Aufgaben sind wirklich weiblich und was nur gesellschaftlich erzwungen? Beim Kinderkriegen ist die Sache leicht, beim Kochen gibt es schon Diskussionen; manch einer denkt, dass nur Frauen kochen können. Dann sollen sie in Gruppen auflisten, was und wie viele Stunden Frauen und Männer am Tag leisten.

«Ich bin immer nach Hause gekommen nach zwölf Stunden Arbeit, habe mein Shirt und die Schuhe einfach in die Ecke geschmissen und meiner Frau Befehle gegeben. Ich habe sie immer nur angepflaumt und nicht gewusst, dass sie ja noch viel mehr schuftet als ich. Siebzehn Stunden am Tag arbeitet sie und kriegt noch nicht mal Geld dafür und bekommt von mir gesagt, was sie mir noch alles recht machen soll», sagt einer der Männer ganz emotional. Er will ab jetzt seine Frau mehr achten und liebevoller behandeln.

Interessant ist, dass eine hinduistische Journalistin in der Mittagspause behauptet, dass Männer von Natur aus ohnehin nicht treu sein können und sie aus diesem Grund immer ein Auge auf ihren Mann habe. Wir sitzen an einem Tisch mit drei Mitarbeiterinnen des Events, und ich sage frei heraus, dass ich das ganz furchtbar fände, wenn ich mir der Treue meines Mannes nicht wirklich gewiss sein könnte.

Wir reden weiter, und ich sage ihnen auch ganz offen, dass ich Christin bin. Und dass Treue in meiner Familie ein sehr wichtiges Gut ist. Und dass ich auch meine Hand für meine Brüder und meinen Mann ins Feuer legen würde.

Später kommt eine der Frauen auf mich zu und flüstert mir ins Ohr, dass sie auch Christin sei. Sie hat wohl Angst, das in der Gruppe so offen zu sagen.

Kapitel 7:

Warten auf etwas Großes

Ayurveda: Lifestyle und Ernährung auf Indisch

Die Zeit verrinnt dermaßen schnell, dass ich oft kein Gefühl mehr für sie habe und im Wettstreit mit ihr den Kürzeren ziehe. Seit gestern mache ich nun einen Ayurveda-Ernährungskurs.

Wie so oft in Indien ist Planung und Organisation nicht so der Hammer, aber nach monatelangem Hin und Her kam der Kurs doch zustande, und so sitze ich zusammen mit Laura aus Italien in dem kleinen muffigen Eingangsbereich und warte.

Der Leiter dieser ayurvedischen Praxis fragt, welche Erwartungen ich habe. Ich würde Indien gerne noch besser kennen lernen – und da gehört ein Ayurveda-Ernährungskurs irgendwie dazu.

Ich möchte mehr darüber erfahren, was man hier unter einem gesunden Leben versteht und wie die indische Lebensanschauung die Gesundheitslehre prägt. Vor dem Kurs habe ich schon einiges über Ayurveda gelesen. Man findet zu diesem Thema ja so viele unterschiedliche Bücher, dass einem ganz schwindelig wird.

Bei Ayurveda wird schnell an erholsame Massagen mit duftenden Ölen und exotische Blumenbäder gedacht. Fast jedes Luxushotel hat irgendein Ayurveda-Angebot im Programm. Aber hinter dem Trend steckt eine gewaltige Marketingmaschinerie, die sich mit der westlichen Schulmedizin und der traditionellen chinesischen Medizin um die Vorherrschaft streitet. Dass Ayurveda überhaupt so erfolgreich geworden ist, zeigt aber auch, dass einige Menschen im Westen etwas vermissen.

Ayurveda ist eine alte indische Naturheilkunde, der Begriff steht allgemein für die Wissenschaft von der Verlängerung des Lebens, wird aber oft auch als «Weisheit des Lebens» bezeichnet. Es handelt sich dabei um eine Kombination aus Erfahrungswerten und Philosophie, die vor allem die Ernährungsweise und den Lebensstil ins Auge fasst. Zentrale Elemente sind: eine spezielle Ernährungslehre, Massagen und Reinigungstechniken, spirituelle Yoga-Übungen und Pflanzenheilkunde. Das Ziel ist die Vorbeugung von Krankheiten.

Ayurveda ist nicht unumstritten, auch wenn man das in Indien ungern hört. Ärzte warnen immer wieder vor ayurvedischen Medikamenten, die traditionell aus Arzneipflanzen, Edelsteinen, Mineralien und Schwermetallen hergestellt werden. Es gibt immer wieder Fälle von schwerer Quecksilbervergiftung, die auch zum Tode führen kann. Ayurvedische Medikamente gehören zu den Nahrungsergänzungsmitteln und sind daher schwer zu kontrollieren.

Wie alt die Lehre ist, kann man nicht mit Sicherheit sagen – auf jeden Fall sind die Angaben, die ich in Indien gehört habe, nicht wissenschaftlich belegbar. So alt, wie sie es oft gerne hätten, ist Ayurveda nicht.

Eine abgeschlossene Textsammlung entstand erst 300 nach Christus. Als Begründer der Heilkunst wird eine mythische Figur angesehen, die ein Arzt der Götter gewesen sein soll. Anfangs ging es um eine Mischung aus Hymnen und Zauberformeln zur Bekämpfung von Krankheiten. Dafür wurden Götter beschworen, Amulette oder Heilpflanzen eingesetzt. Im ältesten erhaltenen Werk sind Krankheiten die Folge von Fehlern und falschem Verhalten wider besseres Wissen.

Zeig mir deine Zunge – und ich sag dir, wie's dir geht!

Am ersten Tag geht es um eine Art Einführung. Wir reden über alles Mögliche, allem voran geht es aber um die fünf Elemente, die drei Doshas und die Lehre im Allgemeinen.

«Der Mensch ist aus den fünf Elementen zusammengesetzt (Wasser, Erde, Feuer, Luft und Äther) sowie dem Geist, der Seele, dem Raum und der Zeit. Ob wir gesund sind, hängt folglich von deren Gleichgewicht ab sowie von den drei unterschiedlichen Lebensenergien (‹Doshas› genannt). Vata ist das Bewegungsprinzip. Pitta ist das Stoffwechselprinzip. Kapha ist das Strukturprinzip.» So wird es uns von der Kursleiterin, einer ayurvedischen Ärztin, erklärt.

Doshas kommen nach ayurvedischer Vorstellung in jedem Organismus vor, da sie gemeinsam all seine Vorgänge ermöglichen. Diese ‹Energien» sollten sich in einem harmonischen Gleichgewicht befinden, da sie sonst zu Krankheiten führen. Die Dosha-Zusammensetzung bestimmt dann die Art der Medikamente, der Ernährung und der Behandlungen.

Interessant ist, wie der Arzt das aktuelle Dosha-Verhältnis herausfindet: durch eine Blickdiagnose der Augen und der Zunge, eine spezielle Pulsdiagnose und eine persönliche Befragung. Er fragt zum Beispiel, wie oft und was man träumt, ob man schnell zornig wird und zu Verstopfung neigt. Außerdem wird das astrologische Horoskop abgeleitet, das generell in Indien für viele Menschen extrem bedeutsam ist.

Ich muss an eine Bekannte denken, die mir letztens erzählte, dass sie wichtige Entscheidungen wie ihre Hochzeit oder die Zeugung ihres Sohnes voll und ganz mit Hilfe eines astrologischen Horoskops getroffen hat. Dafür habe sie einen Guru bezahlt, der auch ein ayurvedischer Heiler sei.

Ziel ist es immer, die Balance wiederherzustellen und Gifte aus dem Körper zu entfernen. Deshalb gehören nicht nur die Wahl der richtigen Lebensmittel und ayurvedischen Arzneimittel, sondern oft auch ölbasierte Massagen, Yoga- und Atemübungen, Farb- und Musiktherapie, Bäder und Fasten zum Programm. Besonders eigenartig empfand ich aber die Einläufe, therapeutisches Erbrechen und Aderlass.

Ich habe heute ein paar Fragen gestellt, und anscheinend hat die Ärztin damit etwas Mühe. Eine Freundin hat mir erklärt, dass man kritische Beschäftigung mit Themen hier einfach nicht lernt, auch nicht in der Schule. Schuld an indischen Problemen haben grundsätzlich die anderen, vor allem die

Briten und die Moslems. Oder die Amerikaner mit ihrem westlichen Lebensstil.

Vielleicht ist sie es aber auch nicht gewohnt – denn normalerweise kommen Leute aus allen möglichen Ländern der Welt hierher, die schon von der hinduistischen Lehre angefixt sind und nicht erst überzeugt werden müssen.

Zu diesen Anhängern gehört auch Laura, die neben mir sitzt und ganz schön schwitzt – sie ist krank, ist aber trotzdem gekommen. Doch Laura hat mir nach der Schulung verraten, dass ihr das «schnelle Angefasstsein», also das schnelle peinlich Berührtsein der Inder auch schon aufgefallen ist – ich bin also nicht die Einzige.

Laura ist eine Krankenschwester aus Mailand und ist seit ein paar Wochen hier, um Kurse zu belegen. Sie ist ein totaler Ayurveda-Fan, hat sich Indien aber total anders vorgestellt. Zum Beispiel so, dass die Menschen hier völlig eins sind mit der Natur. Sie versteht nicht, wie man Ayurveda lehren kann und dann mit all dem Müll lebt, Menschen wie Dreck behandelt und einem alles egal sein kann, was um einen herum passiert.

Wir unterhalten uns darüber, was uns so stresst, und irgendwie kommen wir auf den Straßenverkehr in Delhi zu sprechen und dann darauf, dass Laura zurzeit kein Geld abheben kann und sie in der Bank immer wieder weggeschickt wird, was sie total stresst.

Ich sage, dass es zumindest nie langweilig wird, und ich erzähle die Geschichte, wie die Toilette in unserem Badezimmer aus der Wand gefallen ist. Der Ärztin fällt eine Geschichte ein, die auch wirklich lustig ist und viel über Indien aussagt:

«Also, ich habe einen Freund, er ist Inder, ein erfolgreicher Anwalt. Er hatte geheiratet und war mit seiner Frau nach Singapur gezogen. Die Ehe kriselte, sie redeten schon von Scheidung, aber die Eltern drängten sie, noch mal nach Indien zu kommen und zu versuchen, die Beziehung zu retten. Der Anwalt gab tatsächlich seinen Job auf und zog wieder mit der

Frau zu seinen Eltern. Einige Wochen später war die Ehe wunderbar. Freunde fragten ihn neugierig, woran das nur liege, wo doch vor kurzem noch alles so düster aussah. Seine Antwort: ‹Ganz einfach. In Singapur war alles sauber, und es lief immer glatt. Es war zu einfach, und wir haben uns Probleme selbst geschaffen. In Indien gibt es so viele Probleme von außen, dass man gar nicht dazu kommt zu streiten, man kann sich das hier nicht leisten!›»

Da mussten wir echt lachen.

Mir fiel ein, dass ich in meiner Ehe vielleicht noch auf ganz neue Probleme stoßen werde, wenn wir wieder nach Deutschland ziehen, wo doch alles recht geordnet zugeht. Ich glaube, an der Geschichte ist wirklich was dran. Indien schweißt einen zusammen. Weil es so viele Trigger von außen gibt, muss man einfach zusammenhalten.

Zu viele Gefühle sind schlecht

Bei der Ayurveda-Heilmethode geht es wie allgemein im Hinduismus um Balance und Auflösung.

«Gefühle sind schlecht, wenn es zu viele sind. Selbst die guten!», meint unsere Lehrerin.

Heute geht es um Lebensmittel, die grundsätzlich in drei Gruppen eingeteilt werden. Die erste Gruppe beinhaltet Milchprodukte, Früchte, Getreide und Gemüse. Sie sind süß, saftig oder ölig und sollen die Lebensqualität erhöhen und die Lebensdauer verlängern.

Die zweite Gruppe umfasst bittere, saure, salzige, heiße, trockene und scharfe Speisen. Diese sollen Geist und Körper erhitzen und auch aggressive Verhaltensweisen fördern. Dazu gehören u. a. Chili und Zwiebeln.

Die dritte Gruppe besteht aus Fleisch und Fisch. Diese sollen dem Körper viel Energie rauben und die Ursache von

Krankheiten sein. Alkohol und Fleisch sind übrigens nicht «verboten», werden aber nur in geringen Maßen in speziellen Fällen empfohlen.

Nach ayurvedischer Lehre sind neben den drei Doshas auch sieben Basisstoffe im Menschen enthalten sowie Abfallprodukte (Schweiß, Urin und Fäkalien). Was wir essen, wie wir es verarbeiten und aufnehmen, wie es verteilt wird und verstoffwechselt wird, hat also Einfluss auf die Gesundheit.

Dann gibt es noch sogenannte «Ojas» – diese stärken die Abwehrkräfte und verbinden Körper und Geist. Das kann aber nur passieren, wenn das «Verdauungsfeuer» gut funktioniert, und das ist wiederum von der Qualität der Nahrung abhängig, die wir zu uns nehmen. Unverdautes – sowohl im Körper als auch in der Seele – kann zu «Ama» führen, und das gilt es tunlichst zu vermeiden.

Wir haben am Ende dieses Schulungstages eine Linsensuppe gekocht, und die war echt lecker. Als wir gegessen haben, kommen wir im Gespräch auf das Thema «Geschichte», und ich frage die Ärztin, wie es kommt, dass mich in Indien viele Männer auf Hitler ansprechen und ihn so toll finden.

Sie meint, dass es sicher nur ein Zufall sei und sie keine solchen Männer kenne.

Ich erlebe das wirklich ständig, dass vor allem junge Inder nicht verstehen, warum ich selbst alles andere als begeistert von dem «Führer» bin. Der Hammer kommt am nächsten Morgen …

Starke Männer und die Sache mit der Ur-Natur

Ich war heute etwas zu früh und setzte mich in den Eingangsraum. Nach und nach kamen die Mitarbeiter rein. Einer von ihnen, ein junger Typ, fragt mich, wie ich heiße, ob ich Single bin, und woher ich komme.

Als er hört, dass ich Deutsche bin, sagt er munter: «Ah, Deutschland! Adolf Hitler! Gut. Starker Mann. Guter Anführer!» Wenn das die Ärztin gehört hätte …

Ich erzähle aber nur Laura davon.

Die lacht und meint: «Ich glaube, sie kennt ihr eigenes Land kaum und will auch nur das sehen, was in ihr Weltbild passt …»

Das kann sein. Ich frage mich, ob ich das vielleicht auch tue. Ob wir das in gewisser Weise vielleicht alle – bewusst oder unbewusst – immer wieder tun, nur nicht in dem gleichen Ausmaß.

Mittwoch – ein anderer Arzt hält heute den Kurs. Er kommt eine Stunde zu spät und ist unvorbereitet. Aber er hat gute Gründe, warum er dafür nichts kann.

Jedenfalls lerne ich heute meine «Prakriti» kennen: meine individuelle Konstitution, die durch die Zusammensetzung der Doshas bestimmt werden soll. Um meine «Ur-Natur» herauszufinden, soll ich einige Seiten mit Fragen beantworten. Interessant ist, dass die Prakriti sich nur in einem gesunden Körper feststellen lässt.

«Was ist mit denen, die krank auf die Welt kommen?», frage ich.

Der Arzt zuckt mit den Schultern. «Denen kann man sowieso nicht helfen. Im Grunde hat man ohne Prakriti gar keine Identität …»

Ich denke lieber nicht weiter darüber nach.

In einigen Ayurvedabüchern wird sogar anhand der Prakriti empfohlen, was man beruflich machen solle, wann man Sex haben solle, welche Farben man meiden solle und wie man sich im Alltag verhalten möge. Rauchen wird auch empfohlen – allerdings eine Mixtur von Kräutern.

Spannend ist – übrigens generell in Indien –, wie wichtig das Thema «Verdauung» ist. Ich weiß noch, dass einer der ersten indischen Filme, die ich sah, sich im Grunde nur um die Verdauungsprobleme eines älteren Herrn drehte. Sehr eigenartig Damals war ich gerade erst nach Delhi gezogen.

Tatsächlich wird in einigen Familien ganz direkt morgens darüber gesprochen – so weiß man, wie es dem anderen so geht. Farbe, Konsistenz und Form des Urins und Stuhlgangs verraten viel über den Gesundheitszustand.

«Wer zu einem trägen Stuhlgang neigt, sollte morgens ein Glas lauwarmes Wasser trinken und unbedingt eine Hocktoilette benutzen. Ziel ist es, die Abfallprodukte im Körper so schnell wie möglich loszuwerden – also am besten direkt nach dem Aufstehen. Bleiben sie länger im Körper, können sie uns vergiften.»

Unser Arzt macht bei seiner Ausführung ein sehr ernstes Gesicht, das Thema liegt ihm wohl am Herzen.

Weil die Verdauung so entscheidend ist, wird in der ayurvedischen Küche fast alles angewärmt, gedünstet oder gekocht, denn so hat der Körper wenig Arbeit.

Neben der Verdauung spielt auch die Reinigung eine wichtige Rolle. Allerdings tue ich mich sehr schwer damit. Ich habe noch nie so viele dreckige Orte gesehen wie in Indien, und ich lasse mich nur ungern von Leuten belehren, die ihren Müll aus dem Fenster schmeißen, sich nicht darum kümmern, dass die Flüsse vergiftet sind und das Meer bzw. der Strand vor lauter Plastik kaum betreten werden kann. Was draußen ist, ist egal. Hauptsache, man selber ist sauber. Da wird die Zunge gereinigt und werden Augen, Nase, Ohren und Füße mit Wasser geschrubbt, das selber so dreckig ist, dass man wochenlang krank wird, wenn man davon trinkt.

Es muss schmecken – aber bunt

Am nächsten Tag geht es um sechs Geschmacksrichtungen. Mir waren bisher nur fünf bekannt. Adstringenz war mir fremd. Es ist ein Geschmack, der ein trockenes, raues, pelziges Gefühl auf der Zunge hinterlässt. Ich finde es aber sehr spannend, Geschmacksrichtungen neu zu kombinieren; es schmeckt aufregender und teilweise auch ausgewogener.

Auf der Rückfahrt denke ich viel darüber nach, wie der Lebensstil mit der Lebensanschauung zusammenhängt. Markus kommt in dieser Nacht von einem Dreh zurück. Ich bin froh, dass er wieder da ist und ich mit ihm über alles reden kann, was mich bewegt. Und er hat meist auch hilfreiche Gedanken, ich lebe schließlich mit einer «wandelnden Bücherei» …

Am nächsten Tag sprechen wir über die Beschaffenheit von Lebensmitteln. Die Ärztin ist überrascht, dass ich viele der Gesundheitstipps schon in Deutschland angewendet habe – und das nichts mit Ayurveda zu tun hatte. Wenn es um Fasten, Nasenduschen oder den Einsatz von saisonalen natürlichen Lebensmitteln geht, haben wir einige Übereinstimmungen.

Was allerdings komplett anders ist, ist die Weltsicht und die Einteilung von kaltem und heißem Essen. Ich wollte auf meine Salate nicht verzichten und vermisse in Indien oft etwas Knackiges, das noch nicht gekocht wurde, sondern ganz frisch auf den Teller kommt.

Eigentlich kann man die ayurvedischen Ernährungs-Empfehlungen so zusammenfassen: Die Hauptmahlzeit sollte um die Mittagszeit eingenommen werden, weil da die Verdauung auf Hochtouren läuft. Man sollte nie im Stress essen, nicht im Stehen oder Gehen. Es sollten nur frische saisonale Lebensmittel aus der Jahreszeit gegessen werden, und eine Mahlzeit sollte immer alle sechs Geschmacksrichtungen bieten. Wer durstig ist, soll Kräutertee oder abgekochtes lauwarmes Wasser trinken.

Natürliche Bedürfnisse darf man auf keinen Fall unterdrücken – dazu gehören Aufstoßen, Stuhlgang, Urinieren, aber auch Gähnen, Weinen usw. Diese Bedürfnisse zurückzuhalten, gefährdet die Gesundheit. (Das gilt anscheinend generell in Indien. Ich habe mich schon öfter gewundert, warum ständig lautstark gerülpst wird, als wenn es völlig normal wäre.)

Man soll sich nie satt essen, sondern «ein Drittel Hunger übrig lassen», und auch nur das zu sich nehmen, was für die Herstellung der Balance der Doshas hilfreich ist. Alkohol und Fleisch gilt es im Alltag zu meiden.

Was ich bei Ayurveda wirklich gut finde, ist, dass der Mensch ganzheitlich behandelt wird. Nicht nur der Körper, sondern auch Geist, Seele und Sinne werden miteinbezogen. Ich denke, dass wir uns in Deutschland oft zu wenig um die Zusammenhänge zwischen Körper, Geist und Seele kümmern und daher auch einige Europäer in Indien nach Gesundheit und Weisheit suchen, weil sie bei uns nichts zu finden scheinen – obwohl sie da sind, sie haben nur nichts mit Ayurveda zu tun.

Aber die Grundlage der ayurvedischen Lehre ist ein Menschen- und Weltbild, das ich nicht gutheißen kann. Außerdem stehen viele Aspekte wie die Doshas auf sehr wackeligen Beinen. Es gibt aber viele gute Aspekte, die gesundheitsfördernd sind: etwa der Verzicht oder die Reduzierung von Fleisch und Alkohol, lange Pausen zwischen den Mahlzeiten einzuhalten und natürlich möglichst das zu essen, was auch vor Ort wächst.

Ich habe bei diesem Kurs einiges über die indische Küche und ayurvedische Lehren gelernt, und es hat Spaß gemacht, über den Tellerrand zu schauen. Aber vor allem habe ich erkannt, dass ich mich von nun an mehr mit einer ganzheitlichen Gesundheitslehre befassen will, die zu meiner Lebensauffassung passt.

Sich ausschließlich um den Körper oder nur um den Geist oder einzig um die Seele zu kümmern, ergibt keinen Sinn. Weil alle drei Bereiche aufeinander wirken und zusammengehören.

Am Ende des Tages habe ich mir eine ayurvedische Massage gegönnt – und die war wirklich grandios. Erst wurde mit Unmengen an Öl die Kopfhaut, dann von zwei Masseurinnen der Körper bearbeitet, und am Ende musste ich in eine Art Saunakasten. Da saß ich wie in einem engen Fass auf einem Stuhl. Nur der Kopf schaute oben noch raus. Es wurde immer heißer, und wer an Platzangst leidet, hätte sicher Probleme bekommen. Aber für zehn Minuten auf diese Weise zu schwitzen, tat echt gut.

Das Wagenfest in Puri

Markus und ich haben unsere Rucksäcke gepackt, denn wir wollen zum Wagenfest in Puri, einer Stadt im indischen Bundesstaat Odisha. Wir sind nachts losgeflogen, was für mich immer mit Stress und Schlafmangel verbunden ist.

Hier gibt es unter anderem den hinduistischen Jagannath-Tempel, seinetwegen gehört Puri zu den heiligen Städten des Hinduismus und zieht viele Pilger an. Als Christ darf ich aber nicht in die Gebetsstätte, und so machen wir einige Bilder von einem Aussichtspunkt aus.

Es gibt einen Strand, der ist wie so oft stark vermüllt und dennoch ein vielbesuchter Ort.

Im Sommer findet das Rath-Yatra-Fest statt. Und das ist der Grund, warum ich mich unter die 800.000 Pilger mische. Aber angenehm ist es mir nicht. Die Luft ist hier wahnsinnig feucht. Es ist heiß, und immer wieder regnet es leicht, ohne richtig abzukühlen.

Die Gegend ist ärmlich. Wir haben spontan einen Bischof besucht, dort wurde uns erzählt, dass Christen es schwer haben in diesem Bundesstaat. Vor zehn Jahren wurden viele umgebracht, seitdem leben sie in Angst und werden sowohl ökonomisch als auch sozial benachteiligt.

Der Müll ist allgegenwärtig, egal wo, das macht mich noch ganz verrückt.

Ich habe in Puri höchstens eine Handvoll ausländische Touristen gesehen, aber als ich am Morgen des Festivals die Zeitung aufschlage, steht da was von dreihundert ausländischen Besuchern. So ein Unsinn. Aber auch nicht überraschend – die indische Lokalpresse nimmt es mit der Wahrheit oft nicht so genau.

Wir fahren in die Innenstadt Puris, um uns einen Überblick zu verschaffen. Ich bin völlig fertig von den Massen an Menschen. Viele barfuß und arm, eher ungebildet, die mit einer Tasche auf dem Kopf hier ankommen. Keine Ahnung, wie viele Meilen sie aus ihrem Dorf hierhergelaufen sind. Immer wieder fällt jemand auf den Boden, um diesen zu küssen. Dann rennen sie in den Tempel. Es wird gebettelt und gedrängt.

«Rath» bedeutet Wagen und «Yatra» Pilgerreise. Der Höhepunkt dieses hinduistischen Wagenfests besteht in einer Prozession durch die Straßen von Puri. Einmal im Jahr kommen die Götter aus dem Tempel, und man kann ihnen begegnen. Dafür werden auf drei großen Wagen, die in jedem Jahr nach uralten Regeln neu gebaut werden, die drei großen Statuen vom Gott Jagannath sowie seinen «Geschwistern» durch die Stadt gezogen. Mehr als tausend Personen werden gebraucht, jeden dieser riesigen Wagen zu bewegen.

Bereits Tage zuvor gibt es einige Zeremonien zur Vorbereitung. So sollen beim «Badefest» die Statuen mit einhundertacht Krügen «heiligen Wassers» unter Gebet übergossen werden.

Dann folgen Tage, an denen der Festakt in der Abwesenheit des Gottes vom Tempel begründet wird – einer der Götter liegt mit Fieber darnieder. Der innerste Schrein des Tempels wird frisch angemalt. Dann folgen weitere traditionelle Zeremonien, bevor die Prozession beginnen kann.

Die Götter werden mit großem Getöse in die Wagen gebracht, sie sehen sehr unheimlich aus, haben große böse Augen. Es wird getrommelt. Den Göttern wird Luft zugefächelt.

Immer wieder schmeißt sich jemand auf den Boden und streckt Arme und Beine von sich. Manche rufen etwas. Viele beten. Noch mehr heben die Hände zum Himmel oder starren nach vorne.

Ich weiß nicht, was ich fühlen soll. Ich wünschte, sie würden Jesus kennen. Immerhin glauben sie noch an etwas Überirdisches und beten keine Fußballspieler oder Musiker an.

Ich bin verwirrt. So viele Menschen. So viel Sehnsucht, Schmerz und Hunger. So viel Ehrfurcht. Aber nicht wirklich bei denen, die auf den Wagen warten. Die sehen gleichmütig hinunter, gähnen und streicheln ihre fetten Bäuche.

Es ist laut, es ist zu voll, ich schwitze.

Dauernd ertönt eine Trillerpfeife, und vier Sanitäter tragen im Eiltempo Menschen aus der Masse zur Ambulanz.

Wir sind wegen unserer Medienausweise direkt bei den «Göttern», die Prozedur dauert stundenlang. Viele Brahmanen (Priesterkaste) und ihre Kinder sind auf den Wagen, aber keine Frauen weit und breit.

Ein Mann erklärt mir, dass diese Priester in den Stand hineingeboren werden. Sie haben auch nichts anderes gelernt und leben davon, dass die Menschen zu ihnen in den Tempel kommen und für einen Segen bezahlen.

Wie hoch der Preis ist, kommt auf die Pooja – also den Dienst – an. Einige Priester sehen schnell die Schwachpunkte und Schmerzen der Menschen und erhöhen die Preise mit einem besseren Segen. Die Leute bezahlen es aus Verzweiflung.

Manchmal gehen die Priester auch zu den Häusern der Oberschicht und machen da eine Zeremonie für Geld. Sie kriegen das beste Essen und reine Butter, weil ja nur das Beste in den Tempel kommen darf. Und die Menschen geben ihnen Essen, weil es gut fürs Karma ist.

Ich sehe sie mit ihren Wohlstandsbäuchen und Goldkettchen und dann die armen dürren Leute hinter einer Art Absperrung.

Wir gehen einmal einige Meter durch diese Masse, um vielleicht in ein Haus zu gelangen und vom Dach aus Bilder zu machen – aber es ist ein Ding der Unmöglichkeit, und wir weichen schnell zurück. Hier stehen fast eine Million Menschen dicht gedrängt beieinander und hoffen, irgendwie in Berührung mit den Wagen, vor allem mit den Zugtauen, zu kommen. Das würde ihnen viele Punkte bringen für ihr nächstes Leben und viel Glück für den kommenden Alltag.

Der «König von Puri» kommt mit großem Tamtam. Im Gegensatz zu seinen Vorfahren hat er allerdings keine Macht, sondern nur diesen schönen Titel. Er wird auf einer Sänfte zum ersten Wagen gebracht. Er hat wohl die Aufgabe, dreimal um den Gott herumzufegen und seinen Segen zu verteilen.

Ein Mann fragt mich, ob ich ein «Blessing from the Chariot» haben will. Es ist Tulsi, denke ich, eine kleine Pflanze, die auch «heiliges Kraut» oder «Königsbasilikum» genannt wird. Er nimmt etwas davon und isst es, sein Sohn tut es ihm gleich, dann steckt er die kleine Pflanze wieder in seine Tasche.

Muschelhörner erschallen. Vier hölzerne Pferde werden vorne an den Wagen angebracht. Alles Handarbeit. Überall stehen Militär und Polizisten um uns herum.

Ein Polizist fragt mich: «Hast du denn genug Bilder gemacht?»

Ich sage: «Ja, ich hoffe schon. Aber ich verstehe nicht alles. Warum sind so viele Menschen nötig, um die Wagen zu ziehen?»

«Alle vierzehn Wagen sind handgemacht. Es ist nicht leicht, sie zu kontrollieren. Dieser Wagen ist mehr als zehn Tonnen schwer! Es gibt mehrere Taue, um die Richtung zu sichern. Jeder will einmal ein Stück ziehen, weil es so gut für das Karma ist. Manchmal kommen Menschen unter die Räder. Es sind einfach so viele Menschen hier, sie sind weit gereist, um dabei zu sein. Viele sind barfuß und arm.»

Plötzlich wird es hektisch. Dreimal wird der erste Wagen für einige Meter nach vorne gezogen. Die Menschen rasten aus. Ich versuche mich irgendwie an eine sichere Stelle zu bewegen, aber das ist unmöglich. Wir sind mittendrin, und es gibt kein Entrinnen von den Rädern, von den Tauen und all denen, die daran ziehen wollen. Wir werden mal nach links, mal nach rechts gedrängt. Menschen fallen hin, stehen wieder auf. Dann öffnet sich kurz eine Gasse, und wir rennen hinter die Wagen, um aus dem Pulk hinauszukommen.

Erst jetzt sehe ich, dass selbst auf den Dächern und in allen

Gassen weitere Massen an Menschen stehen. Ein Großaufgebot an Militär und Polizei riegelt alles ab. Ab und zu kommt einer mit Wasser. Es ist heiß.

Ich fühle mich zwar unwohl, aber ich bin nicht mehr von Angst ergriffen, wie es in der Vergangenheit so oft der Fall war. Die Masse hat etwas von ihrem Schrecken verloren. Vielleicht bin ich doch schon ein bisschen indischer geworden?

Hinter dem Wagen schmeißen sich einige Menschen auf den Boden und rollen sich wild herum. Sie wollen auf diesem heiligen Boden ihren Segen bekommen.

Ein Polizist sagt mir, dass manche das stundenlang tun werden.

Wir suchen unseren Weg aus dem Tumult und nehmen ein Tuk-Tuk zum Hotel. Ich bin nassgeschwitzt. Und erleichtert, dass es vorbei ist, aber auch froh, dieses Spektakel miterlebt zu haben.

Diese Prozedur ist noch lange nicht zu Ende. Das ganze Programm wird mindestens eine Woche dauern.

Nach dieser Reise brauche ich einige Tage, um das Geschehene sacken zu lassen. Es ist so anders, so interessant, aber auch aufwühlend. Ich habe die Menschen in Indien sehr gerne, ihre kindliche Art, ihre Neugier und Offenheit, ihren Stolz und ihre Sensibilität. Auch wenn sie dauernd Dinge tun, die ich nicht nachvollziehen kann oder einfach nur schrecklich finde. Und ich hoffe so sehr, dass irgendwas passiert, damit es den vielen Armen besser geht und die Reichen mehr teilen.

Schmuck im Slum – Hoffnungsschimmer im Elend

Bisher war ich nie länger in einem Slum. Zwar habe ich schon einige Slums gesehen, aber das Leben dort ist mir fremd. Wenn ich samstags zum Volleyball fahre, ist es immer komisch, an einem Slum vorbeizugehen, das sich direkt neben dem top-modernen teuren Schulgebäude befindet. Das Armutsviertel liegt in diesem Fall mitten im Botschaftsbezirk. Andere liegen am Flughafen – wie in der Stadt Mumbai –, und manche findet man auch unter Brücken oder direkt neben einem riesigen Einkaufszentrum.

Ich habe mir eine indische Kurta angezogen und mache mich mit Kopftuch und Kamera bewaffnet auf den Weg zum Connaught Place, wo ich Sonia treffe. Von da aus wollen wir uns auf den Weg zum «ärmsten Slum» in Delhi machen.

Wir gehen in dieselbe Kirche in Delhi. Sonia und ihre Schwester Rani sind mittlerweile gute Freunde geworden für mich, und ich lerne viel durch die beiden.

Sonia ist taff, herzlich und hat einen großartigen Humor. Aber vor allem hat sie eine unglaubliche Geduld und Liebe für Menschen auf dem Abstellgleis. Und an diesem Tag darf ich mit ihr Frauen im Slum besuchen, um die sie sich seit vielen Jahren kümmert.

Wir fahren mit einem Taxi gerade auf einer großen Brücke über ein Netz von Bahnschienen, als es plötzlich heißt:

«Okay, hier springen wir raus. Pass auf, dass dich keiner umfährt!»

Wir hasten aus dem Wagen und rennen im Zickzack zur anderen Straßenseite. Von hier aus können wir den Slum «Zakhira» von oben betrachten. Er liegt auf dem Grundbesitz der indischen Eisenbahngesellschaft. Von der hört man immer wieder, dass die Barackenstadt aufgelöst werden soll – aber bisher ist nichts dergleichen geschehen.

Zakhira soll das größte Elendsviertel in Delhi sein. Kaum einzuschätzen, wie viele Menschen hier auf engstem Raum zusammenleben. Vor zehn Jahren waren es 5000 Familien. Mittlerweile sind es sehr viel mehr.

Der Slum liegt sehr günstig, um schnell Arbeit zu finden. Das zieht neue Migranten aus ärmeren Bundesstaaten an, die hier ihr Glück suchen. Der Slum ist über die Schienen erreichbar. Menschen transportieren Säcke, Kinder laufen mit Tüten auf den Gleisen herum. Das ist auch der Grund, warum hier so oft Menschen sterben. Sie bemerken die sich nähernden Züge nicht früh genug. Ich habe gelesen, dass es fast täglich zu tödlichen Unfällen kommt.

Nicht nur der Transport von Gütern führt die Bewohner des Slums über die Gleise, sondern teilweise auch die Suche nach einer «Toilette». Es gibt leider nur zwei Toiletten-Einrichtungen für alle Bewohner – und die sind öfter mal kaputt.

Sonia erzählt mir, dass es sehr gefährlich ist – vor allem für die Frauen und Kinder, weil die meisten von ihnen keinen sicheren Zugang zu den Toiletten des Slums haben. Sie müssen die sicheren Wege verlassen und über die Gleise gehen, um sich zu erleichtern.

Ich gehe hinter Sonia eine Treppe hinunter. Zwei kleine Jungen mit zerschlissenen T-Shirts kommen uns entgegen und begrüßen sie. Sie hat hier viel Gutes getan, und man kennt sie. Ich folge ihr durch die kleinen verwinkelten Gassen.

Alle Hütten sehen gleich aus. Es ist sehr eng. Keine Ahnung, wie sie sich hier zurechtfindet. Ich würde mich total verlaufen.

Tausende von Fliegen schwirren um uns herum. Kinder schreien. Eine Ziege steht auf dem Weg. Aber es ist nicht so dreckig und chaotisch, wie ich es vermutet hatte. Es ist mehr wie eine Wellblechdach-Stadt mit eigenem System. Eine Stadt unter der Brücke. Es gibt kleine «Läden» und eine Struktur, die ich allerdings noch nicht ganz durchschaue.

Wir besuchen muslimische Frauen – daher tragen wir auch eine Kopfbedeckung. Eine von ihnen hat vor wenigen Tagen ein Kind zur Welt gebracht. Wir wollen sie besuchen und schauen, wie es ihr geht.

Sonia hat ein paar wichtige Dinge für das Baby mitgebracht. Doch bevor wir dort ankommen, machen wir einen kleinen Abstecher bei einer anderen Frau. Barfuß betreten wir die kleine Blechhütte.

Sie ist Mutter von sechs Kindern, wird regelmäßig von ihrem Mann geschlagen: Das sieht man ihr auch heute an. Sie schämt sich, aber was soll sie machen.

Sonia erzählt mir, dass Frauen in der Regel kaum aus dem Haus gehen dürfen. Leider haben viele der Männer Drogen- und Alkoholprobleme, einige gehen keiner Arbeit nach, versorgen die Familie nicht. Immer wieder hauen sie auch einfach ab, und die Mütter stehen alleine da – perspektivlos, mit hungrigen Kindern an ihrer Seite. Manche von ihnen stopfen zu Hause für eine nahegelegene Fabrik Socken in Säcke und verdienen damit ca. fünfzig Cent am Tag.

Ein kleiner Junge hustet. Seine Schwester hat starkes Fieber. Die Regenzeit hat begonnen, und mit ihr kommen einige Krankheiten. Aber auch der Regen selbst kann zur Bedrohung werden, weil die ganze Barackensiedlung schnell unter Wasser steht.

Wir verabschieden uns von der kinderreichen Mutter und machen uns auf den Weg. Wieder geht es durch viele enge Gassen, und ich staune über Sonias Orientierungssinn.

Die meisten Einwohner sind im Slum geboren und kennen nichts anderes.

Mich überrascht die Gastfreundschaft, überall wird uns Wasser, Tee oder etwas zum Knabbern angeboten.

Die Frau, die gerade ein kleines Mädchen zur Welt gebracht hat, lebt auf sechs Quadratmetern. Die Augen des Kindes sind schwarz geschminkt, auch wenn der Arzt der Mutter von diesem Brauch abgeraten hat. Aber sie glaubt, dass das Schminken die Augen größer werden lässt, und das ist ihr wichtig.

Es ist heiß. Der Strom ist mal wieder ausgefallen. Ich weiß nicht, wie man mit einer ganzen Familie in diesem kleinen Kabuff leben kann.

Zwei Nachbarn kommen vorbei und setzen sich dazu. Das Baby ist schick angezogen, die Frauen auch. Ich würde an ihrer Kleidung nie erkennen, dass sie im Slum wohnen. Sie tragen tolle bunte Saris und Schmuck an Armen und Ohren. Sie sind gepflegt und sauber.

Ich mag die Frauen, sie sind freundlich, ein bisschen schüchtern, aber mit der Zeit werden sie immer lustiger und offener. Viele von ihnen haben extrem früh geheiratet und nie eine Chance gehabt, etwas zu lernen. Die meisten können weder lesen noch schreiben. Sie leben von der Hand in den Mund, sind aber durch ihre Community gut vernetzt. Die eine kann nähen, die andere weiß, wo man günstig an Stoffe kommt, und so helfen sie sich gegenseitig.

Zum Schluss schauen wir noch bei Raunak vorbei, sie ist gerade neunzehn Jahre alt geworden und wird in wenigen Wochen heiraten. Sie wird in ein Dorf weit weg von Delhi im ärmsten Bundesstaat Bihar ziehen. Ihren zukünftigen Mann hat sie noch nie gesehen. Nur dessen Eltern, die kamen, um sie zu «begutachten». Die Ehe wurde von ihren Eltern arrangiert, und damit ist ihr Schicksal besiegelt. Sie wird wahrscheinlich nicht mehr nähen oder arbeiten dürfen, sondern wird im Haus der Schwiegereltern leben und dort im Haushalt helfen.

Abends will ich wissen, was Zakhira, also der Name des Slums, eigentlich bedeutet. Also gehe ich auf Google-Suche. Das Ergebnis: Der Name Zakhira ist Arabisch und bedeutet «reich», entweder hinsichtlich Reichtum oder Wissen und Weisheit.

Was für eine Ironie! Später erfahre ich, dass der Stadtteil so heißt und das Elendsviertel automatisch denselben Namen bekommt – nur mit dem kleinen Wörtchen «Slum» dahinter …

Wenige Tage später mache ich mich erneut auf den Weg – aber diesmal nicht zum Slum, sondern zu einer Kirche, in der Sonia mit einigen der Frauen Schmuck herstellt. Sie haben das Anfertigen von Ketten, Armbändern und Ohrringen gelernt. Einige häkeln und stricken auch.

Eine Schmuckdesignerin aus den Vereinigten Staaten hat

das Projekt «AshaBelle» («A Beautiful Hope») vor vielen Jahren ins Leben gerufen, damit die Frauen eine Tätigkeit lernen, mit der sie ihr eigenes Geld verdienen können. Sie bekommen einen guten, festen Monatslohn – ganz unabhängig davon, wie viel Schmuck verkauft wird. Sonia geht fast jede Woche zum Markt, um Materialien zu finden. Alle Produkte sind handgemacht.

Ich finde es erstaunlich, was für wunderschöne Teile man mit wenigen Hilfsmitteln kreieren kann. Natürlich schlage ich zu und kaufe einige Schmuckstücke.

Es ist schön zu sehen, dass es auch inmitten von Chaos und Leid doch immer wieder Hoffnungsträger gibt. Menschen, die seit Jahren helfen – ohne dass es dafür viel Beachtung gibt.

Als ich mit meinem Bruder David darüber rede, sagt er: «Das erinnert mich an einen Satz von Honoré de Balzac: ‹Vielleicht sind es nur noch die gläubigen Seelen, die im Geheimen Gutes tun.›»

Ich muss darüber nachdenken. Wenn ich mal was Gutes tue, rede ich da schnell und gerne drüber. Vielleicht versuche ich es demnächst mal anders.

Abends berichte ich meinem Mann von dem Besuch und zähle zum ersten Mal die Schritte von unserer Küche bis ins WC – es sind dreizehn. Ich muss weder das Haus verlassen noch Gleise überqueren oder mit zigtausenden Leuten ein Klo teilen. Mein «stilles Örtchen» war mir noch nie so kostbar wie in diesem Moment.

Ein Leben zwischen Karma, Schuld und Sühne

Ich nenne sie die Knastkinder – obwohl sie selbst gar nicht im Gefängnis sitzen, sondern ihre Väter oder Mütter. Lebenslänglich, in Indien heißt das vierzehn Jahre. Ich durfte mehrere Tage mit «Bruder Matthias» von der Organisation «Prison Fellowship» in abgelegene Dörfer im Süden Indiens reisen, um Familien von Gefangenen zu besuchen. Als ich ihre Geschichten hörte, wollte ich oft am liebsten die Kinder packen und mit ihnen weglaufen – irgendwohin, wo es noch Hoffnung gibt.

Es hat geregnet, und wir stapfen etwas ungeschickt auf einem schlammigen Pfad durch ein ärmliches Dorf auf ein kleines Haus zu. Es ist heiß, Fliegen schwirren um uns herum. Ich werde gebeten, auf einem Plastikstuhl Platz zu nehmen, eine ältere Dame sitzt auf dem Boden, zwei Frauen lehnen an der Wand.

Ein Junge gibt mir freundlich und etwas schüchtern die Hand. Er sieht mir nicht direkt in die Augen. Er ist zwölf Jahre alt und heißt Pallepu. Seine Mutter sitzt im Knast, sein Vater lebt nicht mehr. Eine Tante hat ihn aufgenommen, die selbst keine Kinder hat. Ihr Mann starb sehr früh, er war ein Trinker.

Ich schaue in ihr schönes Gesicht mit den gütigen, müden Augen. Sie hat nach dem Tod ihres Mannes viele Heiratsanträge bekommen, aber alle abgelehnt. Ihre Stimme bricht immer wieder, während sie die ganze Geschichte erzählt – eine, die ich in anderer Form in den kommenden Tagen noch häufig hören werde und die in meinem Hals jedes Mal einen dicken Kloß zurücklässt …

Von einer Frau, die ihren Mann in Brand steckte

Pallepu steht stumm an der nackten Wand. Seine Tante erzählt von seinem toten Vater. Pallepus eigene Mutter soll ihn mit Benzin übergossen und dann angezündet haben, so lautete das Urteil des Gerichts. Doch Pallepus Tante sagt, das sei nicht wahr:

«Meine Schwester hat ihren Mann nicht umgebracht, er hat sich selbst das Leben genommen. Er ist nur nicht sofort gestorben und noch ins Krankenhaus gekommen, wo er allen entgegenschrie: ‹Meine Frau wollte mich umbringen, sie hat mich angezündet!›»

Dann ist er an den Verbrennungen gestorben.

Nun sitzt seine Ehefrau im Gefängnis, lebenslänglich – das bedeutet in Indien vierzehn Jahre Haft. Vor der Gerichtsverhandlung bat sie ihre Schwester um Hilfe:

«Nimm du meinen Jungen, sei seine Mutter. Egal, was aus mir wird.»

Pallepus Tante hat es versprochen und Wort gehalten.

Der Junge starrt an eine Wand, vor der ein paar Blechtöpfe stehen. Eine fette Ratte läuft vor dem Haus entlang auf uns zu. Sie ist fast so groß wie eine Katze und am Hinterteil deutlich von Krankheit gezeichnet. Mir läuft es kalt den Rücken runter.

«Sie sagen, meine Schwester sei eine Mörderin, aber sie ist unschuldig», versichert uns die Frau immer wieder und drückt den Jungen an sich; eine weitere Schwester gibt ihr Halt, an ihrer Hand kauert ein kleines Mädchen.

«Sie hat diesen Mann geheiratet und nicht gewusst, dass er schon längst mit einer anderen verheiratet und sogar Vater von drei Kindern war. Er hat immer wieder Affären gehabt, und als sie die Wahrheit herausfand, wusste er nicht weiter und wollte sich das Leben nehmen.»

Die Familie des Mannes sagte vor Gericht aus, nicht er, sondern seine Frau habe eine Affäre gehabt und deshalb ihren Ehemann aus dem Weg schaffen wollen.

Bruder Matthias von Prison Fellowship erklärt mir später, dass die Frau als Feldarbeiterin vielleicht für ein bisschen mehr Lohn mit dem Aufseher geschlafen hat – und das leider nicht selten ein Einzelfall bleibt. Einige dieser ungebildeten Frauen schlittern hier in diese Form der Prostitution. Sie führen ohnehin kein sicheres Leben auf den Feldern.

Ich weiß nicht, welche Geschichte wahr ist, ob der Mann sich nun selbst umgebracht hat oder die Frau ihn verbrannte.

Ob Pallepu sich fragt, was wirklich passiert ist? Ob er eine Zukunft hat?

Wir stehen auf und verlassen das Haus, das einem Onkel gehört. Wie lange sie hier noch leben dürfen, ist unklar. Der Pastor einer kleinen Kirche versucht ihnen zu helfen, kann aber nicht viel tun. Sie sind alle arm und leben von der Hand in den Mund. Ich schaue mich um. Von der Ratte keine Spur mehr.

Kinder versammeln sich in der Nähe, und ein Nachbar schaut neugierig in den schlammigen Hof. Die Großmutter drückt meine Hand, und der Junge lächelt mit traurigen Augen.

Ich verabschiede mich und schäme mich, dass ich keine Worte finde.

Selbstmord oder Mord: Wenn die Ehe zum Alptraum wird

Nach drei Tagen und neun weiteren Besuchen bin ich verwirrt und ausgelaugt. Es sind oft ähnliche Geschichten. Wir erreichen ein kleines Haus mit Strohdach, vor dem sich ein Misthaufen und jede Menge Müll befinden.

Der Ehemann und Vater zweier Kinder ist für vierzehn Jahre im Gefängnis. Er soll sich mit einer Arbeitskollegin angefreundet haben, und dann wurde der Mann dieser Kollegin ermordet.

Das Gericht sah den Fall so, dass die beiden eine Affäre hatten und sie den Mann zusammen umgebracht haben.

Die Familie des Bauarbeiters ist der festen Überzeugung, dass er unschuldig ist. Er wird irgendwann zurückkehren. So lange muss die Frau, die kaum ein Wort redet, in einer Fabrik arbeiten, was eine Schande darstellt, denn als Frau bleibt man in den Dörfern gemäß der Überzeugung fast aller und auch gemäß der Tradition zu Hause. Ich frage Matthias, ob er glaubt, dass der Mann unschuldig ist.

Er antwortet mit einem Kopfschütteln: «Er ist schuldig. Aber die Familie will das nicht glauben. Solange sie es nicht glauben, ist es nicht wahr, und man behält auch im Dorf ein bisschen Würde. Die Leidtragenden sind immer die Kinder. Sie werden gehänselt und wachsen ohne Vaterfigur auf. Die Mutter arbeitet, um sie durchzubringen, und hat kaum Zeit, sich um die Kinder zu kümmern.»

Wir fahren weiter, in ein anderes Dorf. Ein Haus, zwei Ochsen und ein paar Hühner – davor steht ein kleines Mädchen, das gerade von der Schule kommt. Ihr Vater soll, so wird's erzählt, ihre Mutter an einem Deckenventilator aufgehängt haben, sie waren erst wenige Jahre verheiratet und die beiden Kinder noch sehr klein.

Die Großmutter kümmert sich nun um die Kinder. Der Vater ist im Knast, die Mutter tot. In Indien ist es sehr leicht, als Ehemann schuldig gesprochen zu werden, wenn die Frau Selbstmord begeht.

In diesem Fall waren es die Schwiegereltern, die einfach nur einen Brief geschrieben haben, dass der Mann ihre Tochter umgebracht habe. Er wäre zum wiederholten Male bei ihnen aufgetaucht und hätte mehr Mitgift verlangt, auch Jahre nach der Eheschließung. Sie hätten sich geweigert, mehr Geld zu geben, und er habe dann ihre Tochter umgebracht.

Die Großmutter kann bei dieser Version der Geschichte nur traurig den Kopf schütteln. Es sei ganz anders gewesen: Die Frau wollte nicht, wie es in Indien üblich ist, bei ihrem Mann und deren Eltern einziehen. Sie wollte ein eigenes Haus, ohne die Schwiegereltern. Das habe ihr Mann aber nicht gewollt, weil er der einzige Sohn sei und sich um seine Eltern kümmern wolle. Das habe sie dazu gebracht, sich aufzuhängen.

Ich sehe die beiden Kinder. Der Knabe will Polizist werden und alle Diebe schnappen, das Mädchen will Lehrerin werden. Beide haben wache Augen und gute Noten in der Schule – aber sie haben weder Vater noch Mutter. Wie kann man den Kindern so etwas antun?

Die Sache mit der Wahrheit

Wieder im Auto, richte ich mich mit meinen Fragen mal wieder an Bruder Matthias: «Wie kommt es, dass von so vielen Familien nur eine die Schuld bei dem Schuldigen sieht und sich der Wahrheit gestellt hat?»

Matthias erklärt, dass es oft mit Schande zu tun hat, die der Familie das Leben zu schwer machen würde.

«Außerdem gibt es im Hinduismus kein Richtig und Falsch. Man glaubt das, was einem am leichtesten fällt. Wenn die Familie glauben würde, dass der eigene Ehemann und Vater schuldig ist, würde es sehr schwer sein, weiterzumachen und ihn dann nach vierzehn Jahren wieder aufzunehmen. Sie wollen die Wahrheit nicht wahrhaben, weil sie zu schmerzhaft ist.»

«Aber wie kann man damit leben? Es muss doch quälend sein? Ohne Wahrheit kann man doch keine Freiheit, keinen Neuanfang finden ...», sage ich mehr zu mir als zu ihm.

«Wir haben alle ein Gewissen, und das wird uns auch nicht in Ruhe lassen. Aber hier basteln sich die Menschen ihre Wahrheit so, wie sie am leichtesten zu ertragen ist. Nur sehr selten erlebe ich, dass sich die Gefangenen und ihre Familien der Schuld stellen.»

Ich schaue aus dem Fenster und hänge die nächsten Stunden im Auto meinen Gedanken nach. Es regnet wieder. Eine Ziegenherde läuft vor uns über die Straße, und ein spindeldürrer Mann versucht, sie auf die andere Seite zu treiben.

«Ich möchte dir eine Geschichte erzählen, es ist schon ein paar Jahre her ...» beginnt Bruder Matthias, während wir über kleine Pfade durch die von Feldern dominierte Landschaft fahren.

«Es war an einem Sonntag, bei einem Gottesdienst im Gefängnis. In der letzten Reihe saß ein junger Mann mit verschränkten Armen, sehr muskulös und groß. Einer, mit dem du dich nicht anlegst. Er kam von da an immer wieder und erzählte mir nach und nach ein bisschen aus seinem Leben. Er war ein gelernter Bauarbeiter und sagte immer wieder, man habe ihn zu Unrecht eingesperrt. Er habe niemanden umgebracht. Er habe seine große Liebe heiraten wollen. Und gerade als die Hochzeit stattfinden sollte, habe man ihn abgeholt und ins Gefängnis gesteckt. Was nun aus ihm werden solle?! Ob die Frau, die er so liebt, auf ihn warten würde? Vierzehn Jahre lang?»

Matthias habe ihm darauf geantwortet: «Bist du wirklich unschuldig?»

«Ja!»

«Nun, ich weiß nicht, was aus deinem Leben wird – und was aus dem Mädchen. Aber weißt du, bei Gott sind alle Dinge möglich. Wollen wir zu ihm beten, dass er die Sache in seine Hände nimmt und dir hilft?»

«Ja», antwortete der Mann.

Also beteten sie und brachten seine Lage vor Gott. Fünf Wochen vergingen. Der junge Mann blieb dem Gottesdienst fern und tauchte nicht mehr auf.

Dann kam er plötzlich an einem Sonntag wieder und ging nach dem Gottesdienst zu Matthias.

«Ich habe ein Problem …», druckste er herum. «Ich habe immer gelogen und gut geschlafen, all die Jahre lang. Aber seitdem ich Ihnen von meiner Geschichte erzählt habe, kann ich nicht mehr schlafen! Es ist nicht wahr, dass ich unschuldig bin. Ich habe den Mann ermordet!»

«Weißt du, warum du nicht mehr schlafen konntest?»

«Na, keine Ahnung. Ich habe Sie angelogen.»

«Ich glaube nicht, dass es wegen mir war. Da war noch jemand dabei, als wir gemeinsam gebetet haben. Du hast Gott angelogen, und nun hat er dich nicht mehr in Ruhe gelassen …»

Und so begann Bruder Matthias, dem vom Gewissen geplagten Gefangenen von Jesus zu erzählen – was er aus Liebe zu uns Menschen getan hat, um uns von aller Schuld zu erlösen. Und dass diese Wahrheit wirklich frei macht.

Hahnenkampf und falsche Freunde

Wieder ein kleines Haus in einer armen Gegend. Und wieder ist es eine Großmutter, die uns begrüßt und unter Tränen die Geschichte ihres Schwiegersohnes erzählt, weil ihre Tochter noch arbeitet. Sie hat einen Job in einer Kantine angenommen, um die Familie über Wasser zu halten. Sie wohnt mit den Kindern bei ihrer Mutter, einer freundlichen, rundlichen Frau mit liebevollen großen Augen.

Zwei Frauen und zwei Kinder hausen in diesem kleinen Raum. Ich kann mir echt nicht vorstellen, wie das geht. Schlafen die alle in *einem* Bett?

Sie hat ihren Schwiegersohn im Knast besucht – das ist sehr ungewöhnlich für eine Schwiegermutter. Doch sie wollte ihn sehen und ihm sagen, dass sie ihn aufnehmen wird, wenn er rauskommt. Aber er musste ihr versprechen, dann nie wieder mit einer Gang zu tun zu haben. Denn das hat ihm die ganze Suppe eingebrockt …

Die beiden Töchter sind sehr sportlich, gut in der Schule, aber extrem schüchtern.

Ihre Mutter kommt von der Arbeit und begrüßt uns. Sie hat dunkle Ringe unter den Augen. Sie hat ihren Mann geheiratet, als sie sechzehn Jahre alt war. Dabei war sie sehr gut in der Schule und hätte einen gescheiten Beruf ergreifen können – aber ihr Mann wollte nicht, dass sie arbeitet. Sie sollte zu Hause ein ehrenvolles Leben als Mutter führen.

Er war nicht sehr gebildet, hatte falsche Freunde und geriet in eine Bande, die sich mit Diebstahl und Hahnenkämpfen ihr Geld «verdiente». Irgendwann kam es zu einem Bandenkrieg, und er erschlug einen Mann. Er ging aber – und das habe ich sonst bei den Besuchen nie gehört – direkt zur Polizei und gab seine Schuld zu.

Nun sitzt er vierzehn Jahre. Wenn er rauskommt, werden seine Töchter Frauen sein. Vermutlich werden sie früh heiraten. Als ich die Mutter frage, was sie sich am meisten wünscht, sagt sie leise:

«Dass sie einen guten Mann finden. Einen, der sich um sie kümmert und sie nicht im Stich lässt. Und dass sie einen richtigen Beruf lernen, was auch immer sie wollen.»

In dieser Nacht träume ich wirres Zeug. Ratten, Mafia und Hahnenkämpfe, Mord und Totschlag … All diese Schicksale, diese Frauen und Kinder im Überlebenskampf. Und ich? Ich beschwere mich dauernd über irgendwelchen Kleinkram. Ist es nicht seltsam, dass ich in dem Leid selten die «Warum lässt Gott das zu?»-Frage höre? Die höre ich in mir drin und in reichen, unbeschwerten, recht gesunden Kreisen andauernd. Aber hier nicht.

Hafturlaub – Gefangene zwischen den Welten

Wir haben an diesem Tag vier Familien in verschiedenen Orten besucht, und bevor es dunkel wird, wollen wir noch bei einer Frau mit ihren zwei Söhnen vorbeischauen, die gerade Gäste hat.

Wir erreichen das kleine Häuschen und werden herzlich begrüßt. Wieder reicht man uns die einzigen Plastikstühle, und die Familie verteilt sich um uns herum. Die Mutter steht mit den zwei Jungs in einer Ecke, der Vater sitzt auf dem Bett.

Der Raum ist eng. Wieder sehe ich eine Ratte, nur dass sie diesmal auf einer Art Regal entlangflitzt und dann in Richtung Küche verschwindet – einem kleinen Kabuff mit einer Ablage.

Eine nette Familie, aber die Stimmung ist etwas bedrückend. Die Mutter klammert sich fast an ihren Ältesten, während der jüngere Sohn freundlich lächelnd daneben sitzt.

Der Vater ist erst gestern aus dem Gefängnis gekommen – allerdings nur für zwei Wochen, er hat sich in den letzten vier Jahren gut benommen und daher den Hafturlaub genehmigt bekommen. Er macht einen sehr lieben Eindruck, erzählt uns ruhig seine Geschichte. Er habe einen großen Fehler gemacht, aber nichts verbrochen. Denn es war sein Cousin, der einen Mann umbrachte und dann zu ihm floh.

In Indien hält man als Familie zusammen. Und man bezahlt manchmal einen hohen Preis dafür: Nicht nur der Cousin wurde als Mörder verurteilt, sondern er gleich mit.

«Das passiert hier schnell», sagt Bruder Matthias. «Leider . . . er hätte ihn wegschicken müssen. Jetzt sitzt er lebenslänglich für einen Mord, den er nicht begangen hat. Aber er bekommt vielleicht die Chance, nach der Hälfte der Haftzeit freizukommen. Ein Anwalt kämpft dafür.»

Seine Frau weint stumm, wischt sich die Tränen weg. Für sie ist eine Welt zusammengebrochen, als er ins Gefängnis kam. Alleine mit den zwei Jungs musste sie aus dem Ort wegziehen, es war zu gefährlich dort.

Sie zog in ein kleines Haus, das ihren Eltern gehört, und musste sich einen Job suchen. Aber sie beklagt sich nicht. Sie ist stolz auf ihre Söhne, die ihr viel helfen, auch beim Kochen, und in der Schule gute Noten haben.

Ich frage die beiden, ob es irgendwas gibt, das sie sich wünschen. Der Kleine sagt: «Ich hätte gerne einen Federballschläger. Wir haben nur einen; wenn wir zwei hätten, könnten wir miteinander spielen.»

Ich wundere mich, warum sie nicht näher beieinander sitzen. Sie haben sich lieb, das merkt man, aber da ist eine Distanz zwischen Vater und der Mutter mit ihren Kindern.

Matthias erklärt mir später, dass es oft so kommt. «Sie können sich nur selten sehen, und es gibt keine Berührungsmöglichkeiten bei den Besuchen im Gefängnis. Zwischen dem Gefangenen und den Besuchern liegen zwei Gitter. Die Väter verpassen die Kindheit ihrer Söhne und Töchter. Und das ist nur schwer wieder aufzuholen.»

Ich muss an meinen Vater denken. Kaum auszudenken, wenn er in meinem Leben gefehlt hätte.

Hinter Gittern

Ich frage den Mann, wie es im Gefängnis ist – und ob er es aushalten kann. Er sagt, dass es am Anfang sehr schwer war. Neuankömmlinge werden gezwungen, die «schweren Jungs», die das Sagen haben, zu massieren und zu versorgen. Sie müssen neben dem Klo auf dem Boden schlafen, und das in einem völlig überfüllten Raum. Und wenn sie von Verwandten Geschenke bekommen, müssen sie diese abgeben.

Aber er hat sich von den gefährlichen Männern ferngehalten und geht sonntags immer in den Gefängnisgottesdienst. Dort hat er auch Freunde gefunden und neue Hoffnung.

Die schwierigsten Momente seien für ihn, wenn es Essen gibt. Es schmeckt nicht besonders, und dann muss er immer an seine Familie denken und was er ihnen für eine Last aufgeladen hat, indem er seinem Cousin einen Zufluchtsort bot.

Wie das Leben in einem indischen Gefängnis ist, kann ich mir kaum vorstellen. Ich darf auch wie alle Ausländer keines mehr besuchen. Das wurde nach einem Film der BBC untersagt, der in Indien verboten ist; einem Film, in dem es um die Vergewaltiger und Mörder einer jungen Frau ging.

Der Fall hat im Jahr 2012 sehr viel internationale Aufmerksamkeit erregt und in Indien zu einer Debatte über Frauenrechte und Sicherheit geführt. Aber die indischen Behörden fanden die Art der Berichterstattung nicht gut und wollen ihre Geschichten lieber selbst und anders schreiben.

Matthias ist seit vielen Jahren wöchentlich in Gefängnissen, um sich um die Gefangenen zu kümmern. Er hat unzählige Geschichten erlebt und weiß, wie es dort zugeht.

«Das Gefängnis von Vijayawada wurde für 145 Insassen gebaut, doch es befinden sich dreimal so viele Gefangene dort. Neuankömmlinge müssen sich schrecklichen Riten unterziehen, es gibt Mafia-ähnliche Strukturen. Und viele von den Insassen sind nicht schuldig.»

Ich verstehe das nicht. Wie kann das sein?

Händchenhalten statt Handschellen

Wenige Tage nach meiner Reise betrete ich mit einer befreundeten Anwältin einen Gerichtssaal in Delhi. Hier ist es erlaubt, an gewissen Tagen bei Fällen von häuslicher Gewalt zuzuschauen. Es ist ganz schön chaotisch, aber sehr interessant.

Die Polizisten nehmen die Angeklagten an der Hand und halten sie die ganze Zeit fest – sowohl auf dem Weg zur Anhörung als auch bei der Vernehmung. Handschellen gibt es nicht.

Im Anschluss erfahre ich mehr über das Rechtssystem Indiens und kann einige Dinge für mich im Kopf sortieren.

Es gibt anscheinend viele Gründe, warum hier viele Menschen unschuldig im Knast sitzen. Kein Land hat so überlastete Gerichte und so langwierige Verfahren. Es soll sehr einfach sein, «Zeugen» zu kaufen. Manche Reiche bezahlen einem armen ungebildeten Mann viel Geld, damit er sich als schuldig bekennt und die Strafe an Stelle des Schuldigen absitzt.

Dann gibt es Gesetze, die es leicht machen, jemandem Schuld anzuhängen. Das ganze Rechtssystem ist total anders als in Deutschland. Es dauert wahnsinnig lange, bis ein Fall vor Gericht kommt und abgeschlossen wird. Und es gibt zu wenige Richter. Wer wegen einer Bagatelle angeklagt wird, kann unter Umständen einige Jahre in Untersuchungshaft verbringen – oft weit länger, als es die Maximalstrafe für das Vergehen vorsieht.

Indiens Gefängnisse sind hoffnungslos überfüllt, und fast siebzig Prozent der Inhaftierten sind Untersuchungshäftlinge. Ob jemand gegen Kaution freikommt, hängt vor allem von der Qualität des Anwalts ab. Das Nachsehen haben die Armen, die sich keinen Rechtsbeistand leisten können.

«Die Gerechtigkeit und die Wahrheit sind zwei so feine Punkte, dass unsere Instrumente viel zu stumpf sind, um sie genau zu treffen. Wenn sie sie treffen, so zerdrücken sie den eigentlichen Punkt und stützen sich ringsumher mehr auf das Falsche als auf das Wahre.»

Diese Worte stammen von Blaise Pascal und gehen mir seit Tagen ständig durch den Kopf.

Ich weiß nicht, wie man ohne die Hoffnung auf ein faires Gerichtsverfahren leben kann. Ob als Schuldiger oder als Opfer. Kinder Gottes sollen für Gerechtigkeit in dieser Welt eintreten, aber wir dürfen gleichzeitig sicher sein, dass einmal alle Menschen vor Gott stehen und ein gerechtes Urteil empfangen werden. Seit ich in Indien lebe, ist diese Hoffnung mehr als ein Strohhalm. Sie ist mir zu einer festen Gewissheit geworden.

Wir sehnen uns stark nach einer gerechten Strafe für die Verursacher von so viel Leid, und das ist gut. Aber auch in mir, der mir doch so viel vergeben wurde, höre ich allzu häufig den lauten Ruf nach Gerechtigkeit – und daneben nur leise die Stimme der Vergebung. So wurde diese Reise auch für mich zu einer guten Lektion. Wahrheit zu suchen. Gerechtigkeit zu wollen. Und Vergeben zu lernen.

Höchster Marathon der Welt? Da muss ich hin!

Der Flieger wackelt etwas, als er sich durch Wolkenfetzen und vorbei an schneebedeckten Bergketten in Richtung Leh bewegt. Passagiere schauen staunend aus den Luken und versuchen die Bilder einzufangen.

Neben mir sitzt eine französische Filmregisseurin. Sie wusste gar nicht, dass in wenigen Tagen in der Region Ladakh ein Marathon-Ereignis stattfindet.

«Aber das ist doch so hoch, wie soll man da denn laufen? Da kriegt man doch gar keine Luft!»

Tatsächlich frage ich mich auch, wie es sich anfühlen wird, auf 3500 Metern zu laufen. Nicht nur wegen der ungewohnten Höhe – ich habe seit zwei Jahren keinen Wettkampf mehr bestritten und bin, seit ich in Delhi lebe, selten gelaufen.

Bei einem dreistündigen Vorbereitungslauf auf dem Laufband im Fitnessstudio fragten mich die Trainer, ob bei mir alles in Ordnung sei, und schauten etwas mitleidig auf mich und das Gerät. Aber ich kann einfach nicht anders, als beim «höchsten Marathon der Welt» dabei zu sein. Das Leben in einer Großstadt ist so stressig. Hier in Ladakh kommen Ruhe und Freude ins Herz.

Die Region liegt im Bundesstaat Jammu und Kaschmir und grenzt an China sowie Pakistan. Sie gehört zwar zu Indien, ist kulturell aber eher tibetisch-buddhistisch geprägt. Die Landschaft und das Klima sind recht wüstenhaft, es kann sehr heiß und sehr kalt werden. Die Leute im Hochgebirge sind entspannt, der Ausblick ist weit, und auf den Straßen liegt nicht so viel Müll, wie ich es sonst von vielen Orten Indiens gewohnt bin. Bäume wachsen hier nicht, außer ein paar Pappeln und jeder Menge Blütenpflanzen.

Am ersten Tag habe ich etwas Kopfschmerzen, und mir wird empfohlen, nur zu ruhen. Aber nach drei Tagen geht es mir gut, und ich genieße die Natur und die kleine Innenstadt von Leh. Es gibt viele kleine Läden, Cafés und einen herrlichen Ausblick auf die Altstadt mit in Felsen gehauenen Gebäuden. Esel laufen einen kleinen Weg entlang. Frauen verkaufen Gemüse auf großen Tüchern.

Alles ist so anders als bei großen Lauf-Events – familiär und einfach. Ich hole meine Unterlagen in einem kleinen Haus ab, im Garten wachsen Äpfel, und ein alter Herr pfeift Lieder, während er Kaschmirtücher auf sein Moped türmt.

Um vier Uhr geht der Wecker. Ich habe kaum geschlafen und mache mir Sorgen. Kann ich das überhaupt schaffen?

Als ich im Stadion ankomme, tummeln sich hier bereits viele Läufer. Keiner weiß, wo es losgeht – aber alle sind fröhlich und gelassen. Das Morgenrot breitet sich hinter den Bergen aus. Etwas außerhalb stehen «Toiletten»: kleine Ein-Mann-Zelte, die man mit einem Reißverschluss zuzieht und in denen man sich dann auf zwei Steinen über einem gegrabenen Loch im Boden in die Hocke begibt. Mal was anderes als dreckige Dixi-Klos.

Um kurz nach sechs Uhr führt man die Marathonläufer zum Start. Vor mir stehen einige zierliche einheimische Läuferinnen. Diese Veranstaltung soll vor allem für sie in die Wege geleitet worden sein.

«In ein paar Jahren werden die schnellsten Läufer aus Ladakh kommen!», ist der Veranstalter fest überzeugt.

Die ersten Kilometer geht es bergab. Die Versuchung, schnell zu laufen, ist groß – doch sie wird umgehend bestraft. Schon nach zwei Kilometern stehen manche Läufer nach Luft schnappend am Wegesrand. Ich kriege Angst, dass es mir vielleicht auch noch so gehen wird.

Die Luft ist dünn, und es läuft sich etwas schwerer als sonst, aber ich genieße das Morgengrauen, die Stille und die wunderschöne Gebirgslandschaft, die uns von allen Seiten umgibt.

Wir überqueren den Fluss Indus, der die trockene Region mit Wasser versorgt. Es geht in kleine urige Dörfer. Rauch von kleinen Feuern steigt in den Gärten auf. Die Felder rascheln im Wind. Ein freundlicher alter Mann kommt aus seinem kleinen Strohdachhaus, gibt jedem Läufer ein Bonbon zur Motivation und wünscht eine gute Reise. Zwei Frauen waschen in einem Bach ihre Schüsseln und Töpfe.

Nach fünfzehn Kilometern hole ich eine Polin ein, die immer wieder die Hände ausschüttelt. Sie heißt Isa.

«Dieser Marathon ist härter als alle, die ich je gemacht habe. Ich spüre meine Hände und Füße kaum. Die Luft reicht irgendwie nicht», japst sie.

Wir kommen an einer Wasserstelle vorbei, und dann geht es auf die andere Flussseite über eine kleine Brücke, die mit Gebetsfahnen geschmückt ist. Vor uns streckt sich das Kloster Tiksey aus dem Felsen hervor.

Nach der Halbmarathonmarke bin ich plötzlich ganz alleine – naja, nicht ganz, eine Eselstruppe trabt auf die Straße, und ich schlängele mich durch die lustigen Tierchen hindurch.

Ansonsten ist es ein einsamer Lauf. Still und surreal – inmitten dieser gewaltigen Natur. Keine Menschenmassen, keine Hochhausschluchten. Ein Gefühl von Freiheit, obwohl meine Beine immer schwerer werden und ich auch deutlich mühsamer atme.

Ich erreiche ein Dorf mit kleinen Hütten. Kinder kommen herausgerannt und winken. Zwei Frauen tragen Körbe mit Wolle. Kühe stehen mitten auf dem Weg, und eine Schar von Ziegen wird von einem dünnen jungen Mann auf die andere Seite getrieben.

Die Berge leuchten im Sonnenschein, und der Fluss treibt das Wasser ins Tal. Es wird deutlich wärmer. Die Wolken reißen auf. Nun sind es noch etwa fünf Kilometer, aber die haben es in sich. Von nun an wird es nur noch bergauf gehen. Eine Reihe von Militärleuten steht klatschend und hundert Dinge rufend mit jeder Menge Zitronensaft am Straßenrand.

Dieser lange Anstieg zum Schluss saugt an meinem Kopf und an meinen Kräften. Doch das Ziel hoch oben in Leh ist fast in Sicht, und immer wieder lächelt jemand aufmunternd, Kinder wollen abgeklatscht werden, und irgendwer ruft etwas in der Landessprache, das sich anhört wie: «Bald hast du es geschafft!»

Ich muss bei diesem Lauf an mein Leben denken, an die Kämpfe, an die kleinen und großen Niederlagen. An die vielen Momente, in denen ich aufgeben wollte – meinen Glauben, meine Ziele, meine Hoffnung auf ein anderes Leben.

Einen Marathon zu laufen gleicht dem Leben als Christ so sehr. Man braucht einen langen Atem, einen starken Willen und viel Mut. Aber das Ziel ist dermaßen herrlich, dass das Laufen trotz mancher Qual und vieler Zweifel doch eine Freude ist. Weil wir nicht alleine laufen: Jesus ist mit an der Strecke. Er hat uns nicht versprochen, dass es eine einfache Pilgerreise wird. Aber dass er uns die Kraft geben will, die wir unterwegs brauchen, und uns am Ende ins Ziel bringt.

Auf den letzten drei Kilometern treffe ich eine junge Ladakhi, die am Start vor mir stand. Sie absolvierte den ersten Teil als zweitschnellste Frau, im letzten Drittel brach sie ein.

«Knie tut weh!», sagt sie auf Englisch. Laufen ist ihre Hoffnung auf ein besseres Leben. Sie hat einen Sponsor und wirkt sehr enttäuscht, weil sie ihre Leistung nicht bringen kann.

Ich ziehe sie an der Hand den Berg hinauf, wir gehen und laufen abwechselnd. Sie hat Schmerzen und sagt, ich solle vorlaufen. Aber ich bin ja nicht auf der Flucht und einfach nur dankbar, dass ich heil so weit gekommen bin. Also ziehe ich sie weiter, und die letzten dreihundert Meter laufen wir zusammen Hand in Hand ins Ziel. Die Zuschauer empfangen uns herzlich.

Im Medizinzelt herrscht reger Betrieb, Sauerstoffflaschen sind heißbegehrte Objekte. Ich werde mir am Abend eine große Portion Momos-Suppe – das sind nepalesische Teigtaschen in einer Brühe – gönnen und diesen herrlichen Tag mit Freunden feiern.

Ich bin einfach nur dankbar. Der Marathon in Leh ist ein besonderes Abenteuer, ein «laufendes» Eintauchen in eine fremde Welt.

Für die Menschen vor Ort geht nun die Touristensaison und

damit auch die Haupteinnahmequelle zu Ende. Sie schauen einem harten und langen Winter entgegen.

Ich würde gerne länger bleiben im Land der hohen Pässe. Aber es geht zum Flughafen. Der Fahrer singt ein fröhliches Lied, im Herzen singe ich mit.

Willkommen zurück im Großstadtdschungel

Zurück in Delhi, werde ich herzlich begrüßt. Die Mitarbeiter des Fitnessstudios sind ganz begeistert, dass ich in meiner Kategorie den zweiten Platz beim Marathon belegt habe, und überreichen mir als Anerkennung eine Sporttasche. Das habe ich auch noch nie erlebt und freue mich über diese liebevolle Geste.

Endlich sehe ich auch Asha mal wieder, sie war für mehrere Wochen in Deutschland, weil ihr Vater dort an der Wirbelsäule operiert wurde. Sie erzählt mir überschwänglich, wie sehr sie meine Heimat mag, und ist ganz begeistert von der Kultur, dem Essen und der frischen Luft.

«Du wohnst im schönsten Land der Welt, weißt du das? Du bist dumm – du bist vom besten Ort zum schlechtesten gezogen!», sagt sie und lacht.

Sie hat am selben Morgen in einer indischen Zeitung gelesen, dass Deutschland gerade zum lebenswertesten Land gekürt worden ist. Indien landet da nur auf Platz 101.

Ich habe das Gefühl, nach einer Woche in Delhi ist meine Seele schon wieder müde. Es ist grau in jeder Hinsicht, und das Hirn ist so völlig leer. Mir fehlen der Wald, das morgendliche Joggen und die frische Luft.

Die Zeit in Leh ist noch gar nicht lange her, aber die Großstadt hat mich schon wieder fest im Griff. Ich merke, dass die Aggressivität und Hektik hier ansteckend sind, dass ich selbst unruhig werde, weil alles um mich herum hupt und stresst und wuselt und drängt. Aber ich versuche, mir vom Groß-stadtdschungel die Laune nicht vermiesen zu lassen.

Ich bin in der Kirche, diesmal alleine, weil Markus gerade in Bangladesch einen Bericht über die Lage der geflohenen Rohingya macht. Die Zustände in den Flüchtlings-Camps müssen furchtbar sein; ich habe Markus noch nie so betroffen erlebt, als er mich kurz anruft.

In der Predigt geht es um die biblische Geschichte, in der eine Frau das wohl einzig Wertvolle und Schöne, das sie besaß, Jesus schenkte – ein Fläschchen kostbarsten Öls. Der Pastor sagt, der Wert dieser Flasche sei ein ganzes Jahreseinkommen gewesen. Und dass die Jünger das so gar nicht verstanden haben, es als Verschwendung empfanden.

Übrigens sagte Jesus nicht zu der Frau: «Du hast das Richtige oder Gute getan», sondern: «etwas Schönes».

Ich möchte auch gerne lernen, weniger in Richtig und Falsch zu denken, sondern das Schöne in Liebe zu tun. Nicht mehr so sehr darauf zu achten, was die Menschen über mich denken, sondern mit meinem Leben Gott eine Freude machen.

Millionäre zu Besuch

Gestern habe ich viel Zeit in der Küche verbracht und mal wieder gemerkt, dass mich Besuch oft stresst. Ich will gerne gastfreundlich sein und gebe mir jedes Mal viel Mühe, aber ich übertreibe dermaßen, dass ich anschließend völlig erschöpft bin und schwöre, niemals wieder jemanden einzuladen.

Nun ergab es sich, dass heute keine unserer «normalen Freunde» kommen wollen, sondern Makesh und Sarala – zwei Millionäre. Wir haben uns schon öfter getroffen, aber diesmal wollen sie uns zu Hause besuchen.

Also habe ich Salat gemacht, Brot gebacken, einige Hauptgerichte vorbereitet und als Dessert Brownies und Eiscreme selbst gemacht – natürlich alles rein vegan, weil die beiden wie viele konsequente Hindus weder Eier noch Fleisch essen und auch keinen Alkohol trinken.

Ich habe Sarala noch nie in Alltagskleidung gesehen, sie trägt auch heute wieder ein glitzerndes Kleid wie eine Prinzessin aus einem Bollywood-Film und meint, sie seien direkt von einem Schmuck-Event hierhergekommen.

Wir setzen uns.

Markus spricht ein kurzes Tischgebet, wie wir es immer zu tun pflegen. Makesh und Sarala haben sich sehr über das selbstgemachte Essen gefreut, weil sie das sonst nie bekommen.

«Wir essen meist in Hotels oder in Restaurants, und wenn wir privat eingeladen sind, tischt irgendeine Cateringfirma auf!», erklärt Makesh.

Ich freue mich, dass ich ihnen so eine Freude machen kann und sie es wirklich genießen.

Dann passiert etwas Seltsames: Für die nächsten zwei Stunden halten die beiden einen Monolog über das wunderbare Indien, die Schönheit der hinduistischen Weisheiten und die Erkenntnis, dass wir alle nur Energie seien. Dass es keinen Tod gebe, sondern nur Umwandlung, und dass wir Gott sind und dass alles wichtig ist und alles nichts ist und es um dieses «Wow!» gehe.

Dieses «Wow!» fällt noch öfter, und ich habe keine Ahnung, was sie damit meinen.

Von den vielen Göttern und Geschichten wird mir ganz schummerig. Ein bisschen seltsam ist es schon, dass nicht einmal gefragt wird, wie es *uns* geht und was *wir* in den letzten Monaten so erlebt haben.

Nach einer Stunde nutze ich kurz die Gelegenheit, eine kleine Frage einzuwerfen, weil beide zufällig gerade gleichzeitig den Mund voll haben.

«Ich habe gelesen, dass es in eurer Philosophie kein Richtig und Falsch gibt, ist das nicht ein Problem?»

Sarala schüttelt eifrig den Kopf: «Das ist korrekt. Nichts ist allgemein gut oder schlecht, falsch oder richtig. Wir essen kein Fleisch, weil wir es falsch finden. Aber wir sagen nicht, dass es für dich auch falsch ist. Was für mich falsch ist, kann ja für dich richtig sein.»

Dann fährt ihr Mann fort, über einen Tropfen im Meer zu philosophieren und dass wir alle eins seien und das Leben nur Illusion.

Zwischenzeitlich habe ich das Bedürfnis, mir ein Gläschen Wein zu gönnen, um den Vortrag etwas besser zu überstehen. Aber das geht natürlich nicht, also schlürfe ich mein Zitronenwasser.

Sie sind nett, aber so unglaublich egozentrisch. Und das Seltsame ist: Sie scheinen es gar nicht zu bemerken. Sie nennen uns Freunde, aber wie kann man sich mit Freunden treffen, um dann nur von sich und seiner Religion zu reden? Gruselig …

Aber irgendwie tun sie mir auch leid. Sie sind wie Getriebene. Arbeiten viel, machen nie Urlaub.

«Dafür gibt es keine Zeit», erklärt Sarala und lächelt müde. Makesh sagt, dass er keinen Urlaub brauche, weil ihm das Arbeiten Spaß mache und er dadurch ständig neue Energie bekomme. Diese Einstellung ist toll. Wer seinen Job so mag, kann sich glücklich schätzen. Aber auf mich wirkt er nicht so richtig froh, eher rastlos.

Er hat allen bewiesen, dass er was kann – und aus einer bankrotten Firma ein riesiges Unternehmen gemacht. Sie sind ständig unterwegs. So fliegt sie in wenigen Tagen nach Island und wird das Hotel nicht ein einziges Mal verlassen. Sie sagt, sie lerne das Land besser kennen durch die Menschen bei der Konferenz.

Ihr Rezept zum Glücklichwerden ist einfach: Sie umgeben sich nur mit Menschen, die auf ihrer Wellenlänge liegen und gute Vibes ausstrahlen.

«Wir leben eben in einer Blase, und da lassen wir auch keine Menschen rein, die uns runterziehen.»

Ich will nur kurz in die Küche gehen, um den Nachtisch vorzubereiten, aber Makesh möchte mir unbedingt helfen. Eigentlich ja total nett.

Er sagt, dass Demut sehr wichtig sei und er gerne helfe, aber ich werde das Gefühl nicht los, dass er Kontrolle braucht – und auch hier in meiner Küche lieber selbst die Regie übernimmt. Unser Haus ist nun sein Reich.

Wir lachen viel und unterhalten uns beim Backen über Gott und die Welt. Ich hätte es zwar lieber, wenn ich das hier in Ruhe alleine machen könnte, aber andererseits ist Hilfsbereitschaft doch eine tolle Sache.

Makesh sagt mir, dass die Brownies aus dem Ofen müssen, sie wären sicherlich schon fertig.

Ich nicke und fülle zwischenzeitlich das selbstgemachte Eis in Schälchen.

Er empfiehlt uns einen großen Naturschutz-Park im Norden des Landes. Mit Tigern, Elefanten, Nashörnern.

«Ich habe da ein Anwesen, und ihr seid jederzeit herzlich eingeladen. Meine erste Frau leitet es …»

Ich stutze.

Ich wusste noch gar nicht, dass er schon mal verheiratet war, und frage, wie er Sarala kennen gelernt hat. Ehrlich gesagt, habe ich mich schon öfter gefragt, wie eine Ehe zwischen einem Mitte-70-Jährigen und einer Frau, die nur halb so alt ist, wohl funktioniert …

Er berichtet, dass sie von einem Freund für einen Job vorgeschlagen wurde. Er bot ihr an, entweder sofort anzufangen oder gar nicht. Sie kam gerade frisch von der Sorbonne-Universität in Frankreich.

Während er erzählt, wie aus einer Mentoren-Beziehung eine Freundschaft und dann Liebe wurde, versuche ich fieberhaft, den Apple Crumble auf den Tellern anzurichten, zuzuhören und ihm gleichzeitig zu sagen, wie er mir helfen kann.

«Weißt du», sagt er und fängt an, nach einer Spülmaschine zu suchen, die wir nicht haben, «mir ist Loyalität sehr wichtig. Deshalb halte ich nichts von Scheidung. Ich habe meine erste Frau nicht verlassen, sondern lebe jetzt die Hälfte meiner Zeit mit ihr und die andere Hälfte mit Sarala ...»

Moment.

Ich bin verwirrt. Habe ich das richtig verstanden? Kann man denn in Indien mit zwei Frauen verheiratet sein? Nö, oder?

«Und wie hat die Familie darauf reagiert? Ist das nicht kompliziert, mit zwei Frauen?», frage ich, denn ich weiß gerade nicht genau, was ich sagen soll, und hoffe einfach nur, dass ich jetzt nicht vor lauter Verwirrung den Nachtisch versaue.

Aber Makesh versichert, dass alle glücklich und einverstanden seien – sogar die Schwiegermutter.

Interessant.

Ich frage mich, ob alle «glücklich» sind, weil sie finanziell von ihm abhängig sind, oder ob es wirklich so einfach sein kann.

Wir setzen uns ins Wohnzimmer und verteilen den Nachtisch. Irgendwie ist es niedlich, wie die beiden sich ständig mit vielen Worten loben, sie findet seine Hilfsbereitschaft und seine Demut so toll – und er ihre Freundlichkeit und Güte.

Makesh erzählt, dass seine erste Frau aus der höchsten Kaste stammt. Ihre Familie war damals stinkreich und hat ihn nicht respektiert, weil er nicht reich war.

«Sie haben auf mich heruntergeschaut!»

Sarala wirft mit einem schelmischen Grinsen ein, die Frau sei mittlerweile nicht mehr reich.

Immer wieder betonen beide, dass vor allem die Briten und Moslems für die Probleme in Indien verantwortlich seien. Dass die «Babus» ihnen beigebracht hätten, dass Arbeit mit den Händen nichts wert sei und man besser ein Bürokrat sein sollte. Kein Inder wolle mehr Bauer sein. Er sagt, man müsse diesen Arbeitern wieder Würde geben.

Dann geht es wieder um Gott. Makesh sagt, es sei recht einfach: Das Universum sei happy, wenn er happy sei.

Nach drei Stunden machen sie sich auf den Heimweg, der Fahrer steht bereit. Wir verabschieden uns.

Markus und ich sind uns einig, dass wir niemals mit diesen Leuten tauschen wollten. Wir sind glücklichere Christen an diesem Abend. Fröhlichere Mittelklasse. Dankbarere Eheleute. Wir haben Freiheit. Wir können uns auch mal Urlaub gönnen.

Und was für ein Glück, dass ich meinen Markus nicht mit einer anderen Frau teilen muss. Mit mir ließe sich das aber auch nicht machen. Ich muss lachen bei der Vorstellung, wie meine Familie auf so eine Sache reagieren würde – denn da gäbe es ganz sicher keinen Applaus, sondern ihm würde ordentlich in den Allerwertesten getreten.

Elefanten beim Karneval?

Es ist seltsam, wieder in dem Bundesstaat zu sein, in dem ich noch vor kurzem die Knastkinder besuchte.

Wir kommen nach Mysore – man nennt sie auch die Gartenstadt. Nach der Legende soll hier die Göttin Durga den Büffeldämon Mahisha nach einem neuntägigen Kampf besiegt haben.

Das Klima ist sehr angenehm, die Lage im Hügelland idyllisch, es gibt viele Parks und Paläste. Ich fühle mich hier sehr wohl. Die Stimmung ist entspannter als in anderen Städten, und es ist auch sauberer.

Einmal im Jahr kommt eine halbe Million Besucher, um beim Fest Dasara dabei zu sein. Es soll mindestens neun Tage dauern und schon seit über vierhundert Jahren stattfinden. Wir erleben die letzten Tage und besuchen am Nachmittag vor der wichtigen Prozession die Elefanten, welche extra für dieses Fest ausgesucht und vorbereitet wurden.

Ich mag Elefanten, sie sind so groß und stark und doch so lieb und gemütlich. Sie werden gewaschen, bekommen besonderes, «gesegnetes» Futter (mit Zuckerrohr und Kokosnuss) und werden dann aufwändig bemalt. Mir tun sie leid, ich würde sie lieber in der Natur ohne Make-up und Fesseln sehen.

Einer steht etwas abseits und wird besonders umsorgt – das ist der «heilige» Elefant. Er wird morgen während des Festes die goldene Götterfigur tragen, die um die 750 Kilogramm wiegen soll.

Die Elefanten, die bei dem Fest aktiv sind, werden zweimal am Tag trainiert. Sie müssen stark und charmant sein, eine gute Ausstrahlung, einen geraden Rücken und einen majestätischen Gang haben. Bei der Prozession werden sie mindestens fünf Kilometer durch große Menschenmassen spazieren. Keine Ahnung, wie sie das aushalten.

Abends ist die Stadt wunderbar beleuchtet. Es wäre echt schön, wenn nur nicht so viele Menschen hier wären … Wir finden nämlich den Fahrer im Chaos nicht. Die Straßen sind völlig blockiert. Die Nerven liegen blank.

Am nächsten Tag machen wir uns früh auf zum Festival. Eine halbe Million Menschen versucht der Prozession so nahe wie möglich zu kommen, wir sind mittendrin, und es ist heiß.

Nach einigen Stunden geht es endlich los. Der Festzug erinnert mich an Karneval.

Es wird immer voller, einige Wachleute werfen zur Vorbeugung Wasserflaschen und Gebäck in die Menge. Pferde, Kamele, geschmückte Elefanten, Tänzer, Turner, Künstler, Musiker und regionale Vereine präsentieren sich, und es ist wirklich bunt, fröhlich, laut und unterhaltsam.

Ein paar Stunden später kommt als krönender Abschluss der heilige Elefant mit der Götterfigur auf dem Rücken. Alle drehen durch. Tausende Menschen rennen dem Elefanten hinterher. Eine riesige, unkontrollierbare Masse. Panik macht sich breit, und Markus und ich werden fast überrannt, als kurz ein Tor geöffnet wird und noch mehr Menschen auf den Platz strömen.

Wir versuchen, uns so schnell wie möglich aus dem Staub zu machen, und setzen uns nassgeschwitzt und erschöpft ins Auto.

Am nächsten Tag geht es weiter, ein Flug und eine lange Autofahrt liegen vor uns.

Gib mir deine Haare – ein Tag im reichsten Tempel Indiens

Sie laufen barfuß auf dem heißen Teer, schon seit Tagen, manche sogar seit Wochen. Vor ihnen liegt die Stadt Tirupati. Dort wollen sie hin – zum reichsten Tempel Indiens, was die Spendengelder betrifft. Dieser liegt auf einem bewaldeten Berg. Immer wieder überholen wir Massen von Pilgern. Der Tirumala-Tirupati-Tempel, der der Gottheit Sri Venkatesvara geweiht ist, soll angeblich jeden Tag von etwa 50.000 Menschen besucht werden und somit mehr Pilger anziehen als Mekka und der Vatikan zusammen.

Bevor es die Serpentinen den Berg hinaufgeht, muss jeder Besucher durch die Eingangskontrolle.

Wachleute durchsuchen die Autos, alles Gepäck muss raus und durch den Scanner – auch die Besucher selbst werden wie am Flughafen gründlich abgetastet.

«Habt ihr Bibeln dabei?», fragt man uns mehrfach. «Mit Bibeln dürft ihr nicht rein.»

Dasselbe würde übrigens auch für den Koran oder andere nicht-hinduistische Schriften gelten.

Ich muss schmunzeln, tatsächlich ist es meine erste Reise,

bei der ich vergessen habe, sie mitzunehmen. Auf dem Handy habe ich sie installiert, das interessiert aber zum Glück niemanden.

Nach der Durchsuchung fahren wir zwanzig Minuten lang den Berg hinauf auf den saubersten und schönsten Straßen, die ich in Indien je gesehen habe. Die Pilger laufen zu Fuß die vielen Kilometer auf einem anderen Weg, machen Pausen und erreichen dann die riesige Tempelanlage.

Massen von Menschen überall. Einige schlafen zusammengepfercht in Lagerhallen. Gutbetuchte übernachten in den Hotels vor Ort. Ich hatte nicht erwartet, dass das Gelände so riesig ist. Es erinnert mehr an einen Kurort. Kein anderer Tempel in Indien ist dermaßen reich und ordentlich, derart gut organisiert und sauber.

Wir erreichen eine kleine Halle, wo mehrere Friseure gerade Männern den Schädel rasieren. Die Haare am Kopf sind schon weg, aber der Bart fehlt noch. Auf dem Boden sind Haare, etwas Blut und Wasser zu sehen. Hier wird 24 Stunden am Tag gearbeitet. Angeblich absolvieren die sechshundert Friseure insgesamt bis zu zwanzigtausend Vollrasuren pro Tag. Aber nicht hier, sondern im Haupttempel.

Einer der zuständigen Mitarbeiter kommt auf mich zu und fragt, wie ich das alles fände.

Ich sage: «Das ist auf jeden Fall sehr interessant!»

Er antwortet: «Der Tempel macht tolle Arbeit. Die Götter verdienen auf diese Weise dreißig Millionen im Jahr – und das ist doch fantastisch!»

Ich sehe seinen wohlgenährten Bauch und die teure Uhr am Handgelenk und bin nicht sicher, ob nur die Götter das Geld verdienen. Mir wird erklärt, dass mit den Spenden auch einige Schulen, Universitäten und vor allem die hinduistische Lehre unterstützt würden sowie Massenhochzeiten und Essensausgaben für die Armen. Aber der Großteil des Geldes fließt offenbar ins Ausland, wo mit dem indischen Echthaar viel Geld verdient wird. Der Tempel ist der wichtigste Echthaar-Lieferant der Welt. Das chinesische Haar soll zu hart sein, aber das indische ist weltweit gefragt.

Es sind wohl mehr ältere Erwachsene und Kinder, die ihr Haar opfern. Junge Frauen lassen es lieber am Kopf. Schließlich wollen sie noch verheiratet werden. Manchmal sind es aber auch verheiratete Männer, die ihre Frauen zum Spenden der Haare bewegen.

Ich will nicht wissen, wie viele Schuppen und Läuse und anderes Zeug an meinen Füßen kleben – denn hier muss man überall barfuß herumlaufen.

Eine hübsche Frau mit vollem Haar sitzt mit ihren Kindern auf einer Treppe. Ich frage sie, warum sie hier ist. Und ihre Antwort gleicht vielen anderen:

«Ich habe einen Wunsch von Gott erfüllt bekommen. Jetzt bin ich hier, um dafür zu bezahlen. Also gebe ich meine Haare.»

Wo das Geld hingeht, das damit verdient wird, ist ihr egal. Die meisten haben einen Deal mit den Göttern abgeschlossen und bezahlen jetzt für ihren Wunsch: einen Schwiegersohn, die Geburt eines Kindes oder die Heilung einer Krankheit.

In den Haupttempel dürfen wir nicht. Wenn man als Nicht-Hindu reinwill, muss man unterschreiben, dass man an die Hindu-Götter glaubt.

Wir sehen nur die Menschen, wie sie eingepfercht in einem Schlauch dorthinpilgern.

Sie wollen dem mächtigsten aller Götter Geld oder Haare bringen: Venkateswara, Inkarnation des Gottes Vishnu in einer Statue. Dieser Gott soll hier seit Jahrtausenden in ewiger Finsternis hocken, mit brennenden roten Augen, mit Diamanten geschmückt und einer großen Mähne auf dem Kopf. Seine Augen sollen beim Erblicken des Sonnenlichts die Erde verglühen.

Es ist schon seltsam, hier zuzuschauen. Wenn die Frauen, Kinder und Männer rasiert sind, streuen manche Asche auf ihren Kopf und stehen in der Warteschlange zum Tempel, stundenlang, manchmal tagelang, um den Gott in seinem finsteren Loch zu sehen. Sie werfen sich auf den Boden. Berühren, was sie berühren können, von dem «heiligen» Ort, und dann werden sie von den Wärtern weitergetrieben.

Ich habe den Haupttempel ja nur von außen gesehen. Eine riesige Traube von Menschen hockt davor. Bettler bitten um Geld. Viele Familien machen Rast auf der nackten Erde. Sie freuen sich, uns zu sehen, und sind sehr freundlich – meist arme Menschen mit gütigen Gesichtern. Sie schlafen auch auf dem Boden. Alle zusammen.

Einige Meter weiter ist eine Opferstätte: Es sind Feuerstellen, an denen die Menschen Kokosnüsse opfern. Sie meinen es ernst, sie glauben fest daran.

Ich gehe weiter. Es gibt eine Menge Geschäfte, auch eine Apotheke. Ich bin krank, Kopf und Hals tun weh. Und die Hitze hilft nicht, sie macht es schlimmer.

Wir fahren herum.

Ein riesiger Ort, diese Tempelanlage.

Wir steigen aus und gehen zu einer Art Schwimmbad. Sie stehen wieder Stunden an, um sich hier bei einer Waschzeremonie von ihren Sünden reinzuwaschen. Und wieder sehen wir diese mit Gittern abgesicherten Zugänge, die wie Schläuche aussehen, in denen Menschenmassen zum Tempel getrieben werden, stundenlang, tagelang wartend.

Viele arme Hindus sparen jahrzehntelang, um an einem bestimmten Tag im Jahr hierherzukommen und für ein paar Sekunden vor die kleine Götterfigur aus Gold zu treten, die das «Rad der Zeit» in ihren Händen hält.

An diesen Tagen ist es besonders voll, es riecht schrecklich, und es ist für viele nur durch Bestechung möglich, noch in den überfüllten Pulk mit den Warteschlangen hineinzugelangen.

Doch wenn sie es an ebendiesem Tag schaffen, vor Venkateswara zu kommen, werden sie nicht als Affe, Ratte oder sonst ein Tier wiederkehren, sondern direkt in den Himmel kommen. Keine Wiedergeburt mehr, kein Leiden, keine Schuld.

Die Sehnsucht nach dem Himmel, nach Befreiung von allem Leid und dem Tod ist anscheinend eine große Triebfeder. Leider suchen sie die Erlösung bei einem Gott, der unter Unmengen von Schmuck in der Dunkelheit hockt.

Abschied nehmen

Ich habe mir auf dieser Reise einen fiesen Virus eingefangen und verbringe die folgende Woche im Bett. Aber so habe ich etwas Zeit, um über die Erlebnisse nachzudenken. Ich war nun schon fünf Tage nicht im Fitnessstudio, was für mich unüblich ist – und am sechsten Tag klingelt es vormittags an der Tür.

Ein Mann steht da – mit dem größten Blumenstrauß, den ich je bekommen habe. Er ist von Asha, sie hatte sich Sorgen um mich gemacht und wollte mir eine kleine Freude bereiten …

So was habe ich in Deutschland nie erlebt, dass mir eine Freundin so einen lieben Gruß schickt, weil sie sich um meine Gesundheit sorgt. Und ich bin mir ziemlich sicher, dass ich selbst auch noch nie einen so großen Blumenstrauß verschenkt habe.

Ich rufe sie an und stelle mir die bunte Überraschung dahin, wo ich sie oft sehen kann. Wie schön, Freunde zu haben, die sich so lieb um einen kümmern.

Kurze Zeit später erfahre ich, dass meine Freundin Lexi tot ist. Ich kann das nicht glauben. Lexi, die starke Weltenbummlerin, die gar nicht fassen konnte, dass ich ausgerechnet nach Indien ziehe? Warum habe ich mich nicht öfter bei ihr gemeldet? Letztes Jahr haben wir noch zusammen Hochzeit gefeiert. Sie war viel zu jung und hatte so viel Tatendrang, um schon zu sterben. Ich kann mir einfach nicht vorstellen, dass es sie nicht mehr gibt. Wie sich ihr Mann jetzt fühlt?

Ich weine im Badezimmer, genau wie letztes Jahr, als mein Cousin Andi starb. Das Abschiednehmen aus der Ferne ist seltsam, es fühlt sich irreal an. Es tut anders weh. Ich bete und lege Gott all meine Gefühle hin. Und spüre, dass er mich auffängt.

Kapitel 8:

Über die Sehnsucht
der Seele

Wanderung in Darjeeling: Lernen in der Einsamkeit

Die letzten Monate waren stressig, und eigentlich mag ich keine Flughäfen mehr sehen. Oft kann ich gar nicht sagen, wo ich in dem letzten halben Jahr überall war – ich kriege die ganzen Reisen und Erlebnisse kaum noch sortiert. Es wird Zeit, Körper und Kopf eine Auszeit zu geben.

Markus und ich hatten schon länger vor, in der Himalaya-Region wandern zu gehen. In Darjeeling gab es in den letzten Monaten einige Probleme, und wir waren ziemlich erleichtert, als uns versichert wurde, dass die Rebellenaufstände sich beruhigt hätten und Touristen wieder willkommen seien. Der Vorteil: Kaum jemand außer uns ist das Risiko eingegangen, und wir sind über weite Strecken ganz alleine in der Natur.

Unser Guide ist sehr freundlich und bremst uns anfangs. Die Strecke ist nicht ohne, und wir tragen unser Gepäck selbst – viele Touristen lassen ihre Rucksäcke und Schlafsäcke von Einheimischen tragen. Aber das kommt für uns nicht in Frage. Wir wollen das *ganze* Abenteuer, und dazu gehört auch die Arbeit.

Eine Woche in den Bergen.

Frische Luft.

Herrlich.

Der erste Tag ist neblig und kalt. Und es geht steil bergauf. Aber ich genieße die Natur. Und die Bewegung.

Abends kommen wir bei der ersten Übernachtungsstation an. «Das hier ist Luxus, morgen wird es anders!», verrät uns unser Guide.

Das Zimmer ist dreckig, aber es gibt ein Klo, und wir bekommen eine Schüssel mit warmem Wasser, um uns zu waschen.

Ich kann nicht schlafen, weil ich dauernd das Gefühl habe, dass mir etwas über das Gesicht läuft. Und weil es ganz schön kalt ist.

Im Wolkenmeer

Am nächsten Morgen ist es immer noch bedeckt. So wandern wir durch den Nebel. Ich frage mich, was alles um mich herum ist, das ich gerade nicht sehen kann. Der Mount Everest steht hier irgendwo, aber ich sehe nur ein graues Wolkenmeer.

So ist das manchmal auch mit dir, Vater, spreche ich in Gedanken mit Gott. *Du bist da, aber ich sehe dich nicht, ich spüre nichts davon und kann kaum glauben, dass es wahr ist. Aber du bist da. Du wirst immer da sein. Nur sind zwischen dir und mir manchmal Wolken. Aber woher kommen die?*

Während wir durch den Nebel immer weiter hochstapfen, denke ich an all die Zeiten, in denen Gott mir fern schien. Und an die Momente, in denen ich ihn ganz klar erkennen konnte, als ich einfach felsenfest sicher war, dass es ihn gibt. Glauben ist Vertrauen. Nicht sehen.

An diesem Tag erreichen wir eine Höhe von fast 3700 Metern. Die letzten zwei Stunden sind ganz schön anstrengend. Dann stehen wir in den Wolken, und schließlich erreichen wir unser Ziel: ein kleines Dörfchen auf einem Berg.

Es ist bitterkalt, so kalt, dass ich meine Hände und Füße nicht mehr spüre. Ein eisiger Wind weht hier oben. Strom ist nur für wenige Stunden am Tag verfügbar.

Es gibt Reis und Linsen zu essen wie schon am Abend zuvor.

Wir müssen mit Kerzen und Taschenlampen auskommen. Ich schlafe wieder nicht. Meine größte Furcht ist, dass ich vielleicht nachts aufs Klo muss. Denn hier gibt es nur ein Gemeinschaftsklo, und das ist nur über einen kalten Gang durch die Nacht erreichbar, und ich friere dermaßen, dass ich mich nicht bewegen will.

Um fünf Uhr klopft der Guide an unsere Tür. Wir haben eh unsere Klamotten angelassen und brauchen nicht lange, um uns fertig zu machen. Wir folgen ihm zu einem Aussichtspunkt und warten auf den Sonnenaufgang.

Es hat sich gelohnt, die Sonne strahlt den Mount Everest und einige andere der höchsten Berge der Welt rosig an. Das ist echt ein Geschenk, denn vor einer Woche war eine Gruppe von amerikanischen Wanderern sieben Tage lang hier, aber sie haben nie diese Aussicht genießen können, weil es die ganze Zeit bedeckt war.

Wir bleiben so lange an diesem schönen Ort, bis es uns doch etwas zu kalt wird; der Wind beißt in die Haut. Es geht zurück in die Unterkunft, es gibt Porridge, Yak-Käse und heißen Tee. Dann packen wir unsere Siebensachen und wandern weiter.

Die 21 Kilometer an diesem Tag sind voller abwechslungsreicher Natur-Impressionen, und wir bleiben ständig staunend stehen, machen Fotos und freuen uns über die genialen Eindrücke.

Am Abend kommen wir bei einer ärmlichen Berghütte an. Die nassgeschwitzten Klamotten werden heute Nacht ganz sicher nicht trocknen.

Es ist extrem kalt und einsam hier. Aber wunderschön. Strom gibt es nicht. In der kleinen Küche wird auf einem Feuer Reis gekocht. Ich setze mich auf einen Schemel nah an die Flammen und fühle mich fast wie Heidi auf der Alp. Die Menschen, die hier leben, sind ganz sicher hart im Nehmen.

Wir essen im Küchenraum und genießen die Wärme des Feuers, so lange wie möglich. Dann geht es mit einer Kerze raus auf die Hocktoilette, in der Hoffnung, dass wir nachts nicht noch mal dorthin müssen.

Als wir noch einmal kurz in die Nacht schauen, sehen wir beide den gewaltigsten Sternenhimmel unseres Lebens. Nicht mal in der Wüste war es so beeindruckend. Es ist unglaublich. Wir stehen da und können unser Glück kaum fassen. Hier lenkt nichts ab. Wenn es nur nicht so kalt wäre! Am liebsten würde ich mich auf die Erde legen und stundenlang nach oben blicken, aber ich halte die Kälte nicht lange aus.

Wir gehen zu Bett und danken Gott für diesen Sternenhimmel und die gewaltigen Berge.

Am nächsten Morgen sind wir schon vor Sonnenaufgang wach, und es ist noch Zeit bis zum Frühstück. Also klettern Markus und ich auf die nahegelegene Bergspitze. Von hier aus haben wir einen noch schöneren Blick auf den Mount Everest als am Vortag.

Wir bleiben für eine Weile und lassen das Panorama auf uns wirken. Meine Seele wird weit oben in der Einsamkeit ruhig. Kein Mensch ist in der Nähe. Es ist kalt und windig und doch wie ein Zufluchtsort, dem Himmel so nah. Ich muss an die Sätze von Søren Kierkegaard denken:

«Ich merkte, dass ich immer weniger zu sagen hatte, bis ich schließlich ganz still wurde und zuzuhören begann. In der Stille entdeckte ich die Stimme Gottes.»

Ich schweige und höre. Doch ich höre nichts.

Lust am einfachen Leben

Es geht bergab. Wir wandern durch Bambuswälder, und ich laufe «schnüffelnd» und überaus glücklich unter dem Blätterdach des Waldes voran, was meine Mitstreiter etwas belustigt. Ich liebe den Duft von Wäldern, er ist unvergleichlich. Hier bin ich automatisch wieder ein Kind.

Die letzten fünf Kilometer geht es steil die Hänge hinunter. Ich stoße meinen vom Marathon in Ladakh noch angeschlagenen Zeh an einem Stein und humpele weiter den Berg hinab.

Aber wir erreichen bald das kleine Dorf im Tal, und ein netter Mann bringt mir eine Schüssel mit warmem Salzwasser für meine geschundenen Füße. Zwei Zehennägel sind dunkelblau. Aber egal.

Wir ruhen uns aus und trinken Tee. Unweit entfernt rauscht ein Fluss, Männer arbeiten auf einem Feld, und Hühner rennen durch das Dorf. Es ist sehr idyllisch hier und friedlich. Jungs spielen Karten. An den Häusern hängen Maiskolben zum Trocknen. Es ist hier auch nicht mehr so kalt.

In dieser Nacht schlafe ich endlich mehr als drei Stunden. Lustig ist, dass wir ohne Elektrizität automatisch mit dem Sonnenuntergang müde werden und auch schon in den letzten drei Tagen immer gegen 20 Uhr zu Bett gegangen sind.

Nachts höre ich plötzlich ein seltsames Geräusch, wie ein Knabbern an Holz. Eine Ratte ist in unserem Zimmer. Normalerweise würde ich jetzt senkrecht im Bett sitzen und Markus aufwecken. Aber irgendwie ist es mir egal. Ich habe seit fünf Tagen nicht geduscht, und da kümmert mich jetzt auch keine Ratte mehr. Ich schlafe wieder ein.

Am nächsten Morgen gehe ich zum Frühstück. Als ich zurückkomme, um meinen Rucksack zu packen, haben zwei Hühner das Zimmer in Beschlag genommen. Eines hat es sich auf dem Bett gemütlich gemacht, das andere pickt munter auf ein kleines Holztischchen ein. Als sie mich bemerken, flattern sie ganz aufgeregt herum. Ich muss lachen. So was habe ich auch noch nie erlebt!

Der vorletzte Tag ist nicht mehr so beeindruckend. Außer dass unser Guide sich verläuft und wir uns querfeldein durch die Wildnis kämpfen.

Abends erreichen wir ein kleines Dorf, das auch wieder an einem Fluss mitten in den Bergen liegt. Wir lernen, wie man Momos zubereitet, und sitzen noch draußen.

Heute ist Diwali – es ist das dritte Mal, dass ich das hinduistische Lichterfest in Indien erlebe, und auch hier in den Bergen bedeutet es Lärm und Knallkörper bis tief in die Nacht. Aber wir haben nur noch eine Übernachtung vor uns und sind motiviert.

Ich putze gerade meine Zähne, als sich plötzlich eine riesige fette Spinne auf meiner Hand niederlässt. Ich erschrecke, schlage um mich und habe die ganze Nacht das Gefühl, dass sie irgendwo in meinem Bett herumkrabbelt.

Markus und ich sind mittlerweile beide ziemlich erschöpft und freuen uns auf eine warme Dusche – die ist nur noch eine letzte Wanderung und die abschließende fünfstündige Autofahrt zum Hotel in Darjeeling entfernt.

Wenn Gott Fragen stellt

Als wir dann im Jeep sitzen, bin ich einfach nur müde. Und etwas verwirrt.

Ich hatte gehofft, dass Gott in den Bergen zu mir redet, denn in der Großstadt ist er oft nicht so spürbar.

Aber es gab keine mystische Erfahrung.

Der Weg zurück nach Darjeeling ist anstrengend, es geht über holprige Serpentinen, stundenlang, und mir ist etwas schlecht.

Warum bist du oft so weit weg, Gott?

Ich brauche dich doch …

«Was hast du denn erwartet?», fragt es in mir.

«Ich weiß nicht so genau. Irgendeine Erkenntnis. Nicht unbedingt die große Erleuchtung, aber doch irgendwas Gewaltiges … Dich zu erleben, irgendwie.»

Ich breche meinen Gedanken ab. Versuche ich mal wieder, Gott vorzuschreiben, wie er zu sein habe und wann oder wo er auftauchen solle?

Ich muss an eine meiner Lieblingsgeschichten aus der Bibel denken, wo Gott dem Elia auf einem Berg begegnet – er erscheint nicht in einem mächtigen, gewaltigen Sturm, auch nicht in einem Erdbeben oder Feuer, sondern in einem sanften, leisen Säuseln.

Es ist gut so, wie es ist.

Er ist ja da.

Hinter den Wolken.

Auch wenn er gerade schweigt.

Ich denke an den Sternenhimmel, die gewaltigen Berge und all die grauen Wolkenbilder.

Vielleicht habe ich zu viel Zeit damit verbracht, immer alles verstehen zu wollen und auf den großen Moment zu warten, irgendeine spirituelle Begegnung.

Vielleicht bräuchte ich etwas ganz anderes als das, was ich in den Bergen gesucht habe.

Ich schweige und lasse los.

Wir fahren weiter. Die Serpentinen den Berg hinunter, über Flüsse, an Teeplantagen, kleinen Städten und Dörfern vorbei.

Bei einer Brücke müssen wir anhalten und zu Fuß drübergehen, während der Jeep irgendwo durch den Fluss fährt. Wir wandern also über die Hängebrücke und steigen dann wieder ein. Die Fahrt geht weiter, diesmal wieder Serpentinen hinauf auf einen anderen Berg.

Tabitha, hast du mich lieb?

Ich höre keine Stimme oder so. Ich höre nur diese Frage tief in meinem Herzen klingen, still und doch mit voller Wucht. Ich war immer so damit beschäftigt, Gott zu befragen und in Frage zu stellen. Dabei ist *er* es, der mir eine Frage stellt.

Vielleicht stellt er sie schon die ganze Zeit – und ich habe es einfach nicht gehört?

Ich gebe Gott eine leise Antwort, aber sie kommt von Herzen. Ich bin glücklich.

Giftnebel über Delhi

Die Smogwerte liegen bei 605 – gefährlich hoch. Ich bin alleine. Markus ist für fast einen Monat beruflich unterwegs, und ich habe mich entschieden, in Delhi zu bleiben, um mein Buch fertigzuschreiben. Aber ich kann kaum denken. Und ich habe Angst.

Der Smogwert liegt inzwischen bei 999. Mehr kann das Gerät nicht messen. Experten sagen, der reale Wert läge jetzt so um die 1050.

Jeder Atemzug tut weh, der Kopf dröhnt, und mir ist speiübel. Es liegt eine Schwere auf Herz und Lunge, die irgendwie gar nicht zu beschreiben ist.

Die Luft in meiner Stadt entspricht fünfzig gerauchten Zigaretten an nur einem Tag. Das von der Weltgesundheitsorganisation festgesetzte Limit ist in Delhi gerade um über das Dreißigfache überschritten. Die krebserregenden Werte sind hier zehnmal höher als die in Peking.

Indiens Ärzte-Vereinigung hat den Gesundheitsnotstand ausgerufen. Schulen sind seit Tagen geschlossen. Krankenhäuser werden wegen Atemnot und Herzproblemen überlaufen. Viele Flug- und Zugverbindungen wurden gecancelt, weil die Sicht einfach zu schlecht ist und der Zustand für Touristen nicht tragbar. Der giftige Smognebel hält schon seit über einer Woche an. Und er wird so schnell auch nicht wieder verschwinden.

Zwei Tage vergehen. Smogwert: 460. Der Blick aus dem Fenster ist trostlos, diese graue giftige Nebel-Suppe verschluckt alles. Die Sonne habe ich seit Tagen nicht gesehen und ein Gespür für die Jahreszeit längst verloren.

Hustenreiz habe ich bisher nicht, aber überall um mich herum wird gehustet. Seltsamerweise sehe ich nur vereinzelt Menschen mit Masken auf den Straßen. Ich trage sie immer – auch wenn ich deshalb noch mehr angestarrt werde und nicht mal weiß, ob das überhaupt was bringt. Was sollen denn Atemschutzmasken gegen diese Werte schon ausrichten?

Ich kriege keinen vernünftigen Gedanken zusammen. Alles, was ich schreibe, klingt hohl. Es ist, als würde ich viel reden, ohne etwas zu sagen. Es macht mich wahnsinnig.

Ich habe mal zum Spaß geschaut, wie die Luft zurzeit in Berlin ist. Wert: 20.

Ich vermisse meinen Markus. Er fehlt mir ganz schrecklich. Ich will nicht mehr ohne ihn einschlafen.

Ich bin mittags kurz aus dem Haus gegangen – natürlich mit meiner Maske –, um zur Apotheke zu gehen.

Der Apotheker zeigt mir, dass ich die Maske etwas anders anlegen sollte. Ich folge seinem Rat und frage ihn dann, warum er keine trage.

Seine Antwort:

«Ich bin doch ein Inder. Ich bin immun!»

Ich weiß nicht, ob ich lachen oder weinen soll. Aber diese Antwort spricht irgendwie Bände.

Der Wert der Heimat

Der Smogwert liegt immer noch im gefährlichen Bereich bei über 443. Ich gehe in die Küche, will mir einen Tee machen, weil der Hals brennt. Es ist so ungewohnt, die Baustelle vor unserem Haus unbewohnt zu sehen. Die Arbeiter sind verschwunden.

Neben dem Kohlekraftwerk und den Straßenbau-Maßnahmen sind aufgrund der Luftwerte auch Bauarbeiten vorübergehend eingestellt worden. Ich kann mich an keinen Tag in den letzten Jahren erinnern, an dem die Baustelle menschenleer war. Abends kochen sie nicht mehr auf dem kleinen Feuer, sie schlafen nicht mehr alle in einem Raum und nerven auch nicht mehr mit ihren neugierigen Blicken. Sie sind einfach weg.

Ich bin jetzt fast zwei Jahre hier. Und ich habe nie bereut, diesen Weg gegangen zu sein. Es ist das beste Abenteuer meines Lebens.

Aber ich sehne mich öfter fort.

Ich muss an den Wald meiner Heimat denken, die vielen Grüntöne, den frischen Wiesenduft und die herrliche Ruhe. Was würde ich jetzt dafür geben, nur einen Atemzug im Garten meines Elternhauses zu nehmen!

Ich will durch eine menschenleere Altstadt in der Dämmerung spazieren oder durch die wundersame Stille im Morgengrauen.

Ich vermisse das Geräusch beim Biss in einen knackigen frischen Apfel.

Durch die Natur zu joggen und dann in einen sauberen See zu springen.

Sterne am Nachthimmel.

Frische Luft.

Menschen, denen ich mich nicht erklären muss.

Deutsche Lieder.

Glockenläuten und Kirchturmspitzen.

Den tiefblauen Himmel.

Ich will sehen und riechen, wie der Winter den Herbst einholt, und noch lieber, wie der Frühling dem Sommer Platz macht.

Mir fehlen sogar Dinge, von denen ich es nie gedacht hätte: Bürgersteige, Straßenschilder oder «richtige» Toiletten.

Ja, selbst der verhasste kalte Novemberregen erscheint mir mit einem Mal kostbar.

Ich muss husten, es tut weh. Ich will einfach wieder atmen können, ohne dass es weh tut.

Es ist wahr, dass die Heimat erst in der Ferne richtig an Farbe gewinnt und man so viele Dinge erst sehen und schätzen lernt.

Danke, lieber Gott – für meine Wurzeln.

Wenn ich in einem Jahr wieder nach Deutschland ziehe, will ich nie wieder über das Wetter schimpfen und auch nicht über die Deutsche Bahn oder die spießigen Nachbarn!

Wie kostbar, wie schön ist doch meine Heimat.

Hilf mir, dass ich das nicht vergesse und, wenn ich zurückkehre, auch mehr dafür tue, dass sie mir auch lieb und kostbar bleibt.

Der Smogwert ist von «gefährlich» auf «sehr ungesund» gefallen. Immerhin.

Ich bin auf dem Weg zum Flughafen. Es ist alles grau, es stinkt, und ich habe immer noch diese furchtbaren Kopfschmerzen.

Ich freue mich so darauf, in Deutschland Markus endlich wiederzusehen – wenn auch leider nur für ein paar Stunden.

Er wird mich in Frankfurt abholen und morgen nach Usbekistan, Bangladesch und Pakistan weiterreisen. Ich werde derweilen einige Wochen daheim verbringen, Luft holen und mein Buch abschließen.

Weihnachten verbringen wir dann zu zweit in Indien, auch wenn ich es so gerne endlich mal wieder in Deutschland feiern würde.

Ein weiteres Jahr voller Abenteuer in der Fremde liegt vor uns, bevor das Kapitel «Indien» zu Ende geht. Es bleibt spannend. Gott hat unsere Füße wirklich auf weiten Raum gestellt. Er wird uns auch ans Ziel bringen. Er ist der Weg. Wenn wir ihm ganz vertrauen, gibt er uns vielleicht nicht das Leben, das wir immer wollten. Er gibt uns ein besseres. Und er geht mit.

Die Safari geht weiter.

Und das mit dem Sari übe ich noch.

Danksagungen

Mein Dank gilt vor allem dir, Markus – für eine wundervolle und abenteuerreiche Ehe, deine Liebe, Unterstützung und Motivation, deine Fröhlichkeit und deinen ansteckenden Optimismus.

Er gilt auch meinen Eltern – ihr habt mir starke Wurzeln mitgegeben, ein festes Herz im Glauben vorgelebt und den Blick für die Schwachen in dieser Welt nie verloren.

Meinen beiden treuen großen Schwestern: Debora und Time – für alle Geduld und Liebe in jeglichen Lebensphasen.

Meinen vier starken Brüdern: Michael, Daniel, Hannes und David – ihr habt mir Kraft und Ausdauer mitgegeben, im Sport und im echten Leben. Brüderchen David: Danke fürs gemeinsame Wachsen mit den Jahren. Ohne dich wären meine Texte und Erinnerungen blasser. Wir bewahren uns eine Portion Kindheit bis ins hohe Alter.

Natürlich auch meinen drei Schwägerinnen und meinem Schwager sowie meinen vierzehn Nichten und Neffen: Boas, Silas, Amos, Priska, Persis, Joel, Mirjam, Josua, Jonathan, Noah, Elias, Simeon, Josias und Lukas – für eure Liebe und Originalität. Ich bin unheimlich stolz auf euch, ihr seid herrlich!

Meinen Schwiegereltern Artur und Elfriede – für so viel Wohlwollen und Glaubensfreude. Und natürlich auch meinen tollen Schwiegerfamilien. Danke, dass ihr mich so herzlich aufgenommen habt.

Meinen indischen Freundinnen Rina, Pia, Shobana, Raghini, Asha und Priya – ihr seid meine indischen Kultur-Übersetzer und der Grund dafür, dass ich Indien besser kennen lernen und liebgewinnen durfte. Danke für eure Freundschaft, für alle lustigen Momente und dass ihr mir immer wieder ein Fenster in eure Welt geöffnet habt. Ich werde euch schrecklich vermissen!

Dem Land Indien – dem ich eine Menge mehr Freude, Stärke und Gelassenheit verdanke.

Danken möchte ich auch Dominik, Elisabeth, Vera und Christian vom Fontis-Verlag – für die Möglichkeit, diese Geschichten zu erzählen. Vor allem meinem Lektor Christian, dass du mich als Autorin und Mensch so herzlich, weise und ermutigend begleitet hast.

Zum Schluss möchte ich Gott danken – für diese wundervolle Lebensreise, für all die kostbaren Menschen in meinem Leben, für meine Wurzeln und für das Geschenk, das schreiben zu dürfen, was mein Herz bewegt.

Anhang:

Drei indische Gesundheits-
und Beauty-Tipps

Wenn ihr Lust habt, einen leckeren indischen Tee zuzubereiten, euren Haaren etwas Gutes tun möchtet oder eine Erkältung loswerden wollt, kann ich euch diese drei einfachen «Re-
zepte» empfehlen. Ich habe sie selbst ausprobiert, und sie
gehören zu meinem Alltag, vor allem der Tee und die Kopfmassage.

Kardamom, Zimt und Co: Gesundheitshelfer

Zimt soll unsere Blutzuckerwerte und den Cholesterinspiegel
senken und kurbelt als wärmendes Gewürz den Stoffwechsel
an. Er ist sehr reich an sekundären Pflanzenstoffen (deshalb
wird er auch zur Krebsprävention eingesetzt).

Der kostbare Safran ist nicht nur ein färbendes Gewürz, sondern auch ein tolles Heilmittel: Er hemmt Appetit und Entzün-
dungen und soll sogar bei Depressionen helfen.

Beim Kardamom handelt es sich um ein sehr vielseitiges Gewürz, das in indischen Currygerichten, Tee und Kaffee verwendet wird. Er hat eine entgiftende Wirkung, beruhigt Magen
und Darm. Darüber hinaus soll er bei Krämpfen, Erkältungen,
Verdauungsproblemen, Asthma, Mundgeruch und Menstrua-
tionsbeschwerden helfen. In Deutschland nutzen wir ihn
meist nur für Lebkuchen.

Aus diesen Zutaten kann man einen leckeren und unkompli-
zierten Tee machen: *Kaschmir-Tee*. Wir trinken ihn mittlerweile sehr oft abends, und er schmeckt sogar meinen Brüdern
(die normalerweise nicht für Tee zu begeistern sind). So hat
dieses Getränk auch in Deutschland bereits einige Fans, und
es ist sehr schnell zubereitet:

- Wasser zum Kochen bringen.
- In eine Teekanne (aus Glas) folgende Zutaten geben:
  3 grüne Kardamom-Samen (vorher mit Messer leicht aufschneiden),
  5–6 Fäden Safran
  sowie eine halbe Stange oder 2 «Streifen» Zimt (ca. 3–4 cm lang).
- Die Gewürze mit dem kochenden Wasser übergießen und mindestens 8–10 Minuten ziehen lassen. Nach Bedarf süßen, ist aber meist nicht nötig, da der Zimt für die nötige Süße sorgt.

Milch und Kurkuma gegen Erkältungen

Wenn man eine Erkältung hat, Verdauungsprobleme, Wunden oder gestresste Haut, wird in Indien schnell diese Kombination empfohlen. Milch mit Kurkuma (Safranwurz oder Gelbwurz) kann als Getränk, Lotion oder Gesichtsmaske benutzt werden. Ich nutze die Getränk-Variante, wenn ich mich erkältet oder schlapp fühle:

- Abends vorm Schlafen einen halben Teelöffel Kurkuma (ein Stück Wurzel oder als Pulver) und einen Teelöffel Ingwer zu einer Vierteltasse Wasser geben.
- Milch dazugeben, bis die Tasse voll ist.
- Dann die Mixtur in der Mikrowelle oder in einem Topf erhitzen, bis die Milch fast kocht.
- Dann ein paar Minuten ruhen lassen,
- etwas Honig dazugeben und ordentlich rühren.
- Noch mal kurz erhitzen und durch ein Sieb geben.
- Heiß genießen.

Kopfmassage mit Kokosöl für starkes schönes Haar

Ich habe die Inderinnen oft wegen ihres dicken glänzenden Haars bewundert. Meine indischen Freundinnen haben mir empfohlen, einmal pro Woche vor dem Haarewaschen eine Kopfmassage einzuplanen.

- Dazu nehme man zwei Teelöffel warmen Kokosöls,
- massiere damit fünf bis zehn Minuten lang die Kopfhaut und
- lasse es für zwei bis vier Stunden einwirken, am besten unter einer Duschkappe.
- Dann die Haare gründlich mit Shampoo auswaschen …

… und dann keinesfalls nach Tirupati reisen und sie dort abschneiden lassen oder gar opfern! Bloß nicht! ;-)